감사와 은혜의 삶

윤백중 수필선집

교음사

책머리에

　이번에 출간하는 책은 지금까지 여러 문학지에 게재했던 작품들과 내용이 맘에 드는 글들을 모아서 대표 수필선집으로 만든 것이다. 단행본을 출간하는 기간은 보통 2~3년간의 간격이 된다. 이때 발표한 글들을 선별했다. 30여 년의 시차가 난다. 작품의 시공적 위치가 차이가 나게 된다. 여기에 간단한 설명이 필요할 것 같다. 작품을 모두 마주하시는 분들은 순서 없이 나열한 글들을 보시며 30여 년 전의 도시와 현재의 도시와 그때그때 유행하는 말의 흐름을 감안해서 보아주셨으면 좋겠다.
　작품의 원산지는 한국, 미국, 중국, 인도, 일본, 영국, 프랑스, 독일, 호주, 대만, 베트남, 브라질, 러시아, 아르헨티나, 미얀마, 페루, 마카오, 스페인, 말레이시아, 노르웨이, 이탈리아, 뉴질랜드, 홍콩 등이다.
　일종의 견문록과 비슷한 기행 수필이다. 문학 분야 글이거나 유명한 문인들의 생활상을 주로 다룬 역사 문화에 관한 내용이 주를 이루고 있다. 먼 훗날 보면 한 시대의 단면을 볼 수 있는 글일 수도 있다.

건강한 사람은 의사가 필요 없다는 말이 있다. 병원에 갈 일이 없으니까? 시나 수필, 소설에 취미도 없고 관심이 없으면 자기와는 관계없는 학문으로 치부한다. 꼭 필요하지도 않고 관심밖에 있는 여러 학문 중의 한 분야이니까.

그런데 최근 한국문학의 큰 변화가 일어났다. 한강 님의 작품이 2024년 10월 초에 우리나라 최초 노벨문학상을 받은 세계적 사건이다. 수상 며칠 만에 100만 부가 판매되었다는 기사를 보았다. 앞으로 우리나라 문학도 장족의 발전할 것으로 믿고, 많이 기대해도 좋을 것 같다.

외래어는 될 수 있는 대로 그 나라 말을 발음대로 쓰려고 노력했다. 몇 나라를 빼고는 대부분 한국어와 영어로 표기했음을 밝혀 드린다.

책을 출간하는데 불편한 몸으로 교정도 도와주고 용어 선정도 함께해 준 사랑하는 아내에게 깊은 감사를 드린다. 이 책이 나오기까지 많은 수고를 하신 교음사 강병욱 발행인과 류진 편집국장님께도 고마운 마음을 전한다.

2025년 1월 을사년(乙巳年)
저자 태랑(太郞) 윤백중(尹伯重)

감사와 은혜의 삶
‣ 차례
‣ 책머리에

1. 알 수 없는 도시

화청지 … 16
아찔했던 순간 … 20
중국 후기 요(窯) 이야기 … 24
감사와 은혜의 삶 … 28
항저우의 자랑 … 31
알 수 없는 도시 … 36
풍교야박 … 41
젊은이가 많이 찾던 관광지 … 45
자유로운 외국 여행은 언제일까? … 49
관제시죽 … 52
금각사 … 58
나무로 된 궁궐 … 62
나의 살던 고향은 … 67
두보의 봄의 정경 … 70
신록의 계절에 부부가 … 76
심부름꾼 … 79
아방궁 … 83
어떻게 이런 일이 … 86
영원한 적(敵)은 없다 … 89
유리 박물관 … 92

2. 달력을 보면서

자신감을 심어준 교장 선생님 … 96
자전거 타고 구경 … 100
작은 궁궐 … 103
제천의식(祭天儀式) … 107
죽을 뻔했다 … 112
치욕의 석탑 … 116
토끼섬 … 120
현장 학습 … 125
호화로운 삶 … 128
아내 사랑 … 132
꿈 … 136
경종의 묘(墓) 의릉(懿陵)에서 … 141
달력을 보면서 … 145
에르미타주 박물관의 작품들을 감상하다 … 148
대영박물관에는 무엇이 있을까 … 156
대만의 민속 … 164
두레박 모형 스윙 … 168
이글(Eagle) … 172
살아있는 지구 … 177
스피노자의 말처럼 … 182

3. 근심 없이 산 날이 있었던가

DDP터의 유물 공부하기 … 186
시간 여행 … 189
근심 없이 산 날이 있었던가 … 194
감동의 글들 … 198
바라나시의 결혼식 … 202
한시(漢詩) 한 수 … 205
운칠기삼 … 210
갠지스강에서 죽음을 생각하고 … 215
한국산이 최고 … 221
비상 … 224
페냐 성당 … 227
테마공원 … 230
인도 타지마할 … 233
재수 좋은 날 … 237
안개 속의 나이아가라 … 241
국제학교 … 245
1,500년 전 보물 … 248
만족 … 252
인왕산과 서촌 … 255
신선놀음에 도낏자루 썩는 줄 모른다 … 259

4. 영웅의 삶

페론 전 대통령의 부인 에비타 … 264
아쉬움 … 267
영웅의 삶 … 270
황제 덕에 산다 … 274
세계 역사를 바꾸어 놓은 진주만 … 279
왕희지의 비석을 보다 … 283
피카소의 세계 … 287
양곤과 아웅산 테러 … 291
대국을 이긴 나라 … 295
말레이시아의 박달재 … 300
노르웨이 피오르드와 만년 빙하 … 304
독일 선제후의 고성 … 308
이태리 폼페이의 지금은 … 313
프랑스 모나리자 … 318
복지와 천혜의 나라 … 322
뉴질랜드의 간헐천 … 327
우마탁과 사랑의 절벽 … 332
세계에서 가장 큰 물통 … 338
그랜드 캐니언 … 342
이과수 폭포와 도시 … 348

5. 시(時)

청계천 ⋯ 356

자연의 풍경 ⋯ 358

한 폭의 수채화 ⋯ 360

팔자 ⋯ 362

순환의 미학 ⋯ 364

세월 ⋯ 366

6월에 ⋯ 368

우리집 옥상 풍경 ⋯ 370

팔순 축하 편지- 아들의 글 ⋯ 372

작가연보 ⋯ 378

1.
알 수 없는 도시

화청지

화청지(華淸池)는 3,000여 년의 역사를 가지고 있다. 중국 산시성 임동현(臨潼縣) 남쪽 여산(驪山) 서쪽 기슭에 있다. 산세가 아름답고 온천물이 좋아 중국 역대 황제들이 별장으로 사용했다는 기록이 있다. 겨울 휴양지로 많이 알려진 곳이다. 당나라 6대 황제 현종은 60만 제곱미터의 넓은 면적에 화청궁을 건설하고 더운물이 힘차게 솟아오르는 산 밑 근처에 연못을 만들고 화청지라고 이름 지었단다.

미인 양귀비(楊貴妃)와 처음 만난 장소이기도 하고 같이 살았던 곳으로도 유명하다. 주나라 유왕(由王)과 진나라 진시황제(秦始皇帝)도 별궁(別宮)으로 사용했었다는 기록도 있다. 마당 앞 연못가에는 버드나무 가지가 늘어지고 정자 화랑을 배치한 중국식 정원을 만들었으나 오랜 세월 동안 개보수해서 원형이 많이 변화되었다고 안내인은 설명했다.

내부 여러 곳을 자유롭게 다니며 보았다. 확 트인 넓은 마당 가운데 구룡지(九龍池)가 있다. 현종과 양귀비가 뱃놀이를 하던 호수라고 한다. 왼쪽에는 양귀비 동상이 연못 중간에 서 있다. 술 취한 이태백이 현종과 양귀비를 위해 즉석 시를 읊었다는 곳도 이 근처 어디일 것이라고 했다. 어탕견지(御湯遺址) 박물관에는 양 귀비에게 하사했다는 부용탕(芙蓉湯)과 현종 황제가 쓰던 구룡전 (九龍殿)을 복원하고 그 안에 연화탕(蓮花湯)을 꾸며 놓았다. 안쪽 에 아무것도 없는 헛간이 있는데 향을 태우는 장소로 썼다는 침 향전(沈香殿)이라는 간판이 보인다.

양귀비는 천하 절세미인이고 가무에도 뛰어나 군주의 마음을 끌어당기는 총명도 있지만 겨드랑이 밑에서 암내가 심하게 나서 냄새를 없애기 위해 향을 많이 피웠다고 설명했다. 공영방송 프 로그램「그날」에서는 근거 없는 '야사'라고 주장하는 것을 보았다.

침향전 건물 옆에 있는 비상전(飛霜殿)도 보았다. 양귀비의 개인 침실이 있던 곳인데 그 자리에 새로 지은 전각이라고 한다. 양귀 비가 목욕했던 건물도 보았다. 해당탕(海堂湯)이라고 부른다. 탕의 모양이 사각 욕조 비슷하게 만들었는데 물은 없었다. 욕조 바닥 이 옥으로 되어 있다고 하는데 자세히 보니 옥 같기도 하고 알 수가 없었다. 옥은 평온이 43도의 온도를 유지시켜 주는 역할을 해 준다고 설명했다.

현종 황제가 목욕했다는 연화탕을 가까이서 보았다. 반지하로 되어 있다. 난간을 돌며 내려다볼 수 있게 해서 가까운 거리에서 볼 수 있었다. 난간 주변에는 사방에 눈높이의 벽화가 있다. 모 두 요즘 그린 벽화들이다. 중국의 역대 4대 미녀들의 그림도 있 다. 양귀비 그림 앞에서 사진을 찍으니 다른 미녀들과도 함께 촬 영이 되었다.

근처에서 성진탕도 보았다. 당 태종 이세민의 목욕탕이란다. 그는 목욕을 하면서 정사를 논했다는 설명이 있다. 여러 사람들이 이야기할 수 있는 면적이 필요하여 다른 탕보다 크게 지었다고 하는데 배 이상 넓어 보인다. 옆에는 방이 있는데 목욕하고 옷을 갈아입는 공간이라고 설명했다. 상식탕(常食湯)은 현종과 양귀비의 심부름을 하는 몸종들인 시녀들의 욕실이라고 안내했다. 탕 바닥에 어른 발뒤꿈치가 들어갈 정도 크기의 발자국 같은 홈이 6개 있다. 양귀비나 현종의 몸에 손을 대고 수발한 손은 하인 손이라도 자기 발을 손으로 닦을 수 없으므로 구멍에 발뒤꿈치를 넣고 비벼서 때를 닦았다고 한다. 실수로 자기 발을 만져도 황제 내외를 모실 수가 없다고 설명했다.

현종은 일 년 중 일곱 달을 양귀비와 함께 여기서 지냈다는 기록이 있다. 본명이 양옥환(楊玉環)인 양귀비는 현종의 18번째 아들인 수왕의 부인이었으니 며느리인 것이다. 현종의 비(妃) 무혜비(武惠妃)는 2년 전에 병으로 사망했다고 한다. 이때 현종의 나이는 61세이고 양귀비는 27살이었다. 양귀비의 사촌오빠인 재상 양국충이 안녹산의 난 때 부하가 안사의 난(安史之亂)을 일으켜 양국충을 죽이고 양귀비를 죽여야 현종에게 충성하겠다는 반란군의 요구로 현종은 양귀비에게 노끈을 주며 자살을 명했다. 서기 756년의 일이다.

연못 앞쪽 노천에 온천물이 안개를 뿜으며 사방으로 퍼진다. 누구나 씻는 줄 알고 가까이 가서 아내와 손을 씻었는데 더운물 값으로 일 위안을 내라고 해서 꼼짝 못 하고 줬다.

여러 건물을 빙글빙글 돌아 계단을 올라가서 오간청으로 가는 화살표가 보여 그 방향으로 갔다. 작은 연못이 보이고 그 옆에 늙은 나무가 있다. 손닿는 곳에 손때가 많이 묻어 있는 나무가 연못 쪽으로 굽어 있다. 이 나무는 석류나무로 수령이 1,300년 된 나무라는 기록이 있다. 이 나무를 남자가 만지면 여복(女福)이 있고 여자가 만지면 남자 복이 있다 하여 지나는 사람은 누구나 다 이 나무를 만져서 매끈매끈하고 손때가 묻어 있다. 나도 더럽지만 복을 받는다 하기에 한번 만져 보았다.

오간청에도 장개석 대만 총통과 관련된 얽히고 또 얽힌 국공합작으로 오늘의 중국과 대만의 긴 역사와 관계있는 근세사의 현장이기도 하다.

중국의 역사지만 위정자의 별장 호화생활은 우리에게도 시사하는 바가 크다.

『문학생활』 2020. 9월호

아찔했던 순간

　파리 여행 중 일어났던 일이다. 여행 일정에 따라 에펠탑 베르사이유 궁전 개선문 루브르 박물관 등을 구경하고 파리 근교 작은 호텔에 여장을 풀었다.
　5월 하순이라 호텔에 들었는데도 해가 많이 남았다. 서부 유럽 여러 나라를 여러 날 여행하면서 일행과도 친분이 생겼다. 일행 중 조금 가까이 지내는 부부가 있었다.
　부부는 시간도 많으니 파리 시내를 나가 걸어서 다시 구경하자고 청했다. 개선문 앞길도 걸어서 올라가면 주변에 볼 것이 많다는 설명도 했다. 조금은 걱정도 되었지만 이 남자는 여러해 전 직장에 다닐 때 파리 주재원으로 6개월 생활한 경험이 있다며 자신 있게 파리 중심가를 설명할 수 있다고 했다. 나도 서부 유럽은 여러 차례 가 본 경험이 있지만 여행사 일정 외의 개인관광은 파리에서는 해 본 경험이 없었다. 그래서 부부 요구에 쾌히 응하고 처음 온 호텔에서 방을 배정받고 저녁을 간단히 먹고 호텔 명함을 가지고 나가려 하는데 카운터 담당자가 명함이 떨어졌다며 호텔 주소가 있는 편지봉투를 주면서 여기에도 주소와 전화번호가 있다고 했다. 시내 갔다가 돌아올 때 필요할 것 같아 가지고 나왔다. 프랑스 말은 모르고 영어도 서투른데 주소는 꼭 필요하다고 생각하고 봉투 한 장을 들고, 부부와 함께 택시를 탔다.

먼저 루브르 박물관 앞 광장을 보고 샹젤리제 거리로 갔다. 차창 구경과는 맛이 달랐다. 개선문 쪽으로 오르막길을 걸어가는데 조금 가다 보니까 오른쪽에 현란한 네온간판이 눈을 놀라게 했다. 우리는 네온사인 글씨를 읽어보고 바로 극장을 들어가기로 합의했다. 세계인들이 알아준다는 스트립쇼 무대란다. 즉석 매표소에서 좋은 자리를 비싼 값을 주고 샀다. 시간도 기다림 없이 딱 맞았다. 바로 지정된 자리로 안내를 받았다.

조금 후 현란한 무대는 웅장하면서도 무게감이 있었다. 지름이 10여 미터 정도 되어 보이는 둘레에 무대가 빙빙 돌면서 거미줄 같은 천으로 중요한 부분만 가리는 둥 마는 둥 한 여러 배우들의 얼굴이 계속 바뀌면서, 회전무대는 쉴 새 없이 돌았다. 박수도 치면서 함께 즐거운 시간을 보냈다. 몇 시간의 공연이 끝나고 나오니 11시가 넘었다. 큰길 앞에는 택시가 줄지어 서 있었다. 늦었으니 바로 택시 타고 호텔로 가자고 했다.

그런데 일행 부부는 수백 미터 거리에 있는 개선문까지 걸어서 개선문을 돌아 내려오다가 근처에 유명한 커피점이 있는데 거기서 커피 한잔을 마시고 가겠다는 것이다. 나는 11시가 지나 너무 늦었고 또 가이드에게 말도 안 하고 호텔을 나왔으니 숙소로 바로 가자고 했다. 그들은 그러면 혼자 먼저 가라며 부부는 프랑스

커피를 꼭 먹고 가겠다고 고집을 부렸다. 이유는 남자는 프랑스에 살면서 이 유명한 커피를 마셔 보았으나 부인은 파리를 처음 와서 이곳의 남편이 마셨던 커피를 꼭 먹어보고 가겠다는 것이다. 할 수 없이 혼자 택시를 타고 호텔을 찾아가기로 했다.

택시를 타니 기사가 '어디로 갈까요?' 하고 영어로 물었다. 나는 호텔 이름도 위치도 모르고 해서 호텔에서 나올 때 가지고 온 주소가 적힌 봉투를 기사에게 주면서 그곳으로 가자고 했다. 그는 봉투를 보면서 고개를 끄덕끄덕했다. 그리고 한참을 갔는데 올 때 40불 주고 온 거리보다 더 멀다는 느낌이 들었다.

그때 기사는 영어를 잘하느냐고 물었다. 조금 한다고 말했더니 프랑스는 심야 할증요금이 있으니 요금을 더 주어야 한다고 말한다.

순간 아차 큰일 났구나, 유일하게 가진 편지봉투 주소가 전부이고 가이드 명함은 큰 가방 주머니에 넣고 왔으니 그가 어디로 가는지 알 도리가 없는 처지가 되었다.

순간, 번득 위기(危機)란 생각이 머리를 스쳤다.

나는 그러냐고 알았다고 태연한 척 말했다. 기사는 봉투 주소를 자세히 보더니 속도를 내기 시작했다. 12시가 되었는데도 호텔이 안 보인다. 사실 호텔도 짐 풀고 바로 식사 후 나오면서 몇 층인지 근처가 어떻게 생겼는지도 확실히 모르는 상황이다. 얼마 후 차를 세우더니 다 왔다며 차비를 달라는 것이다. 그런데 갈 때 낸 금액의 배가 넘는 금액이다. 서투른 영어로 차를 호텔 현관 앞에 대라고 하니까 빙빙 돌더니 어느 곳에 세우는데 나와서 사방을 보니 호텔 앞 큰길 건너 쪽에 차를 세운 것이다. 큰길 건너 호텔 정문이 보였다. 잔돈도 없었고. 호텔이 보이니 용기가 생겨 50불 한 장을 던져 주고 차가 많이 다니는 넓은 찻길을 뛰어 건너갔다. 그도 나를 따라 넓은 길을 건너 쫓아왔다. 그리고 100불을 달라는 것이다. 나는 일단 호텔을 찾았으니 마음이 놓였다. 체격이 좋은 기사는 때리려는 자세를 취하고 달려들었다. 나는 험상궂은 얼굴로 태권도 자세를 취하며 소리를 질렀다. 이때 호텔 안내원이 뛰어나와서 위험은 끝났다.

여행을 다닐 때마다 호텔에 도착하면 우선 명함을 몇 장 가지고 호텔의 위치를 알아 놓는 것이 습관처럼 되었는데 이날따라 실수를 한 것이다.

이후 여행할 때는 중국 외에는 개인행동을 하지 않고 안전하게 생활하는 습관이 들었다.

기사가 이 승객이 봉투 주소가 전부이고 호텔 주소나 이름도 몰랐다는 내용을 알았으면 어떤 나쁜 행동을 했을지도 모르는 일이다. 아찔했던 파리의 밤 택시를 생각하면 지금도 등골이 오싹한다.

여행 중 있었던 용감했던 추억이 되긴 했지만….

『펜문학』 2016. 11, 12월호

중국 후기 요(窯) 이야기

　용천요(龍泉窯)의 색은 비취색과 비슷한 분청색이 가장 많다. 이 요는 남송 때 국가에서 관청이나 민간에게 공급했고 수출도 했었다. 용천자기 색 중에는 회백색도 있다. 이 자기도 섬세하면서도 단단하며 유약도 두텁고 매끄러워 최상급의 대우를 받았다. 그릇 외벽에는 연꽃잎이 새겨진 것도 있고 그릇 전체에는 옅은 유약이 발라져 있어 갓 피어난 한 송이 고운 연꽃을 연상케 한다. 이 그릇을 들고 있으면 한 송이 꽃을 들고 있는 느낌을 받는데 송 대 사람들은 연꽃잎을 그릇이나 접시에 그려서 사용하는 것을 즐겼기 때문이다.
　지금도 용천현 부근에는 대요가 있고 복건성 인근에서도 가마가 있던 터도 발견되었다.
　이 무렵 대량의 도자기 제품을 생산하여 한국과 일본 등 동남아와 동부 아프리카까지 수출한 기록이 있다. 당나라 자기가 화려하고 찬란한 색이었다면 송나라 자기는 소박하며 맑은 유색을 선호한 것으로 볼 수 있다.

중국의 도자기 발전은 송나라에 와서 전성기를 이루었다고 볼 수 있다.

명나라 도자기 중 궁중에서 쓰는 어요(御窯)가 있다. 어요 공장은 궁중에서 사용하는 그릇을 만들어 공급하는 곳이다. 여기서는 최고의 기술진이 다양한 그릇을 만들었다. 만드는 그릇 중에는 명나라 대 황제의 연호(年號)를 넣은 것이 많다.

그릇에는 전통적인 단색과 꽃무늬 자기를 많이 생산했다. 각각의 왕조마다 황제의 특징을 살려 만들었다.

예컨대 영락제 때 영락요(永樂窯)의 반탈태(半脫胎), 성화요(成化窯)의 투채(鬪彩), 만역요(萬曆窯)의 오채(五彩) 등 각각 황제의 치세를 나타내면서 명나라 도자기는 발전을 거듭했다.

드라마 징비록에 나오는 명나라 영락제 시대에는 관방 자기제작이 활발한 때였다.

백자는 고령토의 양을 높이고 온도도 높여 유양의 백도(白度)와 투명도를 높인 것이다.

이때 백유자기(白釉瓷器)는 몸체가 매우 얇고 색상이 백색으로 매끄러운 특징이 있다.

그릇 표면에는 바늘 모양의 잔무늬로 가지가 얽혀있는 화훼도안이 새겨져 있는 것도 볼 수 있다. 선이 유연하고 세밀하여 무늬 사이를 보면 은은한 푸른 색조가 보인다.

이런 자기를 첨백(甜白)이라고 했다. 이 자기는 순백색의 유약을 사용했고 태토(胎土)가 가늘고 엷어서 그릇 전체가 반투명으로 보이는 정교함이 특징이다.

명나라 헌종 때 채자(彩瓷) 기술이 발달하여 투채(鬪彩) 제작에 성공했다. 투채란 높은 온도의 유하 채(釉下彩)인 청화와 낮은 온도인 유상채(釉上彩)인 채색유를 결합한 자기의 일종이다.

만드는 순서는 특수 안료로 몸채에 청화의 윤곽을 그린 다음 일차로 가마에 구운 뒤 유상채의 여러 가지 화려한 색채의 안료를 칠한다. 그다음 다시 낮은 온도로 2차 소성하여 완성한다. 유화채의 청화와 유상채의 채색유가 합쳐 아름다움이 나타낸다.

투채는 명나라 성화연간에 최고 명성을 얻었다.

술잔에 닭의 무늬가 들어간 자기를 계향 배(杯)라 불렀다.

명나라 때에는 자기 예술이 한때 침체되기도 했다. 그러나 성화(成化)연간에 신기술이 발명되면서 다시 활기를 되찾게 되었다.

문양의 소재가 다양하고 풍부하여 계속 발전했다. 도자기 공예는 계속 새로운 창조와 발전을 거듭했다.

그러나 명나라 말기인 숭정(崇禎) 때 관요가 폐지되면서 다시 침체의 길로 갔다.

명말 정덕(正德)연간에는 안료가 비교적 옅어져서 푸른색에 약간 회색빛을 보였다.

이때에는 여러 색의 진열용 자기의 조형이 나왔는데 자태(瓷胎)도 대체로 두텁고 무거웠다. 이 자기는 둥근 공 모양의 본채와 받침으로 되어 있는데 둥근 공 안쪽은 비어 있고 위쪽에는 7개의 구멍이 있어 꽃을 꽂는 꽃병으로 사용되었음을 짐작할 수 있다. 주변 외벽에는 4개의 구멍을 통해 햇빛이 들어가게 했고 안에는 알 수 없는 글씨가 보여 물으니 아랍어로 쓴 기도문이란다. 이 자기를 보면 정덕(正德) 황제가 이슬람교를 믿었거나 아니면 우호적이었을 것이라는 사실을 알 수 있게 하는 자료이다.

그 외 정치 경제 등 사회상도 알 수 있었다. 이때 만든 자기는 왕실에서 하사할 때 주는 하사품과 수출상품으로도 쓰였다. 이때 주 교역국으로는 중앙아시아와 서아시아의 분포한 아랍 사람들이었다. 이슬람교도들 수요에 맞추어 나온 제품들은 장식과 조형이 이슬람 문화를 의식한 제품이 분명해 보였다.

대만 고궁박물원의 전시된 명 청대의 요를 보고 찬란했던 중국 후기 요의 수준을 실감할 수 있었다.

『생활문학』 2016. 겨울호

감사와 은혜의 삶

사람의 삶에는 연습이 없다. 생은 일회용이다. 젊어서는 어떻게 사는 것이 최선의 삶인지를 생각하며 생의 방향을 찾게 마련이다.

노년이 되니 감사할 일이 너무 많다. 밤과 낮이 있음에도 감사하고, 매일 먹고 사는 일도 감사하고, 함께 사는 가족이 있음도 감사하고, 친구가 있음도 감사하고, 매일 할 일이 있음도 감사하고, 살아있음에 감사하고, 모든 삶이 은혜의 삶이 아닌 것이 없다.

주일날 목사님 설교를 들었다. 세계적 시인으로 유명했던 호레이쇼 스패포드(H.G Spafford)는 미국의 성공한 법률회사 사장이고 대학의 법리학 교수였다. 교회 장로교 신학교 이사였다. 그의 부인은 세계적인 전도사 무디와 친구로 무디 교회 교사로 독실한 신앙인이었다. 그는 43세 때 대화재로 전 재산을 잃었다. 귀한 아들도 잃었다. 엄청난 시련 앞에 망연자실했다. 이때 복음 전도사였던 무디가 유럽에서 전도 집회를 한다는 소식을 듣고 온 식구가 함께 가기로 했다.

1873년 11월 스패포드는 아내와 네 딸을 데리고 프랑스 여객선을 타고 뉴욕항을 출발할 즈음에 급한 일이 생겨 여객선에서 내렸다. 아내와 딸을 태운 배는 승객 대부분이 잠든 새벽 2시 대서양 한가운데서 영국 철갑선 라키언호와 정면으로 충돌하여 승객 226명을 안고 침몰했다. 이때 딸 4명은 모두 사망하고 아내만 구조되었다. 9일 후 다른 생존자들과 함께 웨일즈 카디프에 도착한 부인은 '혼자만 살아남았음'이란 짧은 글을 남편에게 보냈다. 소식을 듣고 망연자실한 스패포드는 아내를 보려고 배를 탔다. 배에 타고 선장과 이야기를 나누는 중 선장은 스패포드에게 말했다. "지금 이 배는 당신의 딸들이 잠긴 물 위를 지나고 있다." 그때까지 애써 참아왔던 슬픔이 커다란 파도를 일으켰다. 깊은 그곳에 잠들어 있을 딸들을 생각하니 너무나 괴로웠다. 선실로 돌아와 아픔과 슬픔으로 밤새도록 하나님께 울부짖었다.

"주님 누구보다도 주님을 사랑했던 저에게 어찌하여 이토록 시련을 주십니까?" 그는 방에 틀어박혀 두문불출하게 되었고 주변 사람들은 그의 믿음이 혹시라도 실족하여 자살이라도 할까 봐 걱정했다.

그런데 어찌 된 일일까요? 절망하며 원망하며 기도하던 스패포드에게 갑자기 마음속 깊은 곳에서 형언할 수 없는 하나님에 대한 신뢰와 평안이 솟구쳐 오르기 시작했다. 그리고 그의 입술에서는 평생 경험하지 못한 평안을 고백하고 있었다. '평안해 내 영혼 평안해 하나님의 뜻이 이루어지이다.'

그리고 아침이 되자 스패포드는 주님이 주신 영감으로 시를 써 내려갔는데 그 시가 바로 내 영혼 평안해(It is well with my soul)이다. 집으로 돌아온 스패포드는 무디 목사에게 재능을 인정받아

필립 블리스에게 자신의 아픈 사연과 고백을 들려주었다. 그 고백과 시의 감동을 받은 블리스는 바로 그 자리에서 곡을 붙였다. 이 곡이 바로 찬송가 413장 「내 평생에 가는 길」이다.
　원문 1절은,

　　내 평생에 가는 길 순탄하여 늘 잔잔한
　　강 같든지 큰 풍파로 무섭고 어렵든지
　　나의 영혼은 늘 편하다. 내 영혼
　　평안해 내 영혼 내 영혼 평안해

　목사님의 감격 어린 설교를 들으면서 많은 감명을 받고 흐르는 눈물을 감당할 수 없었다. 혼자의 힘으로는 할 수 없는 극한상황에서 머릿속 깊은 곳에서 나도 모르게 튀어나오는 글이야말로 최고의 시, 최고의 수필이 될 수 있음을 증명하고 있다. 이런 글을 쓰고 싶다. 잘 쓰기 위해 더 열심히 공부해야겠다.
　오늘 하루를 인생의 첫날처럼 또는 마지막 날처럼 살아가면 어떨까요? 모두 감사의 삶이 되지 않을까요? 나는 일제 강점기 일본학교도 다녔고 이북에서 인민학교도 다녔다. 남으로 나와 국민학교를 다녔다. 전란으로 수없이 많은 어려움도 겪었다. 70이 넘은 나이에 박사학위를 취득했다. 625전쟁에도 살아남고 전염병과 몇 번의 수술로 생사를 넘나든 병원 생활, 교통사고 등 수많은 위험에도 살아온 세월을 뒤돌아보면, 감사와 은혜의 삶이 아닌 것이 없었다. 남은 생은 글을 쓰면서 가족과 이웃을 위해 살다가 지는 해를 바라보며 감사의 마음이 더 붉은 노을이 되어 서쪽 하늘을 붉게 물들이고 싶다.

2024. 10. 30.

항저우의 자랑

항저우(杭州)는 상하이에서 육로로 두 시간을 가야 한다. 십여 년 전만 해도 지방이라 도로가 좁고 비포장도로도 있어서 6시간도 더 걸렸었다. 몇 시간을 가도 사방에 산을 볼 수가 없다. 끝없이 펼쳐진 평야는 농산물의 대 보고라는 생각이 들었다. 거의 도착할 즈음에 산이 보이기 시작했다. 산은 낮고 많은 산에서 돌을 캐고 있었다. 돌은 건축 재료로 사용하고 도로 건설에 사용하고 있다. 돌 값이 금값이라 돌산을 가진 사람은 금산을 가진 것과 같다고 한다.

이들은 대부분이 불교를 믿는다. 지나가는 도로변에 새로 지은 집이 많은데 거의 3층 주택이다. 주택 옥상에는 둥근 돔으로 된 방이 있고 그 위에는 안테나가 설치되어 있다. 돔 안에 방을 들여놓고 이 방에서 매일 부처님에게 한 시간씩 불공을 드린다고 한다.

항저우는 온화한 기후와 풍부한 물과 평야가 있어 일찍이 산업이 발달하였다. 특히 전통적인 견직물은 지금도 세계 각국에 수출된다. 사계절 모두 그림 같은 풍경이 펼쳐지고 역사적 인물들의 무덤이나 사원, 탑 등이 많이 있어 명승지로 계속 발전하고 있는 곳이다. 유명한 역사 문화 도시다. 중국 7대 고도(古都)의 하나이며 유명한 대운하의 종점이다. 상하이에서 항저우로 오는 국도변에 사탕수수 재배 단지가 크게 보인다. 전국에서 유명한 사탕수수 재배 지역이란다.

항저우 시내에는 전차가 있다. 두 대가 붙은 전차도 있다. 버스도 2층 버스가 있고 여자 운전기사가 많다. 교통이 매우 복잡하고 교통질서가 엉망이다. 반대 차선으로 차가 오기도 하고 건널목 표시도 없다. 시내 차 번호판에 '浙A 5477'이란 글씨가 쓰여 있다. 절(浙)은 저장성의 표시이고 'A' 자는 차가 출고되는 때를 표시하는 것으로 새 차 헌 차 구별하는 출고 연식 표시라 한다. 거리는 다른 도시보다 깨끗하다. 서울 거리와 비슷하다고 할까?

항저우 동쪽 변에 위치한 황관호텔에 짐을 풀었다. 10여 년 전에 갔을 때 이야기다. 호텔 옆 대형 슈퍼마켓이 있어 구경 겸 칫솔을 사러 가서 달러나 한국 돈을 주니 안 받는다. 판매 직원도 달러와 원화가 돈인지 무엇인지 모르고 있다. 호텔에 돌아와 환전을 해 가지고 다시 갔다. 칫솔은 금액으로는 한국과 같은 금액이다. 그러나 국민 소득이 우리나라의 1/4 수준이니 실제 가격은 네 배 비싼 가격이다.

특산물로는 수천 년의 역사를 자랑하는 인견 직물과 세계적으로 유명하다는 용정차, 목공예 품, 죽제품 등이 있다. 비단을 붙여 만든 서호주산(西湖綢傘)을 비롯하여 백단향으로 만든 항선(杭

扇:항저우부채), 끝이 둥근 젓가락인 천숙 쾌 등 중국 다른 지방에서 볼 수 있는 것도 있다.

경항 대운하의 종점으로 물의 도시로 부르며 그래서 배 사업하는 사람도 많다. 부지런하면 3모작도 가능한 지방이다. 아열대 지방으로 7월~8월에는 40도가 넘는 더위가 있다. 너무 더워서 부인 없이는 살아도 에어컨 없으면 못 사는 곳이다. 40도가 넘어도 방송은 38도라 방송한다고 한다. 40도가 넘으면 출근 안 해도 된다는 법이 있기 때문이다.

항저우 사람들은 용정차로 돈을 많이 벌어 잘사는 사람이 많다. 일월에는 영하 5도로 내려가는 해도 있다. 땅 밑이 따뜻하여 눈이 와도 바로 녹는다.

항저우에는 유명한 저장대학교가 있다. 이 대학은 1998년 개교 100주년에 맞는 베이징대학교보다 일 년 앞서 개교했다. 현재 중국에서 활동하는 정치, 경제, 사회 등의 유명한 인물 가운데 이 대학을 졸업한 사람들이 많다. 현재도 한국 유학생들이 많고 우수한 학생들도 많다. 이곳 대학에서도 개방으로 잘살게 된 것이라며 등소평을 우러러본다.

이곳은 여자가 살기 좋은 곳이다. 남자가 결혼 비용 다 대고 현금 일만 위안을 준다. 부엌일은 남자가 거의 한다. 결혼 다음 날 남자가 채소 시장을 간다. 출근 전 아침 준비를 하여 여자에게 대령한다. 설거지도 남자 몫이다. 여자 속옷도 남자가 빨아 준다.

항저우에는 자전거와 가짜가 많다. 새 돈이 나오면 다음 날 가짜 돈이 바로 나온다는 나라이다. 물건을 노점에서 사면 거스름

돈을 잘 받아야 한다. 가짜가 많으니까. 항저우에는 산, 물, 나무가 많다. 중국인들의 최대의 희망은 돈 많은 쑤저우(蘇州)에서 태어나서, 미인이 많은 항저우에서 살면서, 중국 최고의 요리인 광둥요리를 먹고 살다가, 명당과 관으로 사용하기 좋은 나무가 많은 유주에서 죽는 것이 소원이라고 한다.

이와 같이 항저우는 예로부터 살기 좋은 곳으로 널리 알려진 곳이다. 새 중심가 도로 사거리에 신호 대기 시간을 알리는 네온 숫자가 나온다.

중국에 있는 55개 소수 민족 중 조선족이 최고 부자로 살고 있다. 개방 전에는 북한보다 남한이 못사는 줄 알았다며 가이드는 한국인이 특히 우수하다는 평을 받는다고 설명했다. 항저우에는 시후호(西湖) 주변에 플라타너스가 많은데 이 나무를 프랑스 오동나무라고 부른다. 프랑스에도 이 나무가 많은데 여기서는 중국 오동나무라고 부른다고 한다.

시후호 근처에 있는 민물진주 양식장을 구경했다. 3년 자란 진주 한 개에서 스무 개 정도 많은 진주알이 나온다. 실제로 조개 한 마리를 쪼개서 보니 여러 개가 나오고 그중 일곱 가지 색이 나오는 것도 있다. 양식 진주는 장식에는 쓰지 않는다.

항저우는 호수와 차만 유명한 것이 아니고 진주 도매시장으로도 알려진 곳이다. 민물조개는 삼각형 조개가 많다. 가격도 저렴한 편이다. 시후호에서 배를 타고 멀리 보이는 탑이 보숙탑미인 탑이라고 하며 45.4m 높이로 산 위에 있다.

소동파가 시후호에서 2년을 살면서 항저우 자사를 지냈다. 지금으로 말하면 항주 시장이다. 그가 정치를 얼마나 잘했는지를 알 수 있다. 소동파는 돼지고기를 잘게 만들어 먹었는데, 이유는 항주 시민들로부터 선물을 너무 많이 받아서 잘게 썰어 여러 사람이 주는 것을 골고루 먹기 위해서였다. 그 후 이 고기를 '동파육(東坡肉)'이라고 부르게 되었으며 이 음식은 지금도 유명하다. 고산 시후호변에는 항저우 요리 전문점이 많다. 대를 이어 장사하는 곳도 있다. 청나라 때 창업했다는 식당도 있다. 이곳에 가면 동파육 등 항저우 요리를 즐길 수 있다. 항저우 요리는 종류가 많은 특징이 있다.

시후호 주변은 주위 경관을 보호하기 위하여 5층 이상의 건물을 짓지 못한다. 45분 걸려 시후호를 한 바퀴 돌고 설명 듣고 증명사진도 촬영했다. 배를 타고 유람할 때 북쪽 산에 장제스 총통의 별장도 보았다. 승선 가격은 중국 돈 45위안이다. 시후호 유람선도 국가가 직영한다.

항저우에서는 3가지 자랑을 하지 말라고 한다. 눈이 밝다는 자랑, 돈이 많다는 자랑, 오래 산다는 자랑을. 이곳 사람들은 눈이 밝고 차(茶)를 팔아 돈이 많고 거의 백 살을 산다고 자랑한다.

『생활문학』 2019. 가을호

알 수 없는 도시

페루의 도시 쿠스코는 잉카제국의 수도였다. 쿠스코는 '배꼽'이란 의미를 가지고 있다. 태양신을 숭배하고 잉카제국을 건설하였던 사람들에게 쿠스코는 세계의 중심으로 생각했을 것이다. 3,400미터의 고지대로 안데스산맥 분지에 자리 잡고 있다. 인구 30여만 명의 작은 도시이나 잉카문명의 흔적이 여기저기 남아 있다.

산토도밍고라는 수도원은 식민지 역사를 잘 보여주고 있다. 기록에는 하늘은 독수리, 땅은 퓨마, 땅속은 뱀이 지배한다고 되어 있다. 그러한 정신세계를 반영하듯 도시 전체가 퓨마 모양을 하고 있다. 언덕 위 퓨마 머리에 해당되는 곳에 '삭사와망'이라는 신전이 있다. 이 신전을 세우기 위해 100톤이 넘는 바위를 모아 건축하는 데 50년이나 걸렸다고 한다. 안내인의 설명은 계속되었다.

잉카인들의 주산업은 농업과 목축업이다. 고산지대의 척박한 땅이라 노동은 몇 배 힘이 들었을 것이다. 안데스산 밑의 고된 삶에서 가장 중요시되었던 존재는 태양이다. 천문학이 발달한 잉카는 천둥 별 달 등을 신성시하였고 천문학의 비밀은 왕족과 귀족만 알았을 것으로 보였다. 당시 천문학은 축제와 농사일에 유용하게 사용할 정도로 발달된 것으로 추정된다. 잉카제국의 수도였던 쿠스코는 한때 인구 백만 명이 넘는 남미 최대도시였다. 찬란한 문명을 꽃피우면서 남미를 지배했던 잉카제국의 쿠스코를 이들은 스스로 세계 중심으로 생각한 것 같다. 잉카대제국이 1532년 스페인의 정복자 프란시스코 피사로와 혈전을 치른 곳도 이곳이다. 결국 스페인에 함락 당하면서 잉카제국과 쿠스코시는 역사의 뒤안길로 영원히 사라진 것이다.

높은 언덕 위에 있는 유적지에는 '사크사이와만'이라 부르는 넓은 잔디 운동장이 있고 좌우에 큰 돌을 쌓은 긴 줄이 정렬되어있다. 퓨마 머리같이 생긴 사크사이와만은 유판키 왕 때부터 만들어지기 시작했다. 건설할 때 하루 2만여 명 인원을 동원하여 83년에 걸쳐 완성했다는 거대한 해발 3,700미터 산 위의 요새지이다.

이곳에는 높이가 7미터, 무게가 138톤에 달하는 큰 돌들로 석축을 쌓았다. 돌무덤이 수십 미터 깊이로 겹겹이 쌓은 계단 위로 거대한 해시계를 설치했다. 여기는 옛날에 물을 저장한 저수지로 주요 농산물인 감자 옥수수를 재배하기 위하여 저장하고 수확 시기를 알기 위한 시계였다는 설명도 있다.

이곳에서는 지금도 매년 6월 24일이면 '인티 라이미'라 부르는 태양제를 지내고 있단다. 이 유적은 큰 돌을 3층으로 쌓아 만들었는데 석조 기술은 대단하여 돌 사이 종이도 들어갈 틈이 없다. 시가지 쪽 절벽은 높이가 5미터는 되어 보이고 무게도 360톤이나 된다는 큰 바위를 사용하여 석벽을 쌓은 곳이 있다. 석축의 길이는 360미터나 되며 여기 사용한 돌은 근처 것만 아니라 멀리 십 리 떨어진 '올란타이탐보'에서도 가져왔다는데 하루에 3만 명씩 동원하여 80년 동안을 운반했다는 전설이 있다.

그 외의 유적으로 미라가 있던 곳이라는 '켄코' 산 위에서 물이 내려오는 '탐보마차이'가 톨게이트 역할을 한 것으로 추정되는 곳도 있고, 붉은 요새 '푸카 푸카라' 등 많은 유적을 보았다.

기차로 한 시간 거리에 있는 최고의 유적지 마추픽추를 갔다. 잉카문명의 자취가 가장 완벽하게 남아 있는 세계적 유적이다. 잉카의 옛 수도 쿠스코에서 아마존 저지대로 강을 따라 100킬로 이상을 가야 된다. 해발 3,200미터 정상에 험준한 계곡과 가파른 절벽에 숨어있는 요새 도시 마추픽추가 1911년 미국 대학교수에게 발견되었다. '하이 램빙엄' 교수는 아주 높은 산 위에 '비루키밤바'라는 환상적인 잉카 도시가 있다는 고전기록을 보고 찾던 중 '마추픽추'를 발견한 것이다. 산속에 묻힌 채 아무도 그 존재를 몰랐으므로 '잃어버린 도시' 또는 '공중 도시'라고 부르기도 한다.

마추픽추는 총면적 5평방킬로미터로 도시의 반 이상이 가파른 경사지에 위치해 있다. 유적 주위는 '우르밤바강'이 마추픽추 주위를 감싸 흘러 배산임수의 지형이고 성벽으로 견고하게 둘러싸여 완전한 천혜의 요새지다. 도시는 높은 산꼭대기에 건설되어서 아래서는 전혀 보이지 않아 그 존재를 몰랐던 것이다. 340여 년 잊혀있던 신비의 도시는 완벽한 채로 발견되었고 잉카 건축의 우수

성이 또 한 번 입증된 것이다.

 건설의 정확한 연대는 기록이 없으나 대략 2천 년 전의 것으로 추측된다. 이곳에 태양의 신전, 산비탈의 계단식 밭, 지붕 없는 집, 농사짓는데 이용된 태양시계, 목욕탕 등 유적이 많이 있다. 이곳에서 가장 놀라운 것은 수준 높은 건축 기술이다. 현대 건축 기술로도 쉽지 않은 놀라울 정도의 커다란 돌을 다듬는 솜씨가 대단히 정교하다. 각 변의 길이와 모양도 제각각인 돌들을 정확하게 잘라 붙여서 성벽과 건물을 세웠다. 종이 한 장도 들어갈 틈이 없게 정확히 사방이 붙어있다. 가파른 산비탈에 계단식 밭을 만들고 위쪽에는 동쪽 산꼭대기 샘을 찾아 저수를 하고 배수시설을 하여 농작물을 경작하고 자급자족한 것이다. 설에 따라 1만 명, 2만 명설이 있으나 규모로 보아 내가 보기엔 천 명 정도가 살았을 것으로 추정된다.

 이곳을 가려면 버스로 기차역까지 가서 고산 열차를 90분 타고 우르밤바 강줄기를 따라 마추픽추 입구까지 간다. 여기서 25인승 버스로 25분 가파른 산길을 꼬불꼬불 산허리를 28번 돌고 돌아, 요새 공중 도시에 도착한다. 산중도시는 두 산봉우리 사이에 건설되었는데 현대 도시같이 종합적인 기능이 있다. 남향에 계단밭, 북쪽으로 주거지역, 상업지역 등이 정렬되어 있다. 돌로 만든 집들도 많이 있다. 밭과 주택 사이에 채석장이 있다. 여기에는 큰 바위와 돌이 어지럽게 깔려 있다. 옆에는 짓다 만 건물도 보인다. 건물들은 노예들을 동원해서 지었는데 스페인의 침공을 받고 왕이 사로잡히자 짓던 건축물을 그대로 두고 달아난 것으로 추측할 수 있다. 채석장 아래로 내려오면 꽤 넓은 공간이 있고 나무도 한 그루 서 있다. 이곳이 주거지역이다. 주거지 높은 곳에 궁전과 신전 의례품 저장소 학교와 공장 주택지가 있다. 높은 양지쪽에 묘지가 있고 17개에 이르는 취수장도 있다. 옥수수 등 경작을 위한 수로가 있고 천체관측을 위한 건축물도 있어 작은 도시의 구색이 맞는다.

  돌로 지은 집의 돌 자르는 기술 등 불가사의한 내용도 많다. 또 다른 의문은 하늘에 제사 지낸 곳으로 보이는 바위 뒤 평지에서 시체가 179구 나왔다는데 그중 여자의 시신이 164구나 되었다고 한다. 그래서 궁녀들의 교육장으로 추정하는 학자도 있다. 또 다른 학자는 공중도시에 어느 날 전염병이 창궐하여 모두 사망한 후 수백 년 동안 인적이 끊어진 폐허의 도시로 남아 있다고 주장하기도 한다. 모두가 잉카문명의 찬란했던 흔적들이며 현장을 보고 감탄하지 않을 수 없었다. 아직도 산 위 도시의 정체를 확실하게 알지 못하고 있다.

『계간문예』 2020. 가을호

풍교야박

　정문으로 들어가면 바로 대웅전이 나온다. 대웅전 앞에서 들어온 정문 쪽을 보면 대웅전을 바라보고 있는 불상이 문 옆에 있다. 이 불상은 대웅전의 주 불상인 석가모니 상을 지키는 일을 하고 있다고 한다. 대웅전 왼쪽에는 오백 나한당(羅漢堂)이 있다. 이는 부처님이 되고 싶은 신도들의 화상을 모신 곳이다. 대웅전 바로 앞에는 큰 향로가 있는데 불공드리러 온 신도들이 향을 한 묶음씩 태운다. 향냄새가 코를 찌르고 눈이 따끔따끔해서 서 있기가 힘들었다.
　대웅전 옆 뒤쪽으로 가면 8각형 2층 건물 위에 청종석(廳鐘石)이란 종이 있다. 한번 칠 때마다 돈을 받는다. 한 번 치면 10년이 젊어진다고 전해온다. 줄을 서서 기다려야만 칠 수 있다. 나도 오래 살고 싶어서 줄을 서서 기다려서 몇 번 쳤다. 청종석(廳鐘石) 앞을 지나 골목길로 조금 가면 삼장법사 불상이 있는 작은 사당이 나온다.
　명말(明末) 4대 기서인 『서유기』를 보면 당나라 때 삼장법사(三

藏法師)가 이 절에 와서 하룻밤 자고 갔다는 기록이 있다. 그런 연유로 절 한쪽 사당에 삼장법사의 불상을 모시게 되었다고 전한다. 3인의 불상이 있는데 가운데 것이 삼장법사이고 왼쪽은 일본 삼덕스님이고, 오른쪽은 중국인이라는 설명이 있다. 마당에는 네 개의 종이 있다. 무게가 큰 것은 5톤부터 3톤, 2톤, 1톤의 순서로 달려 있다. 종을 만지면 장수한다고 하여 손이 닿는 부분은 매끈매끈하다. 이 종은 일본 제품이란 기록이 있다. 일본 침략군이 원래 있던 이 절의 큰 종을 군사 목적으로 쓰려고 일본으로 가져가다가 물에 빠뜨리고 말았다. 얼마 후 미안하여 운반하기 쉬운 작은 종 4개를 만들어 주었다 한다.

한산사 지붕에는 서유기 그림이 있다. 서유기에 삼장법사가 다녀간 때문인지 모르겠다. 대웅전 뒤에 있는 대전(大殿)은 한산사 내에서 특별한 건물이다. 1층은 한습전(寒拾殿)이고 2층은 장경루(藏經樓)이다. 여러 시설물들이 있었는데 문화 혁명 때 많이 훼손되었다고 한다.

한산스님은 어려서 부모님이 돌아가셔서 어렵게 살다가 8세 때 노스님을 만나 한산사에 들어오게 되었고, 후에 한산사의 주인이 되었다. 한산사의 전설이 있다. 당 태종 연간에 한산(寒山)스님과 습득(拾得)이라는 두 청년이 있었는데 둘은 어려서부터 절친한 친구였다. 한산은 청산만(靑山灣)에 사는 처녀를 사랑했는데 이 처녀는 이미 한산의 친구인 습득과 사랑을 나누는 사이였다. 한산은 이 사실을 알고 습득의 혼사를 성사시키기 위하여 고향을 떠나 가출하여 홀로 쑤저우에서 수행을 했다. 친구 습득은 후에 사실을 알고 한산을 찾아가 함께 불문(佛門)에 입적하게 되었다.

이후 한산사에서는 한산과 습득을 모시게 되었다는 전설이다.

정문 앞에는 호성하(滬城河) 같은 물이 흐르는 운하의 지천이 있는데 다리 두 개가 있다. 현장을 가 보니 흐르는 물도 개울물 수준이고 두 다리도 낡아서 볼품이 없었다. 풍교와 장충교가 그것이다. 백여 미터가량의 두 다리 사이에 배를 타는 작은 선착장이 있다. 이 선착장에 장계(張繼)라는 나그네가 장안(지금의 시안)으로 과거 시험을 보러 갔다가 세 번째 고배를 마시고 고향으로 가던 도중, 그가 탄 배가 이곳에 정박했을 때, 한밤중 한산사의 종소리가 들려 수심에 찬 그에게 시상을 일으켜 시를 지었다고 한다. 7언 절구 4행시다.

풍교야박(楓橋夜泊)
장계(張繼, 당나라 시인)

월락오제상만천(月落烏啼霜滿天)
강풍어화대수면(江楓漁火對愁眠)
고소성외한산사(姑蘇城外寒山寺)
야반종성도객선(夜半鐘聲到客船)

달은 서산에 지고 까마귀는 슬피 울고 하늘에는 찬 서리가 가득한데
강에는 단풍 들고 고깃배 등불 마주하고 수심에 찬 선비 졸고 있는데
쑤저우(蘇州)성 밖에 있는 한산사로부터
한밤중을 알리는 종소리가 나그네가 탄 배까지 들리는구나

한산사는 쑤저우 시내 서쪽 약 5km 지점 시가지에 있다. 사찰은 대부분 깊은 산속 명당에 있는데 이 절은 시내 변두리 평평

한 개울(인공운하)가에 있다. 서기 502년에 묘리보명탑원(妙利寶明塔院)이라는 이름으로 창건되었다. 당나라 기승(奇僧) 한산이 이곳에 초암(草庵)을 짓고 후에 법사(法嗣) 희천 선사 석두(石頭)가 가람(伽藍)을 창건하여 한산사라고 불렀다고 전해진다. 한산은 당시 습득(拾得)이 머물고 있던 천태산국청사(天台山國淸寺)에 드나들었으며 습득과 함께 전설적인 불자(佛者)이고 시승(詩僧)인데 그 한산의 이름을 따서 한산사라고 지었다고 하나 사적(事跡)은 거의 없다. 송나라 때 보문선원(寶門禪院)이라 개칭했고, 명나라 때는 칠당가람(七堂伽藍)도 갖춘 명찰(名刹)이었다. 그 후 몇 번의 전란으로 다섯 번이나 불에 타고 현재의 건물은 청나라 말엽에 재건된 것이라는 설명이 있다.

한산사 정문 안쪽에도 '풍교야박' 원문이 액자에 걸려 있다. 복사본은 절 근처 여러 상점에서도 맨 앞에 내놓고 판매하고 있다. 가격이 비싼 편이지만 복사본을 샀다. 한산사는 규모는 작지만 지금도 중국 교과서에 실릴 만큼 유명하다. 당나라 시인 장계가 읊어 유명해진 시, 풍교야박 때문으로 생각했다. 장계는 시험에는 낙방했으나 '풍교야박'으로 중국 역사 속의 유명한 시인으로 인정받게 된 것 같다.

『생활문학』 2020. 여름호

젊은이가 많이 찾던 관광지

 금년은 '코로나 19'가 세계를 덮고 있다. 외국 관광이 먼 옛날 이야기 같다. 작년까지 태평양 한가운데 있는 괌이 젊은 가족 단위로 각광을 받았던 곳이다. 기원전부터 원주민인 차모로(chamorros)족이 살아온 땅이다. 원주민은 뼈대가 굵고 키가 작으며 옆으로 퍼져 뚱뚱하다. 동남아시아인과 비슷한 점이 많다. 어업에 종사하는 어부들도 많다. 판매하는 상품을 보면 정교한 공예 기술과 도예 기술이 뛰어난 종족 같았다.
 지난 몇 세기 동안 외인의 침략을 받고 살아서인지 생활습관과 행동을 보면 많은 변화를 겪었음도 짐작할 수 있었다. 최초의 정복자는 스페인의 마젤란이다. 그가 본 차모로족은 웃기도 잘하고 노래도 잘 부르고 춤도 잘 추었다. 사냥과 낚시도 즐기는 사람들이라고 평한 기록이 있다. 큰 돌 위에 집을 짓고 살았던 옛 유적도 곳곳에서 볼 수 있었다. 넓게 보면 필리핀과 멕시코 사이에 위치해 있으므로 금과 상품을 실은 스페인 선박들이 정기적으로 정박하는 간이 정박지가 되었다고 설명했다. 그 영향으로 스페인의 가치관 즉 정치조직 경제 등이 자연스럽게 차모로족 생활문화에 혼합되는 계기가 된 것으로 추정할 수 있었다.

세계사를 보면 스페인은 괌을 300년이나 지배했다. 그 후 미국과 스페인 전쟁에서 미국의 승리로 미국 영토가 되었다. 40여 년을 지배하다가 3년 가까이 일본의 지배를 받기도 했다. 2차 대전이 연합군의 승리로 끝나면서 미국의 자치령으로 되었다.

괌은 서태평양의 중심지이며 마이크로네시아에서 가장 국제화된 나라이다. 차모로 원주민이 반 가까이 되고 필리핀 사람이 25% 백인 10% 미국 본토 사람 외에도 만여 명이 넘는 한국인과 중국 일본인이 살고 있다. 주변 마이크로네시아 군도 주민과 소수이지만 월남인 인도인 유럽인들도 살고 있다.

괌의 전통문화는 정복자가 여러 차례 바뀌면서 부수적으로 따르는 문화의 파란에도 불구하고 꾸준히 그 맥을 이어왔음을 느낄 수 있었다. 괌 주민의 90%가 가톨릭 신자이며 이는 스페인 지배의 영향이 큰 것으로 보인다. 개신교 신자도 있으나 그 수는 미미하다고 설명했다. 17세기 이래 가톨릭 성당들은 마을의 중심이 되어왔다. 지금도 마을마다 그들이 존경하는 성자가 있고 그의 기념일에는 전체 섬 주민이 초대되어 성대한 잔치를 베푼다고 한다. 가족들은 지금도 세례파티 판당교결혼식 9일기도 장례식 추모 묵주기도 등 스페인풍의 의식을 행한다. 스페인의 영향은 남부의 건축물이나 메스티자(Mestiza)라는 여인들의 옷에서도 볼 수 있다.

축제 때 준비하는 요리도 다양하다. 판싯(Pancit)이라는 필리핀식 코코넛, 우유로 요리된 타로(Taro) 잎, 켈리구엔(Kelaguen) 딤 허두라는 반쯤 익힌 닭고기 등의 많은 요리는, 레몬주스 코코넛 가루 후추 등의 재료를 간장 후추 다진 양파소스에 절여 맛을 내고 있다고 길게 설명한다.

차모로족의 생활에서 빼놓을 수 없는 것이 음식과 음악이다. 뛰어난 음악은 호리병박과 팽팽한 밧줄로 만들어진 벨렘파오투얀(Belemfaotuyan) 독특한 악기의 연주이다. 칸탄 차모리타(Kantan Chamorrita)식 노래는 여러 세기 동안 가장 즐거운 오락이 되어 오고 있다.

전통적으로 이 노래는 수직공예 옥수수 껍질 벗기기 망 낚시 등 장시간 단체 작업 때에 흥을 도구고 지루함을 없애기 위하여 불려진 노래란다.

현대음악도 축제 결혼식 또는 가정파티 등 사교 모임에서 중요한 역할을 한다. 이때 불리는 노래는 차모로 아메리칸 필리핀 일본가요 등이 다양하게 등장한다. 전통예술도 현존하고 있으며 판다누스(Pandanus)나무나 코코넛 나무껍질 등 천연직물로 짠 여러 가지 크기의 바구니 지갑 바닥깔개 벽걸이 등을 만들어 전통을 이어가고 있다고 자랑한다.

조각공들은 이필나무 망 그로브 코코넛 파로나무 등의 재료로 테이블 기념패 사람 및 동물상 기타 가구용품을 만들어 판매도 한다. 축제일은 설날 괌 발견의 날, 3월 첫 월요일 부활절과 괌 해방 기념일, 7월 4일 미 대륙 발견의 날, 추수감사절이 있다. 해방의 날 기념행사에는 특별히 관광객이 많이 모이는데 암울했던 억압 당시를 떠올리기보다는 기쁨에 찬 축제일이다. 낙천적인 그들의 정서와 축제를 통하여 먹고 마시고 즐기면서 일상을 벗어난 특별한 감을 느끼는 특유의 습성에 기인한 것 같다. 해방 기념축제의 주제는 매년 바뀌는데 그 주제에 따라 운행열차의 디자인 축제 분위기의 빛깔 등이 달라진다는 설명이다.

그밖에도 괌 사람들은 거의 매일 피에스타라고 하는 크고 작은 축제가 있다. 탄생축제 결혼축제 장례축제 이사축제 등 기회만 있으면 축제를 열어 함께 어우러지고 즐긴다. 축제에는 많은 음식들이 준비되고 찾아오는 사람도 누구나 함께 먹고 마실 수 있게 후한 인심을 쓰기 때문에 이곳에서는 굶어 죽는 사람이 없다고 한다. 음식의 대부분은 초대하는 사람이 준비하는 것이 아니고 초대받은 사람이 한 가지씩 준비해오게 되어있다고 한다. 결혼식 행사도 피로연 때 집에서 음식을 준비해 가지고 가서 결혼식장인 성당에서 함께 음식을 먹는다. 포트럭(Potluck)이라 해서 하객 각자가 가져가는 때도 있다.

괌은 특이한 역사와 독특한 축제 문화와 음식 문화를 가진 건전한 미국의 자치령이다. 지루하지 않게 관광을 즐길 수 있는 좋은 곳이다. 지금 가면 전통적인 축제도 거의 볼 수 없다. 30여 년 전 내가 여행할 때는 안내자가 민속행사 하는 곳을 찾아 여러 가지 구경을 할 수 있었다.

괌은 크지 않은 면적인데 북쪽에 군 기지를 빼면 남쪽에 관광지가 몰려있어 많은 민속행사를 볼 수 있다. 작년까지도 젊은 부부들이 많이 좋아했던 관광지였다. '코로나19'가 없어지고 자유롭게 여행할 때가 빨리 오기를 기대해본다.

『성동문학』 2022. 22호

자유로운 외국 여행은 언제일까?

홍콩이 세계적인 관광도시로 널리 알려진 것은 백여 년쯤 되는 것 같다. 영국이 통치하면서 무역과 금융의 중심지로 만든 것이 이유라고 생각한다. 정부의 관광 활성화 정책도 한몫을 했다고 판단된다. 관광객을 유치하기 위해 높은 산 위에 해양공원을 만든 것도 크게 기여한 것으로 보인다.

공원의 위치를 보면 악산 중에 악산 꼭대기에 있다. 풀 한 포기 나무 한 그루도 제대로 자랄 수 없는 폐허의 땅이다. 자연이 최악의 조건으로 보인다. 먹는 물도 부족하고 농경지는 쓸모 있는 땅이 거의 없다. 이렇게 조건이 알맞지 않은 땅을 국민들이 합심하여 훌륭하게 가꾸어 놓은 것이다.

해양공원을 올라가기로 했다. 빅토리아 공원에서 입장료를 내고 주변의 특이한 경치를 감상하며 한참 올라가니 케이블카가 보였다. 한 대의 탑승 정원이 4명이다. 백여 개가 되어 보이는 케이블카는 밀려드는 관광객을 실어 나르느라 쉴 사이 없이 움직이고 있었다. 케이블카를 타고 홍콩에서 제일 높다는 해발 554미터의 정상으로 향했다. 케이블카 속에서 바라보는 홍콩의 주변 경관이 시시각각으로 변화하는 것을 느낄 수 있었다. 참으로 장관이었다.

아내와 단둘이 타고 15분가량 가는데 손바닥에 땀이 나고 현기증도 약간 나서 바로 아래쪽을 볼 수가 없었다. 아내도 긴장하는 모습이다. 몇 년 전에 같이 왔을 때는 아래 산에 나무가 별로 없었고 풀벌레와 검은 돌과 바위가 많이 보였었다. 지금은 8월 중순이라 그런지 풀도 많고 나무도 제법 자라서 몇 미터 되는 나무도 드문드문 보였다. 먼저 왔을 때는 어지럽거나 현기증이 나지 않았었다. 그냥 멋있어만 보였는데 세월이 가서 조금 어지러운 증상이 나타나는구나 생각했다. 더 늙기 전에 또 오기를 잘했다는 생각이 들었다.

해발 398미터 높이에 있는 산성역에 내리니 주룽(九龍)시를 비롯하여 홍콩의 아름다운 전모를 한눈에 바라볼 수 있는 좋은 곳이다. 끝없이 넓게 펼쳐진 홍콩의 앞바다와 올망졸망한 크고 작은 섬들이 보인다. 아래쪽을 보니 빽빽이 들어찬 도시의 빌딩들이 조화를 이루어 자연미를 새롭게 연출하고 있었다. 마치 한 폭의 유화를 보는 것 같은 절경에 눈을 뗄 수가 없었다. 해양공원 입구를 향해 계속 올라갔다.

맨 꼭대기에 올라가니 해양공원 입구가 나타났다. 이곳의 명물은 뛰어난 절경 말고도 우리가 구경할 4층으로 된 초대형 수족관이다. 수족관은 지하에 설치되어 있으며 수없이 많은 크고 작은 여러 종류의 고기들이 온갖 묘기를 부리고 있었다. 4층에서부터 빙빙 돌아 내려오면서 수족관을 구경하노라면 어느 사이 1층까지 내려오게 된다. 눈에 익은 고기도 보였지만 대부분 처음 구경하는 신기한 고기들도 많았다. 눈에 잘 보이지도 않은 작은 고기도 있다. 상어 악어 같은 무서운 고기들도 보인다. 바닷속. 깊이 들어와서 해저탐험을 하고 있는 듯한 착각 속에서 지하수족관을 구경했다. 지하지만 실제는 높은 산 정상에서 파서 만든 산꼭대기에 있는 지하다. 각층별로 특징을 살려 최신형으로 꾸민 수족관의 거대함과 화려한 네온 빛은 몇 번을 보아도 볼 때마다 감탄사가 나도 모르게 저절로 나왔다.

지난해 여름 오키나와를 갔을 때 일본에서 제일 크다는 수족관을 가 보았다. 소문만큼 규모가 그리 크지는 않았다. 맨 아래 칸에 4층 높이의 큰 수족관을 보았다. 상어같이 사람도 잡아먹는다는 큰 고기를 보았다. 길이가 12미터가 넘는다는 큰 고기인데 한 마리 가격이 10억 원이 넘는다고 설명한다. 오래 살아야 두 달 산다고 한다. 그래도 비싼 돈을 주고 사 오는 이유는 그 고기가 있으면 관람객이 30% 증가하여 흑자를 내지만 없으면 수족관 운영이 어려울 정도로 적자가 난다고 큰 고기에게 의미를 부여했다. 큰 바다 어디에서 잡아 온다는데 두 마리가 한 쌍이 되어 같이 다니고 있었다. 25년 전에 갔을 때는 수족관이 있었는지도 몰랐다.

인기 있는 어종이라 홍콩 해양박물관에도 지금은 있는지 모르겠다. 중국으로 반환되기 전에는 여러 번 가 보았으나 근년에는 수족관을 가 보지 못했다. 일본 오키나와도 또 가고 싶다. '코로나19' 사태 이후 해외여행을 자유롭게 다닐 수 없게 되었으니 안타깝다. 외국여행을 마음대로 다녔던 그때가 그리워 여행 경험을 생각해 보았다. 세계 여러 나라를 마음대로 다닐 수 있을 때는 언제쯤일까?

『서울문단』 2020. 9호

관제시죽

서안시 섬서성 박물관 석각 진열소 안 문묘 뒤쪽에 비림(碑林)이 있다. 당나라 국립대학인 국자감(國子監)에 있던 개성석경(開城石徑) 유교경전(儒敎經典)의 석각(石刻)을 보전할 목적으로 세운 곳으로 공자의 유적지로도 부른다. 정문을 들어가면 큰 돌무늬의 조각품이 있다. 공자가 붓으로 글씨를 쓰고 붓을 빨던 큰 벼루라고 한다. 오른쪽 길로 들어가면 길 양쪽에 12간지 같은 모양의 얼굴이 있는 돌기둥이 양쪽에 수십 개 서 있다. 말 매는 말말뚝이란 설명이 있다. 비림에는 수천여 개의 비석이 있다. 청나라 때 각 지역의 비석을 모두 모았다는 설명이 있다.

비림의 정문격인 문 입구 일층 머리 위에는 '비림'이라고 한문으로 쓴 임측서(林則徐)의 친필이 있다. 급히 쓰다 보니 비(碑) 자의 위쪽 점이 하나 빠졌다고 한다. 그는 영국과 아편전쟁을 할 때 청나라 애국 정치인으로 중국을 대표한 사람이다. 급히 글씨를 써서 붙이고 보니 점이 하나 빠진 것을 발견했다. 그는 전쟁에 이기고 난 후 와서 글자를 고치겠다고 약속하고 전쟁터로 갔는데 아편전쟁은 영국의 승리로 끝났다. 그래서 임측서는 전쟁 패배의 책임을 지고 신강으로 유배되어 생을 마감했다. 그는 오늘까지 글씨를 고치러 이곳에 오지 못하여 잘못된 글씨가 그대로 있는 것을 얼마 전에도 가서 보았다.

 비림 문 안쪽에 큰 비석이 있다. 한문으로 '석대효경'(石臺孝經)이라 쓰여 있다. 이 비문은 당나라 6대 현종의 친필이란다. "효로 나라를 다스린다."라는 뜻의 글이다. 첫 문을 들어가면 제1 전시실이 나온다. 여기에는 4서5경 13경에 관한 내용의 글이 있다. 제1 전시실 비석은 114개이며 그 안에 있는 글씨는 모두 65만 자가 된다는 안내인의 설명이다.

 오십여 년 전 문화혁명 때 홍위병이 모두 때려 부수려 했는데 주은래 총리 특명으로 문을 봉해서 위험을 피할 수 있었다고 한다. 비석들은 제1 전시실에서 시작하여 제2, 3, 4전시실로 연결된다. '대진경교'라는 비석 글씨는 유명하다. 입구 왼쪽 앞에 있는 이 비석은 대진경교유행중국비(大秦景敎流行中國碑)로 비석의 받침이 돌 거북이다. 이 거북의 머리를 만지면 힘이 세지고 장수한다고 하여 보는 사람마다 모두 만져서 거북 머리가 매끈매끈하다. 나도 만져 보았다.

 제1 전시실에 있는 대진경교유행중국비는 명나라 말기에 시안 서쪽에 있는 장안의 대진사(大秦寺) 경내에서 발굴된 경교석비(景敎石碑)이다. 이 석비는 당 무종(唐武宗) 때 박해령으로 매몰된 것 같다. 그 후 오랜 세월 땅속에 묻혀 있었기 때문에 보존 상태가 양호하다. '대진경교유행중국비(大秦景敎流行中國碑)'의 9자를 3행으로 새긴 전액(篆額)을 포함한 이수(螭首) 부분과 비문을 새긴 부분으로 이루어져 있다. 비 옆쪽에는 여러 명의 승려 이름이 시리아

문자로 적혀 있고, 비석 상단에는 십자가가 새겨져 있다. 양옆에는 연꽃, 구름, 무지개가 그려져 있다. 약 이천여 자로 된 한자 비문은 대진사 승려 경정(景淨)이 작성하고 여수암(呂秀巖)이 썼는데 경교의 주요 교리와 성쇠(盛衰)의 역사가 적혀 있다. 대진(大秦) 페르시아로부터 전래된 경교는 2대 태종에 의해 허가되어 크게 발전하다가 불교도의 박해를 받고 일시 쇠퇴하였으나 현종 때 재건되었다. 비문 마지막 부분에는 황제에 대한 상찬(賞讚)과 사제(司祭) 및 수도사의 이름과 지위 등의 기록되어 있다. 당시 경교의 대한 연구에 귀중한 자료가 되는 소중한 비석이다.

제1 전시실을 지나 문 하나를 나가니 제2 전시실이 나왔다. 이곳에는 중국에 널리 알려져 있는 안진경(顔眞卿) 필체의 비석과 왕희지(王羲之) 필체 비석이 있다. 안진경은 당나라 때 정치가와 서예가로 초서의 명인 장욱(張旭)으로부터 필법을 배우기도 했으나 해·행·초(楷行草) 각체에 다육다골(多肉多骨)의 성풍을 창시한 사람이다. 굵은 선과 몸통을 부풀린 구성, 그리고 육중한 양감(量感)은 안진경의 전 인간성 표출로 볼 수 있다. 개원(開元), 천보기(天寶期)의 양식을 확립한 인물이다. 우세남, 구양순, 저수량과 함께 당 사대가(四大家)로 불리기도 했다. 초당(初唐) 무렵 왕성했던 왕희지 풍과는 전혀 다른 서품이다. 주요 작품에는 다보탑비(多寶塔碑), 제질문고(祭姪文稿), 마고선단기(麻姑仙壇記), 안씨가묘비(顔氏家廟碑)가 있다.

제3 전시실에서는 장욱의 광초(狂草)를 보았다. 당 현종 때 서예가인 장욱은 지금의 장쑤성 사람으로 생사의 연대가 정확하지 않다. 육간지의 아들인 육언원으로부터 '간지서법(柬之書法)'을 전수받았다고 전해진다. 초서(草書)의 대가로 제일인자 대우를 받았고 자유분방한 광초를 창시했다고 기록하고 있다. 흘림체 글씨라고도 한다. 술을 좋아하여 술만 취하면 미친 사람같이 붓을 던지고 머리에 먹을 묻혀 머리털로 글을 썼다 하여 장전(張顚)이라고도 불렀다. 해서(楷書) 작품에「낭관석기(郎官石記)」가 있고 초서 작품으로는 자언첩(自言帖), 고시사첩(古詩四帖) 등이 알려져 있다. 초서는 막 흘려 쓰는 글씨로 잘 알아볼 수 없어 별도로 공부를 해야만 읽을 수 있는 어려운 문체 중의 하나다.

안진경 비석 뒤쪽에 큰 비석들이 겹겹이 있는데 바로 뒤 비석이 왕희지의 필체라 보는 순간 많이 반가웠다. 가까이 가서 만져 보았다. '고등학교 때 배운 왕희지의 필법으로 조맹부의 체를 받아 일필휘지' 하는 『춘향전』의 한 대목을 떠올리며 자세히 보았다. 우리가 쓰는 보통의 체와 크게 다르지 않았다. 왕희지는 동진시대 서예가로 어려서부터 글씨를 잘 썼으며 위부인(衛夫人)과 숙부 왕이에게서 필법을 배웠다. 한위의 유풍을 따라 공부했다. 한대에 싹튼 해·행·초(楷行草)의 실용서체를 예술적 서체로 완성시켰다. 그의 글씨는 그가 살았을 때부터 존중되었으며 역대 왕조 황후와 귀족들이 절찬했다. 당태종이 그를 존중하여 그의 글씨를 널리 수집하면서부터 그의 필법이 유행했다고 한다. 후세에 그의 글씨는 한국과 일본에도 큰 영향을 주었다. 현재 왕희지의 진적(眞跡)은 현존하는 것이 없으나 쌍구전묵(雙鉤塡墨)에 의한 상란첩(喪亂帖) 등의 탁본이 전해진다. 동양에서 서성(書聖)으로 존경받고 있다. 작품으로는 곡수(曲水)의 연(宴)이 전해지고 있다.

제4 전시실에는 당 현종 때 대문호 이태백의 글도 비석에 있다. 그는 술이 취해야만 멋진 글이 나오기로 소문난 문인이다. 현종비 양귀비와의 악연도 회자되고 있다. 현종에게 버림받은 후 지은 '행로난(行路難)'이란 시에 그의 심정이 잘 표현되고 있다.

한, 수, 당, 송, 원, 명, 청국 비석 중에서 엄선한 삼천여 개 비석 중 최고로 꼽는 비석의 비문이 있다. 이 비석은 촉한(蜀漢)의 명장인 관우가 대나무 그림에 시를 뜻이 들어있게 그린 대나무 그림 시로, 제목은 '관제시죽(關帝詩竹)'이다. 비석에 대나무를 음각으로 그려 넣은 것인데 잎과 줄기가 글자로 되어 있는 것이다. 내용은 관우가 조조에게 인질로 잡혔을 때 형님인 유비에게 편지를 보낼 수가 없어 그림 속에 글씨를 담아 보낸 것으로 중국 역사에 남은 시의 제목이다. '불사동군…'으로 시작하는 시죽은 "조조 모르게 조조의 은혜에 감사하지 않는다. 일편단심 유비 형님의 이야기를 듣겠다. 나뭇가지에 잎이 끝까지 떨어지지 않는다. 신세를 한탄한다."라는 뜻으로 관우는 유비 형님 편이라는 내용을 대나무 그림에 넣어서 보냈는데, 유비는 바로 이를 정확하게 해석했다고 한다. 관우의 죽음을 면하게 한 유명한 시 그림이다. 중국 역사는 관우를 높여 관제(關帝)라고 불렀다.

전시품은 진품이 아니라 청나라 때 다시 조각한 것이라고 한다. 그밖에도 달마대사가 양자강을 건너오는 장면을 그림으로 조각한 시비도 보았고 소림사에 관한 비석도 있다. 돌조각 예술 박물관 안에도 각종 돌로 된 동물 석관이 많고 비석을 포함한 무덤에서 출토된 부장품도 많이 보았다.

도교의 창시자라는 노자의 동상도 보았다. 노자는 출생, 사망 연대도 확실하지 않다. 『사기』 『노자전(老子傳)』에도 명확한 기록이 없어 전설의 인물 같기도 하다. 기원전 489년에 사망한 공자보다 백 년 정도 후배라는 설도 있고 공자가 찾아와 예의 가르침을 받았다는 설도 있다.

초나라 때 사상가며 도가(道家) 사상의 시조라고 추정한다. 주나라 왕실의 도서관리인을 했다는 기록도 있다. 그의 사상은 모든 지혜나 기교를 배제하여 본래의 무위자연(無爲自然)의 도를 수양할 것을 주장하며 도와 일체를 이루면 성인이 된다는 이론이다. 그가 중국 도가 사상의 개조(開祖)로 일컬어지는『노자 도덕경(老子道德經)』이 있다. 도(道)자로 시작하는 도경과 덕(德) 자로 시작되는 덕경이 있다. 모두는 오천여 자로 되어 있으며 현재는 81장으로 되어 있으나 분장법(分章法)도 있어 확정하기는 무리가 있다. 문장은 간결하며 격언적(格言的) 표현을 모은 형태로 개성이 강한 면이 있어 보였다. 예부터 전해 내려오는 속담이나 격언들을 모은 느낌도 준다. 그러므로 해석할 때 이설이 많다. 운문체와 산문체의 명문장으로 높이 평가를 받고 있다.

 노자의 좌상 왼쪽으로 들어가 넓은 전시장을 보았다. 많은 동물의 석상이 있고 모두 시안 근처에서 출토된 것이라 했다. 전시품 중에는 이소핵의 석관도 있다. 이 석관은 수나라 것인데 70여 년 전 시안 양가에서 출토된 것이란 설명이 있다. 견고한 석관은 여닫이문이 돌로 되어 있고 형태도 깨끗하게 보존되어 있다. 수많은 비석 석관, 석상들의 전시품을 보고 나오니 들어가는 대문 오른쪽에 큰 종이 보인다. 이름이 경문종이라 한다. 이 종은 당나라 때 만든 종인데 지금도 신년을 알릴 때 울린다고 한다.

 중국 비림에서 역사적으로 널리 알려진 귀중한 비석들을 보고 감탄했다. 비석 공부에도 많은 지식을 얻었다.

『수필문학』 2020. 7월호

금각사

 이곳은 금빛 찬란한 절로 1300년대 건립하고 금각사(金閣寺)라 했다는데 이곳을 산장으로 쓰던 아시까(足利)가 죽은 뒤에는 녹원사(鹿苑寺)라고도 불렀다고 전한다. 금각사라는 이름은 연못 위에 세워진 3층짜리 누각에 2, 3층을 금으로 칠했다고 해서 붙여진 것이란다. 귀족풍의 정전(正殿)과 중국의 선종사원 양식을 도입한 건축 양식이 무로마치 시대의 건축미를 보여준다. 금각사를 자세히 살펴보면, 1층부터 3층까지 각층의 건축양식이 제각각이다. 이유는 처음에 세운 원래의 건물이 70여 년 전 방화로 불타고 5년 뒤 복원작업을 하던 도중 누군가의 실수로 이렇게 되었다는데, 절 남쪽 연못 건너 쪽에서 보면 모두 같아 보인다.
 그림엽서에 꼭 나오는 이 절이 유명한 이유는 미시마 유키오(三島由紀夫)가 쓴 소설의 배경으로 등장했기 때문이다. 어린 사마승이 유명한 건물인 금각사가 아름다움에 도달하지 못함을 고민하던 끝에 금각사를 불태워 버린다는 이야기다. 삼도유기부는 20세기 일본 최고의 소설가 극작가로 「가면의 고백」, 「금지된 색」

을 썼고 마지막 작품으로는 일본을 무대로 쓴 「풍요의 바다」가 유명하다.

　현장을 가 보면 그렇게 대단한 절은 아니다. 그러나 교토 관광에는 핵심 코스로 모든 관광객이 거쳐 가기 때문에 대단히 번잡하다. 금각사 남쪽에는 큰 연못이 있고, 연못 가운데에는 멋있는 한 그루의 소나무가 서 있다. 절에서 50미터 정도 거리인 남쪽 연못가에서 구경하고 그곳에서 기념 촬영하면 아주 좋다. 이 절은 건물에 칠한 금을 누가 긁어 갈까 걱정이 되어서인지 건물 접근이 금지되어 있다. 금각의 원래 이름은 샤리덴(舍利殿)이었다고 한다. 본래는 재벌 가문의 별장이었는데 무로마치 시대의 3대 쇼군에게 바친 이후, 주변의 주거건물이 대규모 별장으로 발전했다. 이 중에서도 샤리덴은 가장 정성을 다하여 지은 건물이란 기록이 있다.

　샤리덴이 언제부터 금각사로 불리게 되었는지는 정확하게 알 수는 없다. 기록에는 오닌(應仁) 천왕 때 오닌의 난이 일어난 이후부터 금각이라는 이름이 등장하며 분메이(文明) 천왕 때 쓰이기 시작했다고 한다. 쇼군 요시미쓰가 죽은 후 유언에 따라 별장은 녹원사(鹿苑寺)라는 선종 사찰로 이름이 바뀌었다고 전해지고 있다.

　지금까지 제자리를 계속 지켜온 금각사는 무로마치 시대의 건축양식과 분위기를 그대로 간직한 대표적 건물로, 지금도 일본인들의 사랑을 받고 있는 것 같다. 금각사의 각층은 서로 다른 건축 양식을 보이는 것이 특징이다. 1층은 왕실의 침전인데 법수원(法水院)이라고 부른다. 2층은 사무라이 가옥으로 꾸며졌으며 조음동(潮音洞)이라 하고, 3층은 중국풍의 선종 사원 같다. 40여 년 전

수리를 하고 10여 년 후에 금박을 다시 입혔다고 기록하고 있다.
 내가 1990년 갔을 때는 2층과 3층이 산뜻하게 새집같이 보였다. 관광객들이 금각사에 관심은 갖는 이유는 건물 전체를 모두 금으로 칠한 줄 알고 있기 때문이다. 가까이 가서 보니 실지는 금박이 2층 3층 외벽과 난간에만 칠해져 있다. 앞에 있는 연못은 경호지(鏡湖池)라 하는데, 바람 없는 오후에 남쪽에서 보면 금각건물이 연못 속에 똑같은 모습으로 거꾸로 서 있는 물속 그림자를 볼 수 있다. 경호지는 거울 같은 호수라는 뜻으로 물 가운데 자리 잡은 소나무와 바위의 운치가 한층 돋보인다. 위원도(葦原島)라 불리는 섬 위 돌들에는 창산석 적송석 등의 이름이 있다. 경호지를 둘러싸고 있는 정원도 무로마치 시대 회유식 정원으로 흔히 볼 수 있는 정원이 아니라고 안내자는 설명했다.
 세계 제2차 대전에 패망한 일본이 전국 중요 도시마다 집중 폭격을 받았지만 교토에는 단 한 발의 포탄도 떨어지지 않았다고 한다. 전쟁의 불길에서 피할 수 있었던 것은, 금각사 등 주변 문화재 보호에, 하늘이 도운 것으로 생각하고 있다. 금각사 3층 지붕 위에 봉황새 장식은 주위의 경보장치와는 잘 어울리지 않지만 금각사의 아름다움을 완성시키는 데는 손색이 없어 보였다.
 명당이라 그런지 주변에는 여러 개의 절이 있다. 몇 년 전에 가서 모두 보았다. 고태사(高台寺)는 도요토미 히데요시가 부인을 위해 세운 절이라고 한다. 인화사(仁和寺)는 800년대 완공된 우다 일왕이 퇴임 후 첫 번째 주지가 된 절로 유명세를 타고 있었다. 천용사(天龍寺)는 9세기에 일왕 사가가 지은 절이라고 하는데 왕궁과 같은 느낌이 들었다. 바다를 상징하는 흰 모래밭에 섬을 상징하는 십여 개의 작은 바위들이 잘 어울리게 흩어져있는 곳도 특이하게 보였다.
　주변은 교토에서 가장 아름다운 거리로 소문나 있다. 여러 번 가 보았으나 지금도 금각사는 일본 최고의 관광지로 손색이 없다는 생각을 했다.

『문학생활』 2020. 겨울호

나무로 된 궁궐

　북경시에는 명청(明淸)시대 황제들이 정사를 보던 자금성이 있다. 총면적은 약 75만 평방미터라고 한다. 성벽 밖으로는 폭 50여 미터의 해자호(垓字戶)로 둘러쳐져 있고 둘레 길이가 3800미터나 된다는 기록이 있다. 외부의 침입으로부터 성을 보호하는 이 해자호를 중국인들은 호성강(護城江)이라고도 부른다고 말했다. 성벽 동서남북에는 모퉁이에 각루가 있고 각각 문이 하나씩 있다. 남쪽에 있는 오문(午門)은 정문이고 북쪽에 신무문(神武門) 동쪽에 동화문(東華門) 서쪽에 서화문(西華門)이 있다고 한다. 모든 설계는 면남이왕(面南而王)으로 황제는 남쪽을 보고 통치를 해야 한다는 사상을 반영하고 있다고 설명했다.
　자금성은 남북의 두 구역으로 되어 있으며 남쪽은 공적인 장소로 외조(外朝)이다. 남문인 오문에서 시작하여 북쪽으로 태화문(太和門) 태화전(太和殿) 중화전(中和殿) 보화전(保和殿)이 중앙에 일렬로 배치되어 있다. 동서에는 문화전(文和殿) 무영전(武英殿)의 전각이 있다. 외조(外朝)의 북쪽은 황후의 거처인 내정(內廷)이다. 건청문

(乾清門)부터 건청궁(乾淸宮) 교태전(交泰殿) 곤녕궁(坤寧宮)이 건축선상 일렬로 줄지어 있다. 그 좌우에 후비(后妃)들이 사는 동서 6궁을 비롯하여 많은 부속 건물들이 있다. 궁내에는 800채 건물에 9,000개 이상의 방이 있다고 한다. 처음 갔을 때는 한여름이라 찌는 듯한 더위로 온몸이 다 젖어 땀이 뚝뚝 떨어지는 고생을 하며 몇 시간을 구경했다. 근처에는 나무 그늘도 없었다. 다음에 갔을 때는 계절에 맞는 복장으로 많은 궁들을 자세히 볼 수 있었다.

영락제가 9,999칸짜리 새 거처인 자금성에 들어간 해는 1421년이고 실제로는 8,886칸이라고 하는데 9라는 숫자가 최고의 양수를 상징하기 때문에 그렇게 부풀려서 전해온 것이란다. 천왕만이 만 칸 집에 살 수 있고 천자는 조금 적어야 된다고 하여 반 칸을 줄여 9,999.5칸을 지었다는 야사가 있다고 안내인이 말했다. 현재는 전당과 누각이 8천7백여 칸이라고 한다. 명나라 때는 구천 명의 시녀와 만여 명의 환관이 궁궐 내에서 업무를 보았다고 설명했다. 자금성에서 역대 황제들이 사용하던 70여만 점의 유품은 자금성에는 별로 없다. 거의 대만에 있는 고궁박물원에 보존 전시되어 있다.

유품이 없어 건축물만 설명했다. 정문격인 오문(午門)은 현존하는 중국 최대의 고건축물이며 이 문을 통해 안으로 들어가면 태화전 앞에 금수하(金水河)가 흐르고 있다. 흐르는 물 위로 다섯 개의 아치형 다리가 있다. 이를 금수교(金水橋)라 한다. 금(金)은 금목수화토(金木水火土) 오행설에 의하면 서쪽을 의미함으로 물이 서쪽으로 흐른다는 뜻이다. 중앙에 있는 다리를 오도(午道)라 하는데 이 길은 황제만 다니는 길이다. 다리 중앙에는 용(龍)의 조각이 있는데 이는 황제를 나타내고 횃불 조각은 화(火) 즉 남쪽을 뜻하므로 이 다리는 자금성 남쪽에 있음을 의미한다. 오문은 위에서 보면 말발굽 형태의 거대한 건축물이다. 가운데 성벽에는 기둥 10개가 떠받치는 누각이 있고 이곳에서 해마다 황제가 새 역법을 공포하거나 열병의식을 보는 곳이라고 설명했다.

오문을 지나 궁궐 안으로 들어갔다. 길이 200미터 가로 130미터 정도 크기에 넓은 뜰이 나왔다. 이곳이 유교에서 말하는 인의예지신(仁義禮智信)을 의미하는 내금수교(內金水橋)이다. 이 다리를 건너니 태화문(太和門)이 3단의 대리석 기단 위에 솟아 있다. 한 쌍의 사자상이 있는 태화문 안쪽으로 들어가니 자금성에서 가장 넓다는 길이 200미터 폭 190미터라는 넓은 마당이 보였다. 중앙에는 자금성에서 가장 화려하고 웅장한 태화전과 중화전 보화전이 눈앞을 가로막았다. 보화전(保和殿) 뒤에는 황제만 사용이 허용되는 아홉 마리 용(九龍)을 새긴 대리석 보도와 전각들이 위풍당당하게 서 있다. 장수(長壽)를 의미하는 거북과 학 모양의 향로 등 보이는 하나하나가 모두 중국의 자존심과 명예를 간직한 예술 작품으로 손색이 없어 보였다. 건물 모두가 붉은색과 황금색인 태화전(太和殿) 앞에는 황제의 공명정대한 정치를 뜻하는 두 개의 상징물이 있다. 테라스 왼쪽 작은 건축물 안에 보관된 됫박과 오른쪽 모퉁이에 있는 해시계가 그것이다.

정면 약 60여 미터 측면 40여 미터 높이 30미터의 태화전은 24개의 기둥이 이중으로 된 지붕을 받치고 있다. 중앙을 받치고 있는 6개의 기둥은 금을 입힌 데다 용의 형상을 새겨 넣어 위엄과 화려함이 극치를 이룬다. 태화전에서는 중요한 국사가 거행된다고 한다. 천자의 즉위식, 황제의 결혼식, 10년에 한 번씩 거행되는 황제의 탄신일, 황제가 주관하는 과거시험 급제자 발표식, 주요 법령 낭독식, 출정 전날의 장군 임명식 등이 모두 이곳에서 이루어졌다는 기록도 보았다.

궁전 안에서도 중앙에 7계단을 올라간 연단이 바로 용상이 놓인 자리다. 황제의 보좌 바로 위에는 화려한 장식이 새겨진 천장에 두 마리의 금빛용이 거대한 여의주를 놓고 다투는 모습을 보았다. 권력 쟁취의 의미를 연상케 했다.

자금성(紫禁城)의 전면을 이루는 궁전(宮殿)인 태화전(太和殿) 중화전(中和殿)이 황제가 정사를 보는 곳이라면, 안쪽에 있는 건청궁(乾淸宮)의 교태전(交泰殿) 곤녕궁(坤寧宮) 어화전(御和殿)은 주로 황제의 사생활이 이루어졌던 공간이다. 이 공간은 건청 문을 중심으로 외전과 나뉜다. 성(城)의 건축물은 중앙 축을 중심으로 문들이 배치된 점이 특이하다. 내정에서 제일 앞에 있는 건청궁은 명나라 황제들과 청나라 초기 황제들이 살았던 곳이다. 1922년 마지막 황제 푸이의 결혼식도 이곳에서 거행했다고 설명했다. 1987년 아카데미 작품상 등 9개 부문을 휩쓸며, 자금성의 붐을 일으킨 베르톨루치 감독의 영화 「마지막 황제」의 촬영 현장이었던 곳도 바로 이곳이라고 말해 자세히 보았다.

교태전은 황후의 보좌관이 있는 곳으로, 황후는 여기서 방문객을 알현했으며 자신의 생일이나 정월 초하루에 축하 연회를 이곳에서 베풀었다. 마지막 곤녕궁은 명나라 황제들이 거처로 사용했던 궁전이었다. 청나라 때는 만주의 사신들을 모시는 장소로 사용하기도 했다고 한다. 이곳에서 모두 24명의 세자가 황제로 등극했다는 교태전의 역사를, 안내자가 자세히 설명했다.

  1925년 청나라 왕조가 몰락한 이후 1980년대부터 궁궐 전체가 박물관으로 사용되었다고 한다. 자금성은 중국인들의 자랑거리로 해마다 천만 명 이상의 구경꾼이 찾는다고 자랑했다. 이중 상당 부분이 내국인들이라고 한다. 과거에는 많은 관광객들이 고궁박물원(故宮博物院)이라고 쓴 북쪽 문으로 들어갔는데 얼마 전에 갔을 때는 남문인 오문(午門)으로 입장하여 구경하고 북문으로 나오는 일방통행으로 바뀌었다. 중국 북경에 있는 자금성은 나무로 지은 현존하는 세계 최대 궁궐 건축물이라고 한다. 여러 번 가 보았는데도 또 가 보고 싶은 관광지다.

『펜문학』 2020. 3, 4월호

나의 살던 고향은

　가락굴과 절 고개에서 내려오는 개울물은 윗마을 하인이었던 김승돈의 집 근처에서 합친다. 사계절 무릎을 넘나드는 양의 물이 흐른다. 가재 붕어 날피리가 많이 놀고 있다. 우리 집에서 조금 아래쪽에 흐르는 개울 옆에는 병풍바위가 있다. 바위 머리 위에는 수백 년 된 다래나무가 사철 그늘을 만들어 준다. 사람의 발길이 뜸한 다래나무 언덕 뒷산에는 할아버지가 인삼 씨를 심어 10년이 지난 후 캐서 손자인 나를 먹이셨다고 한다. 나중에 안 일이다. 고향 경기도 연천군 왕징면 기곡리는 일제 때 텃밭 뒷밭이 모두 인삼밭이었다고 할아버지가 말씀하셨다. 통칭 개성 인삼 동네다. 개성과 판문점이 멀지 않은 곳이다.
　주막거리에 있는 인민학교까지는 멀지 않은 거리다. 가는 길옆에 꽤 큰 옻나무가 있다. 돌각담도 함께 있다. 옻을 많이 타는 나는 옻나무에서 10여 미터를 돌아다녔다. 먼발치서 옻나무 밑 돌 각담에 돌을 던지며 '옻님 옻님 저 씨암탉 잡아먹고 왔어요' 하며 주문을 큰소리로 말한다. 그렇게 하면 옻이 안 오른다는 어른들의 말을 믿었다.

　학교 다니는 길 축동 밖 개울 근처에는 100년은 되어 보이는 오리나무가 있다. 학교 갔다가 오면서 가끔 오리나무를 누가 더 높이 올라가나 시합을 한다. 같은 반이지만 석호와 순덕이는 나보다 나이가 3살이나 많다. 그런데 같은 조건으로 시합을 한다. 그날도 시합을 했다. 오리나무를 더 빨리 높이 올라가서 가지를 먼저 꺾는 시합이다. 급히 올라가서 일등은 했는데 내려오다가 3미터 이상 높이에서 떨어졌다. 땅바닥에 나뭇잎이 깔려서 많이 다치지는 않았으나 팔을 다쳐 여러 날 고생했던 기억이 생생하다.

　인민학교 앞 가까운 곳에 듬밭강(임진강 상류)이 흐른다. 몇 년 전에 갔던 통일전망대에서 남서쪽에 고왕산을 보았다. 학교에서 듬밭 강을 건너면 비사리골이란 동네가 있다. 고왕산은 그 동네 바로 뒷산이다. 여름에 비사리골 가는 다리 위에서 바람 없는 날 흐르는 물을 내려다보면 버들매치 날피리 메기 동자개 쏘가리가 다니는 것을 볼 수 있다. 미역 감으며 다리에서 다이빙하면 스릴 만점이다. 흐르는 강물이 꺾이는 곳의 웅덩이는 깊이가 5미터가 넘는 곳도 있다. 나와 같은 반인 각병이는 겁도 없이 다이빙을 잘 한다.

　해마다 찔레꽃이 필랑 말랑한 이른 봄철에는 남향 비탈진 밭둑에 작은아버지와 마를 캐러 갔다. 마를 캐시는 작은아버지 옆에서 팔뚝만 한 마를 싸리나무로 만든 소쿠리에 담는다. 마가 잘라진 자리에서는 우유 같은 진이 나오고 구워 먹거나 삶아 먹으면 타박타박해서 맛이 좋다. 개울 건너다가 고무신이 벗겨져 냇물에 떠내려가면 누나가 얼른 가서 집어오던 추억도 잊을 수가 없다.

 윗동네 상갑이네 집 마당 옆에는 100년이 넘었다는 밤나무가 몇 그루 있다. 6.25전쟁 때 150밀리 장거리 포탄이 밤 동산에 떨어졌다. 집 근처 밤 동산인데 몇 아름드리 밤나무가 흔적도 없고 움푹 파인 웅덩이가 생겼다. 한가로운 시골 마을이 큰 벼락을 맞은 것이다.

 우리 집 옆에 있는 석호네 밤나무는 무사했다. 추석이 지나 가을에 밤이 익을 때는 아람 줍는 것도 재미있었다. 밤나무는 여러 종류가 있다. 알이 굵은 왕밤나무, 외톨이 많은 상두밤나무, 추석 때 따는 올밤나무, 서리가 와야 익는 늦밤나무는 서리 밤이라고도 한다. 아침 일찍 일어나 먼저 왕밤나무 밑을 뒤진다. 누가 오기 전에 가야 많은 밤을 주울 수 있다. 상두밤나무 올밤나무 밑까지 다 뒤지면 제법 무거울 때도 있다. 밤 동산에 있는 잔 나무 가시도 조심해야 하고 뱀도 잘 피해야 된다.

 봄에는 명아주 삽주 응아리 싱아 소 질경이 등 여러 가지 나물이 풍성하다. 여름 가을 산에는 소루쟁이 귀룽 벚 산밤 산돌배 산딸기 잣 도토리 등 온갖 먹을 수 있는 나무 열매가 많아 제철에는 며칠을 산에서 지낼 수도 있다.

 고향을 두고 피난 나온 지도 벌써 70년이 넘었다. 내가 살던 고향 산천은 풍경화의 밝은 그림처럼, 머리에 옛날 그대로 산천 마을이 또렷하게 남아 있다. 서울에서 승용차로 한 시간도 안 걸리는 거리인데, 건강할 때 가 보고 싶다. 생전에 고향 산천을 맨발로 걸어 보았으면 여한이 없겠다!!

『계간문예』 상상탐구 2021. 제7호

두보의 봄의 정경
　- 두보를 만나다

　　중국 쓰촨성 청두에서 두보의 생가를 보았다. 정문을 들어가니 궁궐 문을 들어가면 꼭 있는 해자의 축소판같이 작은 개울물이 흐른다. 다리를 건너 조금 가니 두보의 동상이 보였다. 바짝 마른 전신 동상은 볼품이 없었다. 동상 옆 뒤로 들어가니 두보의 모든 것이 여러 방에 꽉 차 있었다. 순서대로 모두 보았다. 거의 한문으로 되어 있었다. 그중 유명한 내용들이 한글로 번역된 것이 있었다.
　　기록을 보면 당나라 시인 두보(杜甫)는 나라의 번영 성쇠와 통일에서 붕괴로 이어지는 격동기에 살았다. 민중의 참상과 시대의 실상을 작품으로 표현했다. 한때 당 현종의 신임을 받았으나 생업이 없어 어렵게 살기도 했다. 늦은 나이에 미관말직을 얻었으나 안녹산(安祿山)의 난으로 실업자가 되었다. 숙종(肅宗) 때 직업을 얻었으나 얼마 안 되어 관직을 버렸다. 생가인 쓰촨성 청두에 있는 완화초당에서 잠시 행복하고 안정된 삶을 살 때도 있었다. 내전 시대에 살았으므로 신변의 안전을 위해 거처를 자주 바꾸었다고 한다. 어려운 생을 살아서 항상 우울했다는 기록도 있다.

양양이 고향인 두보는 집안이 모두 관리 생활을 했다. 어려서는 어머니가 일찍 사망하여 고모 집에서 살았다. 7세에 시를 썼고 서예에도 재능이 있어 20세에 유명세를 탔다. 독서파만권(讀書破萬卷) 하필여유신(下筆如有神) 했다는 그도 벼슬 운은 없었다. 35세에 미관말직을 얻어 시안에 왔다. 조실부모 등 어려운 환경에서 자란 탓인지 우울하고 부정적 생각이 많은 것 같다. 장안에서 지은 여러 편의 시(詩)도 우울한 내용이 많다는 설명도 있다.

천보 13년에 홍수로 추수를 못한 장안의 백성들은 자식을 팔아 곡식을 구했다는 기록도 보인다. 가난했던 두보는 벼슬 전 자식이 굶어 죽는 시련도 겪었다. 처자식을 고향 근처 봉선에 보내 구걸도 시켰다. 다음 해 겨울 어느 날 가족을 보려고 장안을 떠나 봉선현으로 향했다. 겨울밤인데도 길에는 온통 전쟁 난민들로 붐볐다. 여산(驪山)을 지날 무렵 산 밑 화청궁(華淸宮)에서는 음악 소리가 끊이지 않고 고기 굽는 냄새가 코를 찔렀다. 현종과 양귀비가 밤낮을 잊고 환락에 빠진 현장이다. 화청궁에서 주색을 즐기던 사람들은 모두 귀족인데 그들이 입은 옷은 모두 가난한 백성들이 한 올 한 올 짜낸 것으로 만든 옷이다. 남자들은 모두 전쟁터로 내몰고 모든 재물은 통치자에게 바쳤다. 이렇게 불공평한 사회를 묘사한 시를 지었다.

아주 낮은 벼슬인 팔품하(八品下)에 속하는 우위솔부참군(右衛率府參軍)이란 벼슬을 얻고 가족을 데리러 봉선을 가다가 화청궁 앞을 지날 때 자기의 신세를 한탄하면서 시 한 수를 지은 것이 있다.

봉선으로 가면서

귀족들 집안에는 술과 고기 썩는데
朱門酒肉臭(주문주육취)
길가엔 얼어 죽은 사람들의 시체들
路有凍死骨(노유동사골)
지척에서 부귀와 가난이 이처럼 다르니
榮枯咫尺異(영고지척이)
슬프도다 더 이상 말을 잇기 어렵구나
惆悵難再述(추창난재술)

 인구의 반 이상이 사망했다는 안사의 난은 서기 755년에 시작하여 9년 후인 763년에 끝난 당나라 때 전쟁이다.
 아래의 시는 당나라 6대 현종(玄宗) 때인 천보 11년에 전쟁터로 끌려가는 전사들이 청해(靑海)고원에서 흉노와 싸우면서 죽어갈 때 계속 군대에 끌려가는 가족과 병사의 전송 장면을 본 두보가 시로 표현했다.

병거행(兵車行)

수레는 삐걱삐걱 말은 씩씩
車轔轔馬蕭蕭(거린린마소소)
출정하는 병사의 허리에 찬 화살
行人弓箭各在腰(행인궁전각재요)
부모처자 총총걸음 뒤쫓으며 전송하니
耶孃妻子走相送(야양처자주상송)
먼지 날려 함양교 잘 안 보이네

塵埃不見咸陽橋(진애불견함양교)
옷 잡고 발 구르며 길 막고 통곡하니
牽衣頓足攔道哭(견의돈족각도곡)
통곡소리 구름 뚫고 하늘을 찌르네
哭聲直上千雲霄(곡성직상천운소)
(중략)

전쟁으로 함양은 함락되었다. 현종은 양귀비를 데리고 서촉 지방으로 도망갔다. 현종 이후 즉위한 숙종(肅宗)을 알현하려 했으나 반란군에 여덟 달을 잡혀 있던 두보는 운 좋게 석방되어 장안으로 갔다. 전쟁은 계속되었다.

폐허로 덮인 장안 궁성에도 어김없이 봄은 찾아왔다. 파릇파릇 싹이 나오고 꽃이 피는 정경을 보고 희망을 읊으려 했으나 봄의 풍경과 어지러운 나라와 자신을 생각하는 시를 썼다. 이 시는 역사에 남은 유명한 시다. 우리나라에도 널리 알려져 5~60년대에는 대학입시에 거의 단골로 등장했다. 매년 두보의 춘망에서 문제가 나와서 나도 열심히 공부했던 생각이 지금도 생생하다. 덕분에 지금도 춘망은 달달 외운다. 역사적 의미를 포함해서….

봄의 정경, 춘망(春望)

국파산하재(國破山河在) 나라는 깨어져도 산하는 그대로 있고
성춘초목심(城春草木深) 도성에도 봄이 오니 초목이 무성하다
감시화천루(感時花濺淚) 시절을 아는지 꽃조차 눈물 쏟고
한별조경심(恨別鳥驚心) 이별이 한스러워 새들도 놀라는구나
봉화연삼월(烽火連三月) 봉화가 석 달 동안 계속 이어지니

가서저만금(家書抵萬金) 집에서 온 편지는 만금같이 소중하다
백두소갱단(白頭搔更短) 흰머리는 긁는 대로 짧아져서
혼욕불승잠(渾欲不勝簪) 도무지 비녀도 못 이길 지경이구나

두보는 우울한 사람이지만 인간적인 면이 있다. 만년에 자연현상을 좀 더 가깝게 글로 표현한 것을 보면 알 수 있다. 만년에 자연을 노래한 시 한 수 적어 본다.

양개황리명취류(兩箇黃鸝鳴翠柳)

꾀꼬리 두 마리 푸른 버드나무에서 울고
양개황리명취류(兩箇黃鸝鳴翠柳)
백로는 줄지어 푸른 하늘 날아간다
일행백로상청천(一行白鷺上靑天)
창문에 박힌 듯한 서령의 천년설
창함서령천추설(窓含西嶺千秋雪)
문 앞에 머문 만 리 밖 동오의 배
문박동오만리선(門泊東吳萬里船)

시성 두보의 일생을 4기로 나누어 보았다. 1기는 시성으로 평가를 받으면서도 직업을 못 구하고 자식이 굶어 죽는 어려움을 겪은 시대로 부정적이고 우울증을 심하게 겪던 시대다. 2기는 부정과 부패가 만연하던 시대를 살면서「봉선(奉先)으로 가면서」「병거행(兵車行)」같은 시를 썼던 시기다. 3기는 안녹산의 난 등으로 세상이 불안하고 자신의 근심을 노래한「춘망(春望)」이란 시를 발표했다. 이 시는 여러 가지 역사적 의미를 가지고 있다. '봉화 연

삼월 하니, 가서 저 만금' 전쟁이 계속되니 집에서 온 편지는 금보다 소중하다는 가족 사랑은 두보 시의 백미(白眉)이다.

4기는 본인의 정신적 여유를 준 시기로 자신과 인간의 선(善)을 글로 썼던 시기다. 인생을 정리한 때로 볼 수 있다. 안녹산의 난으로 국민의 반 이상인 3600만 명이 사망했다는 전란을 겪으면서 시인의 이름도 한때 반짝하고는 별로 알려진 것이 없었다. 서기 770년 59세에 생을 마감하면서 그의 존재는 역사 속으로 사라지고 말았다. 200년이 지난 11세기 북송대에 와서 그의 존재가 높이 평가되면서 유명한 시성(詩聖)의 지위를 얻게 되었다고 한다.

두보는 우리나라에도 널리 알려진 인물이다. 성종 때 유윤겸(柳允謙)이 그의 시를 우리말로 번역한 두시언해(杜詩諺解)가 있다. 조선시대 그의 작품이 높이 평가되었다. 중국을 대표했던 시성 두보는 이태백과 동 연대 살면서 두 사람을 이두라고 부르기도 했다. 한 국가를 대표했던 시인이 국난으로 어려운 시대에 활동하면서 힘든 생을 산 것을 보면 운명으로만 보기에는 너무나 안타깝고 허무하다는 생각을 하면서 두보가 살았던 허름한 옛집을 나왔다.

『성동신문』 2022. 1. 26.

신록의 계절에 부부가

가루이자와(輕井澤) 국립공원은 동경 중심에서 승용차로는 2시간 정도, 도쿄역에서 신칸센을 타면 약 1시간 조금 더 걸린다. 도착하자마자 주변 숲이 울창해서 눈이 편안하고 마음이 상쾌해지는 느낌을 받았다. 듣던 대로 유명한 관광지임을 금방 알 수 있었다. 일본 천황의 별장도 있다고 한다. 가까이 있는 골프장 부근을 둘러보니 경관이 뛰어난 종합 관광휴양지임을 실감할 수 있었다. 위치는 나가노현과 군마현의 경계선에 자리한 3개의 분화구를 가진 일본에서 가장 높은 활화산인 아사마산 기슭에 위치한 이상적인 휴양지로 관광객이 많이 오는 곳이라고 한다.

여름휴가 때 아내와 몇몇 동료들과 며칠간 휴가지로 택한 곳이다. 숲속에 가족 단위로 쉴 수 있는 산속 별장에서 짐을 풀고 한 장소에 모여 즐거운 시간을 보냈다. 일행 중 신문사 이사로 있는 언론인의 상식을 넘어선 재미난 이야기로 좌중은 시간 가는 줄 몰랐다. 즐거운 시간은 자정을 넘겼다. 각자 자기 숙소로 갈 때는 거리가 있어 카트형의 전기차로 이동했다.

다음날에는 골프로 하루를 즐겼다. 요금은 조금 비싼 편이지만 코스나 주변 경관이 대단히 아름답다. 특히 여름에 이곳으로 여행을 오면 운동하기 좋은 기후에 잘 정돈된 코스는 즐기는 이들의 마음을 사로잡아 평소의 아픈 머리를 깨끗이 씻어주기에 충분하다.

경쟁자와 스코어를 따질 필요도 없다. 할머니 코스 매니저는 즐거운 표정으로 공의 방향을 설명했다. 오른쪽으로 가면 큰소리로 '라이트 사이드'라며 웃는다. 앞바람이 불면 '어게인스트 윈드' 하면서 일행을 웃음바다로 만들기도 했다. 자연의 아름다움을 즐기며 운동이 끝나면 계절에 걸맞은 맛있는 음식도 골라 들었다. 멀리 보이는 산과 물의 자연이 너무 아름다워 구름 위에 뜬 기분을 느끼면서 아름다운 자연을 만끽했다.

아사마산에서는 맑은 물이 내려오고 울창한 숲은 여름에도 평균 기온이 20도 전후로 시원한 곳이다. 일본 낙엽송과 흰 자작나무 숲으로 덮여 있으며 그 주변에 피부가 고와진다고 소문난 온천이 산재해 있다. 노천탕에서 자연을 몸으로 느끼면서 휴식을 취하기도 좋은 휴양지이다. 이 지역의 관광명소로는 야조의 숲 아사마산 시라이토 폭포 오니오시다시원(鬼押出園) 시오자와호(監澤湖) 아카루 산과 명천사(明泉寺) 등이 있다. 일행 모두가 아름다운 자연을 즐겼다.

가루이자와를 관광하려면 몇 가지 알고 가는 것이 좋다. 산속에 있는 프린스 호텔 본관에서 숲속 숙소까지 전기 자동차가 운행되는데 무료이고 팁도 없다. 세면도구는 있어도 화장품은 없다. 여러 해 전이라 지금은 알 수 없다. 이곳은 고지대임으로 동경보다 3~4도 낮은 기온이다. 옷은 두꺼운 것을 준비해야 한다. 여기는 골프 애호가들의 천국이다. 채를 포함한 모든 기구들을 대여받을 수 있다. 그러나 채만 빼고 기타 기구는 준비해 가는 것이 비용도 절약되고 사용하기도 좋다. 현장에는 일본에서 알아주는 명문 골프 클럽이 여러 개 있다.

시라이토 폭포는 가루이자와 역 근처에 있는 아름다운 폭포이다. 명주실 가닥처럼 떨어져 내리는 가느다란 물줄기의 모습은 참으로 신기하게 보였다. 야조의 숲은 호시노 온천 부근에 위치한 가루이자와 고지에서 자생하는 약 100여 종의 야생 새들이 살고 있다고 설명했다. 이 숲은 환경청에 의해 조수보호구역으로 지정되어 있는 곳이라고 한다. 숲에는 야생조의 서식처를 관찰할 수 있는 2채의 오두막집과 2.5킬로의 산책로가 있어 휴양지에 보행 코스로도 유명하다. 아내와 함께 손잡고 반 십 리 길 경사 완만한 긴 산책로에서 아름다운 자연을 보고 좋은 이야기도 하면서 즐거운 시간을 보냈다.

4계절 언제 가도 좋다는 휴양지이지만 신록의 계절과 단풍이 물드는 계절이 가장 아름답다고 한다. 신록의 계절에 부부가 친구들과 같이 갔으니 더욱더 아름답고 몸과 마음의 치유(healing)까지도 덤으로 얻은 즐거운 여행이었다.

『성동문학』 2021. 21호

심부름꾼

지금도 골프모임에는 회장과 실무를 담당하는 총무가 있다. 총무는 할 일이 많다. 사전에 참석 인원에 알맞은 회의장도 예약해야 한다. 회장과 상의도 하지만 거의 총무가 결정한다. 현장에서 식사는 무엇으로 할까? 회원들의 의견을 물어 통일할 것인가를 정해야 한다. 그늘 집의 간식도 각자 할 것인지 혹은 통일을 해야 할지도 결정해야 한다. 정해진 연회비 받는 일도 총무의 몫이다.

참가상의 상품 정하기, 메달 우승 장타 근접상 등의 상품 정하기, 컴퓨터가 흔하지 않던 시절에는 총무가 수기로 전체 출석인의 스코어를 적어 등수 등을 정리했다. 메달, 장타상은 거의 고정되어 있는 모임이 많다. 그래서 친목을 위해 일 년에 몇 번으로 회칙에 규정을 두는 모임도 많이 있다. 그해 스코어를 찾아 선수와 횟수를 찾아 정리해야 한다. 원만하게 조를 짜는 일이 쉽지 않다. 모임에 따라 다르지만, 회원에 따라 나는 어느 국회의원과 같이 치고 싶다는 의견을 준다. 어떤 회원은 어느 장관과 어떤 회원은 어느 총장과 또는 기업 회장과 조를 짜 달란다. 총무가 제일 하기 힘든 일이다. 총무를 십여 년 하면서 회원 모두가 만족하는 조를 만들기가 어렵다는 사실을 실감했다. 매월 하는 운동이 즐겁다기보다는 괴로울 때가 많았다.

 원만한 진행을 위해 몇 가지 방법을 생각했다. 첫째는 같은 숫자 4장씩을 만들어 제비를 뽑는 방식이다. 원로들은 대체로 협조해 주는데 특정인과 같이하고 싶은 회원은 불만이 많다. 어떤 방법을 찾아야 한다. 두 번째는 도착순으로 하는데 특정인과 같이하고 싶다는 단골회원에게는 하루 전 전화를 걸어 미리 오셔서 접수대에 서 있다가 희망 회원이 등록할 때 얼른 다음에 이름을 쓰라고 전하기도 했다.

 앞 순서를 안 보고 같이 치고 싶은 회원이 오면 얼른 다음에 끼었는데 5번이나 9번에 걸릴 때는 난감하다. 다음은 총무가 임의로 정하기도 한다. 나이순으로 정하는 방법, 남녀를 골고루 안배하는 방법, 3인이 운동할 때 선택하는 방법, 바빠서 9홀만 치고 간다는 회원의 조 짜는 방법, 나는 누구와는 같이 운동하기 싫다는 회원의 의견도 들어 주어야 한다.

 회원 중 나는 누구와 꼭 치고 싶다는 요청이 있는 달에는 제비뽑기로 조를 짠다. 희망자는 2조인데 4조에 걸리면 2조가 총무인 경우 바로 4조 회원과 바꾸어서 2조에 가게 한다. 안 될 때를 대비하여 친한 친구회원에게 사전 부탁해서 희망 조와 바꾸는 방법도 동원한다. 아무리 노력을 해도 회원 모두를 만족시키는 묘수는 없다. 대부분의 회원들은 총무가 짜준 순서대로 잘 도와준다. 몇 명이 주장이나 고집을 부릴 때 다음 달에 잘 해 드리겠다며 솜같이 부드럽게 처리하면 외부 노출 없이 잘 진행이 된다.

참가상품은 거의 총무가 결정한다. 거기도 몇 명은 불만표시를 하기도 한다. 저녁식사를 정할 때도 수십 명이 식성이 다 같지 않기 때문에 불만을 표시한 사람도 있다. 한 단체 모임에서 십 년 가까이 총무를 하니 회원들의 식성도 조금은 알기에 무리 없이 처리했다. 가격도 생각을 하면서.

골프장 예약은 대개 연 부킹을 하지만 회원이 반으로 줄면 예약의 일부를 취소해야 할 때도 있다. 그래서 출석을 독려하려고 여러 회원에게 두 번 정도 전화를 하는 것도 총무의 일이다. 운동 끝나고 할 일이 많은 총무는 앞 조에 나가야 되는데 사정상 뒤로 밀리면 샤워도 못 하고 스코어 계산 식사 정하는 등 바빠서 저녁을 못 먹을 때도 있다.

연말 모임에서는 다음 해 회장 총무를 결정한다. 골프장도 정한다. 회원권 있는 회원이 자기 골프장에서 월례회를 하자고 고집하기도 한다. 거의 회원권이 몇 개씩 있는 회원들이니까. 이때도 부드럽게 해결하는 지혜가 필요하다. 충분히 토론해서 서울 중심에서 근접성과 의견 제시자의 위상 등도 참고한다. 입장료도 회원은 가격이 싸고 비회원은 비싸니 자기가 회원권 있는 곳을 요구하는 것은 당연한 생각일 수도 있다. 토의를 거쳐 N분의 1로 하기도 하는 운영의 묘가 필요한 부분이다.

88올림픽 전후에는 사업이나 취업, 영전 등의 필요에 따라 대화의 상대를 찾아 긴 시간 대화를 할 수 있는 좋은 장소로 골프장을 생각하던 시대였었다는 생각을 했다. 그때 총무는 심부름꾼이지만 권리 의무가 막강한(?) 무보수 봉사직이다. 자기 이름도 널리 알려지고 여러 회원과 직접 통화도 자유스러워 좋은 점도 많았다. 이권을 찾아 대화 장소로 활용하던 시대는 옛날이야기다. 한때는 심부름꾼 하던 시절이 그리울 때도 있었다. 요즘은 많이 달라졌다. 세월이 흐르니 금석지감(今昔之感)의 감회가 새롭다.

『한국문학인』 2020. 가을호/ 2020. 연간대표선집

아방궁

옛날 원 건물이 있던 아방궁 자리는 상림원(上林院)의 옛 자리인 조가벽(趙家壁)이었다고 한다. 시안 시내 중심 서성벽(西成壁)에서 서쪽으로 10킬로 거리에 있다고 한다. 지금의 자리는 옛날 삼천궁녀들이 살았던 곳이라고 한다. 시안에 볼 것이 많아 잘 안 가는 곳이라는 안내자의 설명이다. 포장도로가 좋아서 즐겁게 갈 수 있었다.

정문 앞에는 아주 넓은 주차장이 있고 안쪽으로 행랑 격인 건물에 큰 대문이 붙어있다. 안으로 들어가니 전면에 3층 높이 본 건물이 있고 좌우에는 장 낭(長廊)이 정사각형으로 본채에 연결되어 있다. 안마당 중앙에는 일자로 중앙 현관을 향해 허수아비 경비용(警備俑)이 일정한 간격으로 10여 명씩 서 있다.

아방궁의 총면적은 99만 평방미터로 옛 실물보다는 많이 축소된 면적이라고 설명했다. 3층 높이의 위쪽 넓은 홀에서 15분 동안 공연을 보았다. 기대에 못 미치는 공연이었다. 시작을 알리는 무대가 열리며 황제가 황후와 같이 무대로 나와서 흥겹게 노래와 춤을 보고 있다가 핸드폰으로 전화가 오니까 전화를 받는다며 무대 뒤로 들어가면서 공연은 끝이 났다.

본관 남쪽에 아름다운 호수가 있다. 호수 가에서 또 한 번의 공연이 있다고 하여 내려갔다. 내용은 황제가 미인 선발대회에 나와 심사를 하면서 선발된 미인을 부인으로 간택하는 과정을 순서대로 재현하는 연극으로 20분짜리 공연이다. 출연자가 35명이나 된다고 설명했다.

궁중 규모에 맞게 제작한 오픈카로 여행객 20명을 한 팀으로 외곽을 한 바퀴 돌아 호수 근처에서 내렸다. 배를 타고 호수를 한 바퀴 돌면서 중국말로 주위를 설명했다. 다시 차로 아방궁을 한 바퀴 돌아준다. 전체 종업원이 500명이라고 자랑도 했다.

아방궁(阿房宮)은 중국 최초로 통일 제국을 건설한 진(秦)나라 시황제가 세운 궁전이라고 한다. 진나라의 도읍은 통일 전 효공(孝公) 12년(BC 350년)경에 위수강 북쪽 기슭에 있는 함양이었다고 사기는 기록하고 있다. 시황제가 천하를 통일한 기원전 221년 대규모의 확장 공사가 시작되었다고 한다. 다음에는 위수강 남쪽에 신궁(信宮)을 또 북쪽의 함양궁(咸陽宮)을 영실(營室)로 정하고 위수강(渭水江)의 다리를 놓아 양쪽을 연결하겠다는 계획을 세웠다고 한다. 진시왕이 황제로 등극하면서 가장 먼저 착수한 것이 아방궁을 짓는 공사였다고 설명했다. 집권 중에 완공을 못하고 2대 황제가 완공했다는 기록도 있다.

아방(阿房)이란 명칭은 함양에 가까운 궁전이라는 뜻에서 유래되었다는 설과 모양이 입구(口) 자로 사방에 펼쳐져 있는 궁전이라는 뜻이라는 설이 있다. 사마천의 사기(史記)에는 그때 규모는 지금 새로 지은 아방궁 규모보다 큰 규모였다고 설명했다. 동서의 길이 990미터, 남북의 길이 152미터로 15만여 제곱미터의 큰 대궐이 있고 안에 있는 건물에는 만 명이 들어갈 수 있는 방이 있었다고 한다.

발굴 조사에서 대규모의 판축(版築)의 토대는 확인되었으나 아방궁을 포함하여 위수 강 남북에 걸친 함양성의 전모는 아직 완전히 밝혀지지 않았다고 설명했다. 현재 그 언덕이라고 추정되는 언덕이 산시성 시안 서쪽 약 이천 미터 근처에 아방촌(阿房村)이라는 이름의 동네가 남아 있다고 한다. 현재 복원 중인 아방궁 자리가 이 지방에서 부르는 아방촌과 같은 곳인지는 확인하지 못했다고 안내인이 말했다.

견본 아방궁을 보면서 당시 진시황제의 생각이 천하를 통일할 만한 통 큰 황제라는 생각을 했다. 그 시대에 궁의 규모가 대단함에 깜짝 놀랐다. 진(秦)나라보다 강한 줄 알았던 춘추전국시대 초(楚) 연(燕) 제(齊) 한(韓) 위(魏) 조(趙)의 6개 나라를 평정하고 황제로 등극한 것을 보니 정치 전술 전략을 다시 평가하지 않을 수 없었다.

많은 고증을 찾아서 재건했다지만 우리가 상상하는 기원전 건물로 보기에는 품격이 떨어진다는 느낌을 지울 수가 없었다.

『계간문예』 상상탐구 2020. 6호

어떻게 이런 일이

　가랑비가 오락가락하는 오후였다. HDI 인경회 친선골프대회가 제주에서 열렸다. 본 대회 하루 이틀 전에 주최 임원들과 선수들이 현장답사를 겸해 프로암 경기 비슷한 경기를 했다. 처음 가본 골프장이다. 시합에 대비해 홀마다 공략 포인트를 찾아 머리에 메모했다. 대체로 까다로운 코스로 보였다. 특히 핸디캡 홀은 유심히 살폈다.
　회장 배 친선골프 시합이라도 미리 준비를 단단히 했다. 시합 2주 전부터 매일 퍼팅을 200개 이상 연습했다. 골프공도 30여 년 동안 한 가지만 사용했는데 제주 가서도 연습한 공만 사용했다.
　시합 날이 왔다. 참여한 선수들은 연령층도 30대부터 80대로 다양해 보였다. 80이 넘은 몇 명도 출전한 것이다. 특유의 제주 날씨는 전전날 비가 와서 자기 거리 내기가 힘들었다. 두 번째 샷이 넓은 물을 건너야 하는 홀이 있다. 세컨에서 그린이 안 보이는 파4 홀은 더욱 어려워 보였다. 속칭 개미허리 홀은 샷 하나하나가 정교함을 요구했다.

주최 측이 편성한 조별로 모였다. 상대를 보니 막강해 보였다. 전전 회장은 몇 년 전에 함께 한 번 운동한 경험이 있는 젊은 실력자다. 함께한 현 회장은 조찬모임에서 어쩌다 만나도 먼발치에서 목례 정도 하는 사이다. 당일 명함을 건네고 다시 인사를 했으니까. 좋은 체격을 가진 후배는 5년의 경력자라고 소개했다. 운동을 시작했다. 비는 안 왔으나 날씨는 흐렸다. 전전날 온 비로 그린 조건이 별로 안 좋았다. 아웃코스는 공격적인 게임보다 안전 위주로 운영했다. 대형사고 없이 나인 홀을 마쳤다. 60대 장타자를 보면 기가 죽기도 했다.

인코스인 데일리 코스 2번 홀에 왔다. 속칭 개미허리 홀이라고 하는 곳이다. 파5의 어려운 홀이란다. 드라이브를 목표대로 잘 보냈다. 두 번째 샷은 코스 매니저가 앞에 보이는 큰 나무 우측을 보고 공략하란다. 두 번째 샷이 약간 오른쪽으로 갔다. 정타를 맞지 않고 약간 슬라이스가 나면서 거리를 손해 보았다. 급히 낮은 언덕을 넘어 아래를 보니 공이 산 밑 내리막에 걸려 있다. 직감으로 위기라는 생각이 들었다.

볼 앞에 와서 공략 방법을 찾아야 했다. 일단 내리막 샷이니 제 거리를 낼 수는 없다. 그린의 핀은 보이는데 핀 방향으로 공략하려면 100미터가 넘는 물을 건너야 한다. 대단히 위험한 방법이다. 바로 앞 그린 중앙으로 치려니 아름 들이 큰 나무가 많은 가지를 거느리고 앞을 막고 버티고 서 있다. 바로 나무를 넘기기는 어려운 상황이다. 나무 왼쪽을 보고 공략해야 되는데 개미허리 가운데 쪽 지형이 여유가 없는 비탈에 OB지역 같았다. 나무를 용하게 넘겨도 뒤쪽에 벙커가 입을 벌리고 있다. 공략 방향이 마땅치 않았다. 벙커는 핀에서 30여 미터 왼쪽으로 큰 나무 바로 뒤쪽 방향이다.

짧은 시간에 내 실력에 맞는 정확한 판단을 해야 하는 순간이다. 우드 9번을 선택했다. 공은 큰 나무 왼쪽 끝 1미터 방향으로 가볍게 날아 좌측 개미허리 안쪽으로 향했다. 대성공이다. 40여 년의 경험을 살려 부드럽게 샷 한 대로 나무 좌측 가지 옆을 통과해서 벙커 앞에 안착했다. 핀까지 남은 거리는 50미터 정도, 4타를 핀에 붙이면 파는 무난할 것 같았다. 피칭웨지로 젖은 풀을 쓸면서 가볍게 친 샷이 1미터 이내 붙어 무사히 파 세이프를 했다. 이 홀이 오늘 시합의 승패 갈림길로 판단했다.

점심이 끝나고 시상식이 진행되었다. 니어 홀에서 가까이 붙여서 근접상이나 해당되나 생각했다. 하지만 시상자 호명에 근접상은 박 회장 부인이 수상했다. 모든 상이 거의 끝나고 우승만 남은 상황이다. 기대 없이 옆 사람과 작은 소리로 대화를 나누는데 우승자를 호명했다. "이번 대회 우승은 79타를 기록한 윤백중 회원입니다." 장내는 놀라는 기색이 보였다. 여기저기서 수군수군하는 소리가 들렸다. 홀은 잠시 어수선했다. 80이 넘은 노인이 우승이라니! 우레와 같은 기립 박수도 받았다. 푸짐한 상품도 받고 여러 사람들의 축하도 받았다. 서귀포 일정은 대만족이었다. 심사는 신페리오 방식이었다. 어떤 방식이든 잘 친 선수가 유리하다.

어떻게 이런 일이….

『문학생활』 2022. 봄호

영원한 적(敵)은 없다

하와이 중심에서 서쪽으로 사십여 리 부근에 진주만이 있다. 원래는 천연 진주가 많이 나와서 붙여진 이름이라고 전해오고 있다. 하지만 정작 유명해진 이유는 진주 때문이 아니란다. 130여 년 전 한 중령이 이 만의 위치를 보고는 태평양 연안지역의 항구로 제일 적합할 것 같다고 판단하여 정부에 허가신청을 냈다고 한다. 연방정부의 승인을 얻게 되자 항만 시설을 갖추게 되었다고 설명했다.

진주만은 오랫동안 작은 만으로 사용되어 오다가 제2차 세계대전 무렵부터 많은 함대가 주둔하게 되면서 전략상 중요한 요충지대로 변하게 되었다. 규모가 커진 항구에는 애리조나호를 비롯한 오클라호마 등 많은 군함이 배치되어 있었다. 1941년 12월 6일 엔터플라이즈호도 입항할 예정으로 되어 있었으나 당일 기상조건이 좋지 않다는 기상예보 때문에 입항을 연기한 상태였다고 전해 오고 있다.

진주만의 약사를 보았다. 하와이 날짜로 1941년 12월 7일 일요일, 일본의 전투기 350여 대가 아무 예고도 없이 진주만 상공으로 날아왔다고 한다. 이 전투기들은 10시부터 두 시간 사이에 기습적으로 미국 전함 96척 중 18척을 침몰시켰다는 기록이 있다. 그러나 다행히도 엔터플라이즈호는 남쪽 250마일 지점에 있어서 공격을 피할 수 있었다고 설명했다.

예고 없이 갑작스러운 일본 전투기들 공격에 깜짝 놀란 미국의 루즈벨트 대통령은 대일본 선전 포고를 했다. 일본 본토를 공격하라는 명령을 내린 것이다. 당시의 일본군 기습공격으로 미국은 많은 사상자를 냈다고 한다. 진주만에서만 사상자 2,400여 명을 내고 1,177명이 타고 있는 애리조나호를 침몰시켜 1,100여 명을 수장시켰다는 설명이 있다. 침몰 된 군함은 지금까지 바다 깊숙이 가라앉아 있다고 안내했다. 그 외에도 유타호, 오클라호마호 등도 가라앉은 자리에 그대로 있으면서 과거의 역사를 상기시켜 주고 있는 것이다.

애리조나호는 워낙 배가 컸던 탓으로 가라앉지 않은 부분이 수면 밖으로 나와 있다. 이 부분에 애리조나호에 타고 있다가 전사한 전사자의 명단을 새긴 묘비를 만들어 놓고 해마다 이들을 위한 추도식을 갖고 있다고 설명했다. 나도 현장을 가서 전사자의 명단을 보고 묵념을 했다.

지금 생각하면 일본은 참으로 무모한 전쟁을 일으킨 것이다. 태평양 전쟁 당시 일본은 물자의 부족으로 어려움을 겪고 있었다고 한다. 그런데도 항공모함에 353대의 비행기를 싣고 주위의 눈을 피해 가며 항해하여 진주만을 폭격할 수 있는 사정거리까지 다가갔다고 한다. 그러한 노력에도 불구하고 전략 자체가 무모한 전투였던 까닭에 그들의 전쟁은 실패로 돌아가고 만 것이다. 세계 제2차 대전의 완전 패배로 전 세계에 무조건 항복한 것이다.

미국 루즈벨트 대통령은 일본의 진주만 공격을 계기로 일본 히로시마와 나가사키에 원자탄을 투하하여 조건 없는 항복을 받아냈다. 전쟁으로 뺏은 땅은 어느 나라든 모두 되돌려 주는 조치를 취했다. 그때 우리나라도 일본에 빼앗겼던 땅을 다시 찾았고 선조들의 독립운동이 가세하여 일본의 식민지에서 독립을 하게 되었던 것이다. 결과적으로 진주만은 일본군 폭격 사건으로 세계 평화의 진원지가 되었다고도 할 수 있는 곳이다.

기념관 남쪽 바다 쪽에는 하늘을 찌를 만한 야자나무가 많이 있다. 그 야자수 사이의 길을 따라 바닷가로 나가서 보니 일 미터 높이 돌 위에 동판으로 된 진주만의 간단한 지도가 있다. 옆에는 배의 침몰 위치와 진주만의 역사를 적어 놓았다. 동판 맨 위쪽에는 굵은 글씨로 'Sunday morning(12월 7일 일요일 아침)'이라는 제목이 쓰여 있다.

국가 간에도 영원한 적도 없고 영원한 우방도 없는 것 같다. 영국과 프랑스의 전쟁, 독일과 러시아의 전쟁도 지금은 좋은 관계를 유지하고 있으니까. 미국과 일본의 전쟁도 80여 년이 지난 지금은 완전한 우방으로 세계 평화를 지키기 위해 함께 노력하고 있는 것을 보면 알 수 있다. 인류 역사의 흐름은 이런 것일까?

『계간문예』 2021. 가을호

유리 박물관

 바람기 섞인 가랑비를 맞으며 위례성에 있는 유리 박물관을 찾았다. 고등학생들이 긴 줄을 서서 순서를 기다리고 있었다. 우리도 순서를 기다려 들어갔다. 국내 최대 규모의 유리조형 예술 체험 테마공원이 많은 기대를 갖게 했다. 세계적 수준의 유리 거장이 보고 감탄했다는 전시장이다. 신비와 환상의 유리세상은 350여 점의 유리로 된 작품들이 전시되어 있는 곳이다. 제주도에 이렇게 훌륭한 유리박물관이 있는 것을 처음 알았다.
 유리는 모양과 색깔에 따라 여러 종류가 있는 것도 구경하면서 알게 되었다. 가장 많은 유리는 파이렉스 유리와 조명유리, 강화유리로 나누어진 것도 현장에서 설명을 듣고 보면서 알았다. 파이렉스 유리는 1916년 미국에서 처음 생산한 유리라는 기록이 보인다. 내열 충격성과 화학적 내구성이 좋다고 한다. 보통 말하는 특수유리는 천문대 등에서 주로 사용하고 있다며 안내했다. 조명유리는 실내를 밝히는 형광등이 대표적이라고 설명했다. 백열전구는 각 기능에 따라 여러 성분이 있다고 한다. 내열성이 좋은 경질유리, 가열도가 높은 촬영용 유리, 자동차의 헤드라이트에 사용하는 유리가 있다는 기록도 볼 수 있었다. 최근에는 여성미용에 유익한 자외선을 투과하여 적절히 치유하는 유리도 개발되었다는 설명도 있었다. 강화유리는 고온으로 유리 표면을 압축 변형시킨 것이라고 한다. 일반 유리에 비해 강도가 네 배 정도 강하고 내부 충격은 열 배로, 쉽게 깨지지 않는 특성이 있다고 한다. 내열 유리는 급열 급랭에 대단히 강하다는 내용이 있다. 열팽창률이 적어 온도 급변에도 보통 유리보다 내구성이 훨씬 높은 유리라는 설명이 있다.

안내표시 따라 안쪽으로 가니 서로 다른 6개의 테마 조형 공원에서 유리와의 특별한 만남의 시작되었다. 본관에서 시작해 총 22개 블록으로 구성된 공원이다. 먼저 유리공예 체험관을 보았다. 유리 색 채벽, 보석 벽 잭과 콩 나무 이야기를 보았다. 세계 유명 유리 작가의 유리벽과 언어들을 만났다. 첫 번째 코스에서는 유리의 유래 및 기법을 보았다. 거울로 된 미로를 지나갔다. 잘못 들어가니 엉뚱하게도 막다른 곳이 나왔다.

대형유리 조형관을 지나 산업 유리와 소재 전시장을 보았다. 거울 방 체험실, 유리 오케스트라, 유리 마을, 보물섬도 차례로 보았다. 전시장에서는 드문드문 실내도 있기는 하지만 대부분 야외에서 비를 맞고 구경을 해야만 되는 구조다. 순서대로 보았다. 보석 터널을 지나고 야외에서의 작품 「영원한 약속의 반지」와 유리로 된 하르방도 보았다. 다면경 체험실을 둘러보고 수십 종의 유리 구두 전시품도 보았다. 보석 호박마차 유리 피라미드 유리 악기 유리 호박밭도 보았다. 모두가 유리로 되어 있다. 유리집에는 세계 유명작가의 유리 의자 카페 유리나비 인공폭포와 잉어 연못도 보았다. 유리로 된 말(馬)도 있고, 유리 화장실도 있다. 신라관에는 유리 첨성대도 있다. 유리화원에는 여러 가지 유리

꽃이 피어 있다. 유리 선인장도 있다.

　끝 지점에는 유리공예품 판매장도 있다. 유리공예 체험관에서 여러 가지 유리 워킹 체험도 해 보았다. 산소 버너를 이용해 불로 유리를 녹여서 만드는 '램프워킹 체험'을 통해, 나만의 유리 예술품을 쉽고 간단하게 만드는 경험도 했다. 하늘을 향해 올라가는 동화책 잭과 콩 나무, 크리스털처럼 반짝이는 유리 하르방과 밤하늘의 은하수를 표현한 오천여 개의 파이렉스 유리 별자리도 좋았다. 유럽에서 볼 수 있는 스테인드글라스와 감각적으로 표현한 현대 조형 예술품도 일품으로 보였다.

　조금 지나면 거울과 유리로 만든 세계 최초라는 유리 미로가 있다. 한 바퀴 돌았다. 신데렐라가 신은 진짜 유리 구두와 호박마차, 수만 개의 보석이 쏟아지는 보석폭포가 있다. 호수를 잇는 유리 다리와 세상에서 가장 크다는 약속의 반지도 보았다. 사방이 유리로 된 독특한 화장실도 들어가 보았다. 밖이 다 보였다. 모든 것이 유리로 만들어진 카페도 있다. 건물 벽과 실내 의사와 테이블까지 모두 유리로 되어 있다. 갓 볶은 따끈따끈한 커피와 다양한 신선 음료도 마셔 보았다. 물빛이 반짝이는 호수를 바라보며 유리의자에 앉아 잠시 휴식을 취하기도 했다. 대체로 유명 작가들의 유리예술 작품을 손에 잡힐 만한 거리에서 볼 수 있다. 충분히 감상할 수 있어 좋았다. 시작부터 방향을 화살표로 표시해 일방통행으로 유도해서 모두를 볼 수 있었고, 내용도 아주 맘에 들었다.

　초·중·고생들의 교육의 현장으로 적합한 곳이라 생각했다. 가족 모두가 즐거운 시간을 보냈다. 몇 장의 기념사진도 남겼다.

『문학생활』 2021. 봄호

2.
달력을 보면서

자신감을 심어준 교장 선생님

경기도에 있는 오래된 학교로 발령이 났다. 정신없이 한 해를 보냈다. 신년 학년 담임과 보직을 발표하는 날이다.

"교직생활 10년에 이 학교 부임한 지도 5년이 지났습니다. 오래 근무한 선생님들도 많은데 부임 2년차 선생님에게 교비와 기성회비 같은 알자 보직을 몰아주십니까? 보직을 받지 않은 선생님도 계시는데요." 3월 초 교직원 회의에서 최고참 선생님의 항의성 발언이다. 다른 선생님들의 의견도 많이 나왔다.

여러 선생님들의 말을 다 들은 교장 선생님은 낮은 목소리로 말씀하셨다. "무보직은 임신 등 본인의 사정을 듣고 배려한 것입니다. 윤 선생에게 두 보직을 몰아준 것은 사범학교나 교대 출신이 아닌 상고와 일반 사범대학 출신이란 것도 고려했습니다. 교장으로서 선생님들에게 말씀드립니다. 윤 선생이 일 년 후 여러 업무 처리 등이 선생님들의 마음에 안 드시면 내가 책임지겠습니다." 단호한 말씀에 회의는 무사히 끝났다.

보직을 받았지만, 마음이 편하지만은 않았다. 당시 학교 경리는 단위도 크지 않았고 단순한 단식 부기 수준이었다. 미숙한 교사는 교육청에서 실시하는 여러 부서의 전달 강의도 받고 보직 수행을 하고 있을 때였다. 일 년 동안 교장 선생님의 말씀을 생각하면서 최선을 다해서 열심히 맡은 일을 했다.

한 해가 지났다. 같은 조회시간에 교장 선생님은 인사 말씀을 하시며, "일 년 전 정해드린 보직에 하실 말씀 있으면 말씀하세요." 회의장은 잠시 조용했으나 조금 후 "아주 만족했습니다."라는 함성이 터졌다. 웃음이 별로 없으신 교장 선생님이 활짝 웃으시며, 여러분 노고의 경의를 표한다고 하셨고, 회의는 순조롭게 진행되었다. 새로운 보직발표 순서에서 또 교비를 맡아달라고 하셨다. 저는 "4년제 교육대학교 졸업 후 부임한 유능한 선생님도 계시니 선처 바랍니다." 하면서, 보직을 내놓는 대신 다른 어떤 보직도 흔쾌히 받겠다는 의견을 말씀드렸다.

새로 받은 보직은 체육이다. 연중 최대 행사인 가을 운동회와 군 대항 축구대회를 주관하는 부서이다. 초등학교에서 가을 운동회는 전체 학생과 모든 교사가 참여하는 일 년 중 가장 큰 행사이다. 각 학년 담임선생님의 협조가 절대적인 보직이다. 추석 전후에 하는 운동회는 한 달 전부터 계획을 세워 고학년을 포함해 반별 학년별 모두가 함께하는 운동이다. 교과 과정에 맞게 연습을 해야만 하는 어려움이 있다. 담임선생님들의 도움 없이는 어려운 일이다. 학생 규모에 맞는 프로그램도 필요했다. 저학년 고학년의 시간 배정도 잘해야 담임들이 협조한다. 순서지에는 학부모의 참여도 시간대에 알맞게 넣어야 된다. 주어진 예산을 효율적으로 사용하는 것도 필요하다. 총 예산대비 운동 내용에 따른 상품의 배정도 중요하다.

우선 상품을 경기종목에 맞게 안배했다. 다음은 지난 운동회 때 구입한 상품 내용을 보았다. 상품 품목을 가지고 도매로 흥정을 했다. 많은 양은 아니지만, 시골에서 가을 운동회를 하는데, 서울 전국도매상을 찾는 선생님은 처음 본다는 상인도 있었다. 그때는 배달도 안 되어 손수 버스로 운반했다.

도매로 상품을 구매하니 지난해 운동회 때 상품보다는 품질도 좋았고 양도 많았다. 같은 운동을 해서 일등 한 고학년 학생들은 상품이 작년보다 많고 품질도 좋다고 기뻐했다. 날씨도 좋아 운동회는 성황리에 끝났다. 운동 후 열린 종합 평가 조회에서 교장 선생님이 금년 운동회는 성황리에 진행되었고, 상품도 같은 예산인데 푸짐했다며 체육 담당자에게 칭찬을 해 주셨다.

매년 봄 교육청 주관으로 축구대회가 있다. 체육 담당자의 책임으로 선수들을 선발하고 연습을 해야 한다. 고학년 위주로 선수를 선발하게 된다. 봄이라 해가 길어 수업이 끝난 후에 연습을 했다. 대회 시작 직전에 조 추첨을 했다. 군내 최강팀으로 해마다 거의 우승을 하는 팀과 예선에서 만났다. 최선을 다했으나 후반 종료 몇 분을 남기고 한 골을 먹었다. 0대 1로 패한 것이다. 예선 탈락으로 싱겁게 끝났다. 응원 나온 동료 선생님 보기가 민망했다. 실력도 없이 출전해서 망신만 당했다며 지도교사를 안 좋게 보는 선생도 있었다. 해 질 무렵 결승에 오른 팀은 우리와 예선에서 싸운 팀이다. 결승 결과는 3대 0으로 완승했다. 우승팀은 우리만 간신이 이기고 다른 팀들과는 결승까지 7대 0, 5대 0 또는 3대 0으로 완승하는 것을 본 후 영평초등학교가 2등 했다고 지고도 즐거워했다.

국가 교육공무원으로 첫 근무지였던 영평초등학교를 찾아갔다.

일진이 좋았는지 교장 선생님을 만날 수 있었다. 전직 교사였다는 설명에 교장 선생님은 손수 차를 타 주시며 반갑게 안내해 주셨다. 아내와 같이 예절 있는 후한 대접을 받았다.

노 교장 선생님은 현재 학생이 60여 명으로 몇 년 후면, 우리 학교와 이웃 영중초등학교, 금주초등학교가 통합된다는 설명을 하셨다. 새로 양문에 신축교사를 짓고 합치면 영평초등학교는 없어진다고 말씀하셨다. 다행인 것은 영평초등학교는 포천시에서 가장 오래된 학교라 교육박물관으로 될 것 같다는 설명을 하셨다. 이름도 영중면에 영중 금주 영평초등학교가 있는데 세 학교가 통합 후 새로운 학교명을 영평초등학교로 정했다고 한다. 통합 신축교사는 2022년쯤에 준공 예정이라고 설명하셨다. 38교 근처 양문에 있는 신축교사를 한번 가 보고 싶다.

학교 내부를 안내하시며 선생님이 가르치신 교실이 어디냐고 묻기에, 여기라고 말씀드리니 친히 열린 교실 문 쪽을 보시면서 안내해 주셨다. 오십여 년 전에 내가 가르쳤던 교실을 볼 수 있었다. 5학년 교실을 보면서 그때 가르친 학생도 지금은 환갑이 넘었겠구나 생각하니, 참 세월이 많이 갔구나 하는 생각에 알 수 없는 야릇한 마음이 머리를 스친다.

부임한 지 1년밖에 안 된 초임 교사에게 학교 살림살이를 다 맡겨 주신 교장 선생님의 깊은 뜻을 평생 잊을 수가 없다. 믿음에 대한 감사함을 마음속 깊이 간직하며 평생의 은인으로 존경하며 살고 있다.

『잊지 못할 내 삶의 순간』 고 장만기 회장 문집 2020.

자전거 타고 구경

중국과 국교 정상화 후 몇 년 안 되어 계림을 여행할 때다. 일정에 따라 관광을 모두 마치고 6시에 호텔로 왔다. 한여름이라 해가 길어 시간이 많이 남았다. 호텔 정문을 나오니 대여해주는 자전거가 보였다. 한 시간 빌리는데 20위안이었다. 호텔방 열쇠와 사용료를 선불하고 자전거로 시내 구경을 나갔다.

그때는 차가 많이 다니는 번화한 거리도 교통질서가 없어 아무 곳에서나 눈치껏 건너다녀도 되었다. 가까이 있는 이강(漓江)부터 보았다. 얕은 곳에서 벌거벗고 미역 감고 노는 어린아이들도 가까이서 보았다. 강둑 옆에서 쌀국수 먹는 중년 남녀도 보였다. 여러 종류의 작은 상점들과 노점상들의 장사하는 모습도 보인다. 차가 많이 다니는 큰길 옆으로 남녀노소 할 것 없이 자전거로 열심히 생업을 위하여 좁고 넓은 도로를 주행하고 있는 상인들과 함께 달려 보았다.

연평균 온도가 20도로 더운 지방이지만 겨울에는 6도까지도 내려간다. 계절풍의 영향을 받아 비가 많아 오는 지방이다. 강수

량은 평균 2000밀리로 우리나라와 비슷하다. 여름에는 덥고 비가 자주 오니까 자전거에 우산을 고정시켜 비나 햇살을 피한다. 계림도 한국의 중소도시와 비교가 되었다. 깡통에 든 메탄가스를 사용하고 단칸방이나 방 2개 아파트에 사는 사람도 많다. 산 쪽에는 드문드문 묘가 보인다. 법에 따라 앞으로는 모두 화장을 하게 된다고 한다. 들판을 달리다 보니 2모작 현장도 보았다. 석양이 가까웠는데 논밭에서 일하는 사람들이 많이 보였다. 열심히 일하면 돈을 많이 벌게 만든 사회 같다는 생각을 했다.

농촌도 같은 시대 우리나라와 비슷하게 보인다. 승용차는 일본차가 많이 보인다. 가로수를 보면 나무 밑동에 흰색 칠을 한 나무가 많이 보인다. 이유를 물으니 야광을 설치한 나무라고 한다. 자연수를 이용하여 가로등과 전신주 역할을 한다고 설명했다.

도로를 달리며 들판을 보니 벼 밀 옥수수 고구마 사탕수수 참깨 감귤 바나나 파인애플 등을 재배하는 넓은 들판이 보인다. 먼 산에는 산림이 무성한 곳도 있다. 과일도 풍부하고 가격도 싸다. 망과 큰 것 한 개가 몇백 원으로 저렴했고 용안 등 여러 가지 열대 과일이 많았다. 망과와 여지는 너무나 맛이 좋아 양귀비가 매일 시안에서 말을 타고 와서 세 개씩 먹었다는 옛날이야기가 전해온다.

이강 강둑에 까마귀 같은 새가 보인다. 가마우지라고 부르는 새다. 일급수에서만 사는 고기를 매일 2kg 이상 잡는다고 한다. 보기에는 오리 같기도 한 작은 새가 고기를 잘 잡아 한 마리 가격이 우리나라 소 한 마리 값과 같다고 자랑한다. 이강에는 물소가 낮은 물에서 노는데 색이 검고 수영도 하며 한가롭게 수초를 뜯어먹는 모습도 보인다.

시내 건물들의 색깔이 대부분 어둡다. 우중충하고 지저분하다. 아파트는 5층까지 창문에 철창을 하거나 가시철망을 쳐 놓은 곳이 많다. 철망에 녹이 슬어 붉은 녹물이 흐른 자국이 보인다. 그들은 의심이 많다. 은행도 못 믿어 돈을 집의 장판 밑에 숨겼다가 모르고 여름이 지나면 썩어 버릴 때도 있다고 한다. 이사 갈 때 깜빡하면 두고 가기도 한다고 말했다. 대부분은 대형 금고를 이용하고 있다고 한다. 이유는 집의 외모를 깨끗하게 해 놓으면 형제자매 친구 친지 등 아는 사람들이 돈을 빌려달라고 하기 때문에 돈이 없어 보이려고 일부러 지저분하게 보이게 하고 산단다. 그러나 남이 안 보는 속옷만은 명주 팬티를 입는다고 한다. 겉옷은 거지같이 허수룩하게 하는 것이 중국 사람들의 생활 방식이란다.

계림 여자들은 파마를 하지 않고 목욕도 하지 않는다. 계림에는 미용실과 대중탕이 없다. 일 년에 한 번도 샤워를 안 한다고 한다. 대신 이강에서 목욕을 한다. 이재에 밝은 사람들이다. 중국 음식은 기름기가 많다. 그래서 오차를 많이 마신다고 한다. 먹는 것은 최고로 잘 먹는다. 먹는 것을 절약하고 병에 걸리면 병원비가 훨씬 많이 든다고 생각하는 사람들이다.

여러 곳을 다니고 재미있게 놀고 의심나는 것을 알아보다가 시간이 10분 늦었는데 추가금을 요구하지 않았다. 중국을 자주 여행하면서 자전거를 타는 사람들을 많이 보았으나 이들과 함께 자전거를 타고 즐기기는 처음이었다. 여행보다 더 재미있고 즐거운 시간이었다.

『성동문학』 2020. 20호

작은 궁궐

 서울 강북 4대문 안 한복판에 있는 큰 집은 원래는 조선 7대 왕 세조의 손자이고 9대 성종의 형님인 월산대군이 살던 집이었다. 지금은 경운궁(慶運宮)보다는 덕수궁(德壽宮)으로 더 알려져 있다. 처음 역사에 알려진 것은 조선 14대 선조 때부터다. 선조는 임진왜란을 겪고 궁궐이 모두 불타서 갈 곳이 없어 여기에 임시 거처를 마련했다. 『조선왕조실록』 성종 선조 편에서 모든 기록을 볼 수 있다.
 정문인 대한문(大漢門)을 들어가면 오른쪽에 '대소인원 개하마(大小人員皆下馬)'라는 입식 비석이 있다. 직급이 높은 사람이나 낮은 사람이나 이곳에서는 모두 말에서 내리라는 뜻이다. 내린 사람은 누구나 작은 해자에서 손과 발을 씻으라고 흐르는 물이 있다. 씻고 다리를 건너서 궁궐 쪽으로 가는데 다리 위에는 돌길을 셋으로 분류해 놓았다. 중앙의 조금 높은 길은 왕도라고 해서 임금님 전용도로다. 오른쪽은 문인이 다니는 길이고 왼쪽은 무인과 백성이 다니는 길이다.

지금은 다리 위에만 도로표시가 있고 지나서는 포장도로로 서쪽으로 백여 미터를 간다. 여기서 오른쪽으로 돌아서면 중화문(中和門)이 있다. 중화문을 지나 조금 가면 중화전이 나온다. 중화전은 왕이 정사를 보는 공간이다. 앞마당은 국가의 행사를 치르는 상징적인 공간이다. 넓은 마당에는 2단으로 된 월대가 있고 널찍한 돌을 깔았다. 벼슬의 등급을 나타내는 오른쪽에 정품 중앙 왼쪽에 종품을 표시하는 품계석이 있다. 중앙에는 임금이 다니는 어도(御道)를 설치해서 전통궁궐의 격식을 갖추어 놓았다.

실록에는 중화전은 중층 건물이었으나 대화재로 모두 불탔다고 설명했다. 후에 단층으로 지은 것이 지금의 중화전이라고 한다. 중화문과 행각도 함께 세웠다는데 지금은 동남쪽 모퉁이에 조금 남아 있다. 옆에 붙은 팔각형 4칸은 조선의 왕권을 상징한다는 기록이 있다.

황제가 임하는 자리에서 몇 계단 아래 내려가는 비탈길에 액을 땐다는 허수와 식수가 있다. 해태와 비슷한 조각인데 황제 국가란 의미도 있다고 한다. 경복궁 같은 정궁(正宮)에서는 근정전(勤政殿)에 해당하는 앞의 공간이다. 석조전으로 부르는 뒤쪽 서쪽의 덕수궁관과 상설 전시관이 있고 동쪽에 준명당(竣明堂)이 있다. 여기서는 임금이 신하들과 국정을 논할 때 밝은 눈으로 진지하게 정사를 펼치라는 뜻으로 현판의 명 자는 밝을 명 자가 아닌 '눈 밝을 명(眀)' 자로 썼다는 한자 설명도 했다.

중화문과 중화전 가는 오른쪽에 광명문(光明門)이 있다. 이 문은 고종이 기거하던 덕홍전(德弘殿) 뒤쪽에 있는 함녕전(咸寧殿)으로 가는 길옆에 있다. 함녕전은 고종이 살던 집으로 1919년에 이곳에서 돌아가셨다. 함녕전 서북쪽에는 석어당과 즉조당이 있다.

1904년에 방화로 추정되는 큰불이 나서 다 타 버린 곳에 다시 지었다. 아궁이 두 곳을 보니까 불이 날 아궁이가 아니다. 집안을 들여다보니 대청마루 양옆으로 온돌방을 만들고 전체를 침실에 알맞게 꾸몄다. 함녕전 뒤 북쪽에는 계단식 화단이 있고 옹주가 유치원 다닐 때 드나들었다는 유현문(惟賢門)이 있다. 자세히 보아야 보인다. 문 앞길을 덕혜옹주의 길이라 부르기도 했단다. 길옆에는 예쁜 굴뚝도 만들어 정원을 아름답게 꾸며 놓았다.

함녕전 남쪽에 있는 덕홍전(德弘殿)은 고종이 외교사절이나 각 료들을 접견할 때 사용했다는 건물이다. 덕수궁 대화재 후에 새로 지은 건물이라 전통양식과 서양풍을 혼합한 건물이다. 높은 위치에 있어 전망이 좋다. 천장에는 황제나라를 상징하는 봉황 그림이 있다. 옆면보다 앞뒤가 더 긴 격이 높은 건물이다.

즉조당(卽祚堂)은 준명당(竣明堂) 동쪽에 있는데 임진왜란 때 선조가 정사를 보던 전각들을 보존한 것이다. 광해군과 인조가 왕위에 오를 때 취임식을 한 역사적인 건물이기도 하다. 후에 임시 정전으로 쓰기도 했다. 준명당은 고종이 업무를 보던 편전이며 즉조당과 복도로 연결되어 있다. 지금 건물은 대화재 때 불탄 자리에 새로 지은 것이란 기록도 보았다.

석어당(昔御堂)은 즉조당 동쪽에 있는 집으로 임금님이 집무를 보던 곳이다. 선조가 이 건물에서 돌아가신 유서 깊은 건물이기도 하다. 현재 존재하는 유일한 목조 2층 집으로 단청이 안 된 소박한 살림집같이 보였다. 지금도 이 건물은 운현궁의 상징으로 자리매김하고 있다. 앞뜰 동남쪽 코너에는 수령 400년 된 배롱나무가 모양 좋게 자라고 있다.

즉조당보다 더 높은 약간 북쪽에 휴식하기 좋은 건물이 있다. 지대가 높아 궁궐을 내려다볼 수 있다. 한때는 덕혜옹주를 가르치는 유치원으로도 사용되기도 했었다고 설명했다. 러시아 건축가 사바틴이 설계한 것으로 조선과 서양의 건축양식이 혼재된 건축물이다. 로마네스크 양식의 인조석 기둥으로 내부 공간을 강조했고 동쪽 남쪽 서쪽 방향에 베란다를 만들었다. 베란다의 기둥은 나무이고 기둥 천장 근처에 장수(長壽)와 오복(五福)을 상징하는 청용 황용 꽃병 박쥐 등 한국의 전통문양을 넣었다. 한식과 양식을 절충한 색다른 건물 안에서 고종은 양탄국(커피의 옛말)을 마시며 외교사절들을 맞이하기도 했고, 때로는 연회를 갖고 음악을 듣기도 했다는 기록이 있다.

대한문이 정문인 덕수궁은 연중 휴일 없이 밤늦게까지 개방해서 많은 시민들이 애용하고 있다. 코로나로 인한 한시적 불편함도 세월이 가면 모두 해결될 것으로 기대하면서…. 궁궐이 도시 한복판에 있어 도시계획 등으로 거의 절반이 수용되어 많은 공간을 빼앗겼다. 일본 통치 때는 공원으로 사용했다고 한다.

역사를 보면 선조와 고종황제 두 임금이 승하하신 궁이고 광해군과 인조대왕이 왕위에 오르는 취임식을 가진 역사 깊은 궁궐이다. 세월이 변함으로 어쩔 수 없이 지금은 많은 건물이 없어진 작은 궁궐로 남게 되었지만….

『짚신문학』 2023. 겨울호

제천의식(祭天儀式)

하늘을 숭배하고 제사 지내는 종교의식은 고조선에서 고구려로 이어지며 백제까지 왔다는 기록이 전해온다. 중국의 제천의식을 알아보았다. 천단(天壇)은 길이 360미터의 중앙의 큰길이 남북을 관통하면서 두 단을 하나의 유기적인 종합체로 연결해 놓았다. 중앙 부근 서쪽 모퉁이에 재궁이 있고 또 재생정 신찬주방 신고 등 부속건물도 함께 있다. 외단에도 희생소 등의 건물이 있어 천단으로 하여금 완전하고 전형적인 예제 건축군이 되게 하였다. 명청(明淸)시대 22명의 황제가 이곳에서 650여 회의 제천의식을 거행했다는 기록이 있다.

천단은 중국 고대의 등급이 제일 높은 예제건축인 황실 재단에 있으며 중화민국 문화의 캐리어로서 수천 년의 중화문명을 유지해 오고 있다. 이곳은 고대의 제상성지였을 뿐만 아니라 중국 역사 철학 천문 회화 음악 예제 역법 등 다방면의 지식을 포함하고 있는 곳이다. 단내의 중요 건축물은 제각기 특색이 있고 상징적 의미도 명확하다.

기곡단 건물의 남색 유리기와 지붕은 하늘을 상징하고, 재궁의 녹색 지붕은 고대 제왕이 하늘을 우러르며 자신을 하늘의 신하로 간주함을 상징한다. 원구단의 모든 건축구조물은 모두 최대의 양수(陽數)인 '9'를 기수로 하여 하늘의 지고무상함을 상징하였다. 주변 부속 건물들을 보았다. 재궁은 영락(永樂) 18년에 지은 궁으로 소 황궁(小皇宮)으로 부르기도 한다. 황제가 제천의식 전에 쉬는 집이다. 주 건물은 모두 동향이고 녹색 유리기와를 얹어 '황천상제'의 높은 지위를 과시했다. '천자'인 황제가 하늘에 신복하고 하늘을 우러러봄을 보여주는 건물이다. 재궁 정전도 영락(永樂) 년간의 지은 한백옥(漢百玉)의 기초 무전지붕 벽돌 구조로 되었다. 기둥이 없어 무량전으로도 부른다. 홀은 황제가 머무르는 동안 정무를 보는 집이다.

동인정(銅人亭)은 무량전 왼쪽에 있는 방형의 돌로 된 정자이다. 황제가 계실 때 앉은 자리에서 약 0.5미터 높이의 동인(銅人)을 모셔놓는 집이다. 전설에 의하면 동으로 된 인형은 강직하고 아부하지 않고 충신의 모습이라 한다. 시신정(時辰亭)은 무량전 앞 오른쪽에 있는데 황제가 하늘에 제사 지낼 때, 위패를 모시는 장소이다. 제사와 곡하는 시간은 해뜨기 전 7각으로 새벽 4시 조금 넘는 때이다. 침궁(寢宮)은 무량전 뒤쪽에 있는데 제사 기간 동안 황제가 휴식을 취하는 곳이라고 한다. 맞배지붕 건물로 정면의 넓이가 6간이다. 남쪽 부분은 여름에 쓰는 침실이고, 북쪽 부분은 겨울에 하늘에 제사 지낼 때 휴식하는 곳으로 화로 등의 난방 설비가 되어 있다. 영성 문이 있는데 제단 담장에 있는 문 모양같이 생겼고 방패와도 비슷하다.

원구단 안에는 여러 개의 문이 있다. 영성문의 윗부분은 구름을 그려서 '운문 옥립'이라고도 부른다. 크기가 모두 다르다. 가운데에 제일 큰 문이 있는데, 이 문은 의식 때 '천자'만 사용하는 문이다. 조금 좁은 문은 황제가 출입하고 제일 좁은 문은 대신들이 다니던 문이라고 한다.

원구대 남서쪽 변에는 망 등대가 있다. 원래는 3개가 있었다고 한다. 등대의 높이는 30여 미터가 된다. 제사 때는 높이 2미터 둘레 4미터 정도의 큰 등을 달아 불을 밝혔다고 한다. 등은 조명의 역할도 했다. 천등이라고 부르기도 했다는 여러 설명도 들었다.

종루(鍾樓)는 재궁 동북 쪽 모퉁이에 있는데 겹처마 지붕 건물이다. 종루 안에는 명대(明代) 영락연간(永樂年間)에 제조한 큰 종이 있는데 태화종이라고 부른다. 옛날 제사를 지낼 때면 황제가 재궁을 떠나는 시각부터 종을 울리기 시작하여 제단에 도착해야 종소리를 멈추고, 제사가 끝나서 황제가 어가에 올라 환궁할 때, 또 울리기 시작하여 재궁에 도착해야 소리를 멈춘다는 전설의 종이다.

건륭종도 있다. 이 종은 종루 밖에 중심길 남쪽에 있는데 청대 건륭(乾隆)연간에 만든 것으로 종도 크고, 공예가 뛰어나고 조형이 살아 숨 쉬는 것 같다. 재궁에는 해자호(垓字壕)가 있다. 내외 두 겹의 담장에는 두 개의 U자형 해자로 되어 있는데 동 서 북 삼면에 돌다리가 놓여 있다. 당시 내외 해자에는 물이 차 있었고 경비가 삼엄한 방어 체계를 이루고 있었다는 기록도 보인다.

원구단 주변에는 크고 작은 건물들을 많이 보게 된다. 단 남부에 위치한 원구단은 명나라 가정(嘉靖) 9년에 지은 건물로 천제의 식을 거행하는 장소라고 한다. 원구대는 본 건물에 해당된다. 3층 돌계단으로 된 원구대는 명대에는 규모가 작고 전면과 난간 기둥 유리도 모두 검은색이었다고 한다. 그 후 청대(淸代) 건륭(乾隆)14년에 규모를 크게 하고 난간과 기둥을 모두 백색으로 하여 현재까지 오고 있다. 제천대라고도 하는 원구대는 3층의 높이가 5미터가 넘는다.

건물의 크기와 품위를 구분하는 서열이 있다. 황제가 사용하면 전(殿)을 쓰고 낮은 순서로 보면 전(殿) 당(堂) 합(閤) 각(閣) 재(齋) 헌(軒) 루(樓) 정(亭)의 순이다. 압구정(狎鷗亭) 하면 제일 규모가 작고, 황제와는 관계가 없는 건물로 보면 맞는다.

고대 음향학설을 보면 하늘은 양이고 땅은 음에 속한다고 한다. 홀수는 양이고 짝수는 음이다. '9'는 최대의 양수로 하늘을 의미하고 하늘의 지고 무상함을 의미했다. 원구단은 층마다 모두 구름과 용의 무늬를 양각한 한백옥(漢白玉) 난간으로 되어있고 매 층의 난간 수도 9의 배수로 되어 상중하의 세 층은 각각 72개, 108개, 180개로 합하면 360개인데, 이는 일 년을 의미한 것이다.

천단의 조경은 고전건축물의 웅장하고 화려한 궁궐 건축과 여러 가지 단을 볼 수 있다. 주변의 경관도 훌륭하다. 황궁우 밖 북서쪽에는 구룡 측백나무가 있는데 생김새가 아홉 마리 용이 하늘로 올라가는 형상을 하고 있어 붙여진 이름이란다. 천단 건설 이전부터 있었다는 측백나무는 천년이 되었지만 지금도 가지와 잎이 싱싱하다. 주변에는 백송이 하늘을 찌를 듯이 솟아 있고 화초도 무성하며 다양한 식물들이 자라고 있다. 녹음 우거진 좋은 계절에 간 것이 참 잘한 것 같다.

　녹지 면적이 약 161만 평방미터에 6만여 그루의 각종 나무들, 3천여 주의 고목이 자라고 있다고 설명했다. 나무숲 사이에 정자가 있고 쉼터 의자들이 있다. 제단 서쪽에 있는 정자는 송백과 화초 속에 있어 운치를 더한다. 쌍황정은 청나라 건륭제(乾隆帝)가 모친의 50주년 생신을 축하하기 위해 특별히 지었다고 한다. 두 개의 원형 정자로 된 쌍 황정은 겹처마에 보정을 세웠고 주춧돌은 복숭아형 석대로 만들어 생신 선물로 바친다는 뜻을 담고 있다. 그 외에 부채 같은 선면 정육각형의 겹처마집인 백화정 두 개의 정자를 하나로 연결한 방승정도 보았다.

　천단 전체가 황실 제단의 엄숙하면서도 자유스러운 분위기가 양립하는 중국풍의 원림을 보았다. 하늘과 조상을 섬기기 위하여 국가가 많은 자금을 투입하여 여러 가지 건물을 짓는 중국의 제천(祭天) 사상은 조선 왕조까지 종묘사직 제례에 큰 영향을 주었음이 확실하다.

인간개발 문집 『아름다운 만남 새벽을 깨우다』 2021.

죽을 뻔했다

모교 동남아시아 지역 연례행사가 인도네시아 발리에서 개최되었다. 아시아 각국에 있는 동문 100여 명이 오고 서울 모교에서 총장을 비롯한 총동창회 회장과 임원들이 30여 명 갔다. 7시간 이상 장거리 여행이라 좀 망설였으나 용기를 내서 동참했다. 비행기에 타서 좌석을 확인하는데 '안녕하세요 회장님'하며 왼쪽 옆자리 손님이 인사를 했다. 모교 신동열 총장이었다.

총장님은 비행시간이 긴 시간이라 생각하셨는지 학교에 관한 여러 가지 이야기를 길게 하셨다. 두어 시간 정도 대화를 한 것 같다. 20년 가까이 된 후배이기도 한 총장님과의 대화는 조심스러웠다. 총장님은 특별히 할 대화의 소재가 마땅치 않은지 자녀들이 몇 명이고 하는 일이 어느 분야냐고 물었다. 남매를 두었는데 아들은 대학교수이고 딸은 공립 고등학교 교사라고 말했다. 총장님은 깜짝 놀라며 어느 대학 교수이고 전공은 어느 분야냐고 물었다.

시간도 많고 해서 아들 자랑을 길게 늘어놓았다. 서울 연세대학교 정교수이며 최연소 학과장을 역임하고 지금은 이과대학 부학장으로 봉직한다고 설명했다. 모교에서 석 박사를 하고 박사 후 연구과정은 영국 옥스퍼드 대학에서 3년간 공부했다고 말했다. 모교 공채 조교수 시험에 합격하여 봉직하게 되었다고 자랑을 했다. 내친김에 자랑을 계속했다. 천문학에 관한 논문이 과학 저널 사이언스지에 제일 저자로 두 번 게재되기도 했다고 설명 드리니 깜짝 놀라는 표정을 지었다.

첫 논문은 우주의 나이를 규정한 기존 학설을 70여 년 만에 뒤집은 논문이고, 두 번째 논문은 우리 은하의 별이 붉은색과 푸른색이 있는데 기존 학설은 1970년대 미국 천문학자의 학설로 붉은색 별이 늙은 별이고 푸른색 별이 젊은 별이며, 우주의 나이를 측정하려면 붉은 별을 연구해야 된다는 이론이었다. 그러나 아들은 별의 나이는 색깔과 관계가 없다는 이론을 실증으로 증명하였고 이 논문이 게재된 것이다. 설명을 들은 총장은 한국 학자 중 사이언스 저널에 과학논문이 제일 저자로 두 번 실린 교수는 몇 명 안되는 걸로 안다며 대단한 교수님 아버님이라고 존경심을 보여주기도 했다.

행사를 끝낸 다음 날 친선 골프대회를 개최했다. 저녁에 만찬을 하며 골프대회 시상식과 여흥을 즐기는 순서가 예정되어 있었다. 100여 명이 주최 측에서 정한 규정대로 조를 짜서 운동을 시작했다. 당일 하이라이트는 일조로 출발한 신 총장이 홀인원을 한 것이다. 바로 뒤 팀인 우리는 축하의 박수를 보냈다. 많은 인원이 운동하다 보니 골프장의 대여 골프채가 부족하여 현지 동문들이 채를 무작위로 배당하였다. 주로 회장단에 배치한 모양이다.

우리 팀은 전 아시아 총동문회 김 회장과 인도네시아에서 사업을 크게 하는 사장 후배와 재단 이사로 봉직하는 선수들이다. 나와는 10년 20년 후배들이다. 골프장에 나가 채를 배정받았는데 잠시 내 눈을 의심했다. 서울에서 매일 연습하고 쓰는 내 채와 똑같은 것이다. 드라이버는 신형이었다. 퍼터만 다르고 다 똑같았다. 동반자인 현지 후배 사장도 하얏트 호텔 골프장을 많이 다녀서 코스를 잘 알고 있었다. 운동 중 코스 지형지물 등 많은 도움을 받았다. 연령 제한 없이 운동을 했는데 버디도 몇 개 했고 스코어도 비교적 좋았다. 저녁 행사 때 전체 중에서 메달과 우승은 80학번 이후 후배들에게 돌아가고 일등상을 탔다. 백여 명 중에서 일등을 했으니 집에 있는 손자들은 제일 잘 친 상으로 착각하고 환호성을 지르기도 했다.

운동 후 저녁 행사까지 시간이 남아 각자 방으로 와서 저녁 행사에 맞는 복장을 하고 자유시간을 가졌다. 11월 초에 인도네시아 발리는 우리나라 4월 중순 같았다. 여러 가지 꽃이 만발하고 호텔 정원에 아름다운 꽃이 화려했다. 절경을 핸드폰에 담으려고 거리 조정을 하면서 앵글을 맞추려고 앞 뒤 옆으로 움직이기도 했다. 아름다운 꽃과 연못의 정취를 앵글에 맞추려고 뒷걸음을 치다가 일 미터쯤 되는 높이에서 뒷발이 허공을 밟았다. 순간 사정없이 온몸이 뒤로 넘어졌다. 매일 운동을 하기에 순발력은 있으나 한쪽 옆으로 공중 낙하는 피할 수 없었다. 순간에도 머리를 대리석 바닥에 부딪치지 않으려고 오른쪽 어깨와 엉덩이 종짓굽을 이용해 머리 부딪힘을 피했다.

너무 아파서 저녁 시상식 때 계단을 올라가기도 힘들었다. 방으로 들어와 옆에 계신 제약회사 류 회장님께 자초지종을 말씀드렸더니 큰일 날 뻔했다면서 연고를 발라주셔서 통증을 덜 수 있었다. 사고 후 친구의 말을 듣고 보니 그런 안전사고가 많이 나고 노인들은 큰 사고로 이어지는 일도 많이 있다고 했다. 몸 한쪽이 새까맣게 멍이 든 채로 반년을 고생했다. 더 큰 부상으로 이어지지 않았음이 하늘의 도움이라며 위로하는 아내는 눈물을 보였다. 인명은 재천인가?

『생활문학』 2021. 여름호

치욕의 석탑

　백제의 수도였던 부여 왕궁 터 한복판에 있는 정림사지오층석탑을 구경했다. 역사의 한을 품은 석탑을 보는 날 하늘도 서러운지 태풍 미탁은 하루 종일 비를 뿌렸다. 비 오는 날을 골라서 관광하기도 쉽지 않은데 운이 좋았는지 비가 많이 오는 날 탑의 여러 장치와 물 흐름을 자세히 볼 수 있어서 안성맞춤이었다.
　5층으로 된 석탑을 바로 앞에서 몇 바퀴 돌면서 여러 가지를 관찰했다. 바로 앞에서 보니 육중하게 보였다. 부여가 남긴 유일한 지상 석탑이란 기록이 있다. 탑 가까이서 보니 맨 아래 세 개로 된 지대석이 있고 그 위에는 조금 작은 지석이 있다. 위에는 중석이 5개 있는데 양옆에 있는 돌을 우주석 양옆에 붙은 돌을 면석, 중앙에 있는 돌을 탱주라 부른다고 설명했다. 위쪽에 띠로 두른 것이 갑석이다. 위에서부터는 탑의 몸체로 사리를 봉안하는 탑신부(塔身部)다. 여기에는 한 면에 4개의 석판이 있다. 양쪽에 우주를 만들고 사이에 면석이라는 석판을 끼웠다. 이곳이 사리를 봉안하는 곳으로 예배의 중심이 되는 곳이라고 한다.

탑신 2층부터 아래쪽은 옥개 받침을 두 층으로 했고 탑 위로 올라가면서 크기가 좁아진다. 몸돌 위쪽은 옥개 받침을 두 줄로 넣고 위로 올라갈수록 작아진다. 지붕돌은 얇고 넓으며 지붕받침 아래에는 사각형의 석재를 놓고 윗면을 비스듬하게 다듬어서 간략하게 만들었다. 넓은 옥개석은 위로 갈수록 좁아진다. 탑의 가장 위에 놓이는 상륜부(相輪部)는 가장 좁으며 여러 개의 구성요소로 노반석 등의 장식을 했다. 몸돌에 비해 지붕돌은 폭이 넓고 작은 자재를 사용하여 외견상은 목조탑과 유사하다. 비올 때 위에 물이 몸통을 타고 내려오는 것을 방지하는 장치도 되어있어 몸채의 손상도 막아준다. 안정감 있는 체감률로 격이 높은 석탑으로 생각했다.

가로 1미터 세로 2미터 정도 크기의 면석 4개가 한 면이다. 사각형의 탑이니 석판이 16개가 된다. 이 돌판을 보았는데 고어체 한자 글씨가 희미하게 보였다. 자세히 보아도 판독을 할 수 없다. 역사 공부로 이미 알고 있는 대당평백(大唐平百) 제국비명(濟國碑銘)을 찾을 수가 없었다. 비 오는 날이라 안 보였으나 구름 없는 날 오후 2시경에 자세히 보면 보인다는 안내원의 설명을 들었다. 최신형 핸드폰으로 여러 장 촬영하여 형태를 보니 글자는 무슨 자인지 알 수 없고 희미한 한자를 볼 수 있었다.

사기의 번역을 보았다며 설명했다. 일층 사면에 이천여 자에 달하는 비문의 내용을 보았으나 잘 보이지도 않고 내용도 알 수가 없다. 백제 왕조의 지상 5층 석탑으로 유명하기는 하나, 글의 내용을 보면 백제 치욕의 글이라고 한다.

당나라 대장 소정방이 화려했던 백제의 수도 부여를 함락하고 그 전공(戰功)을 이 탑에 기록해 놓은 것으로 유명해진 탑이다. 소정방은 신라군 오만 명과 당나라 군사 13만 명으로 나당 연합군을 만들어 백제의 수도 부여의 사비성을 함락시켰다. 백제 의자왕을 생포하여 항복문서를 받은 것으로 기록되어 있다. 항복문서에는 이천 자에 달하는 내용으로 백제 정벌의 당위성을 기록했다. 당 황제에게 축전과 장군들의 전승을 기록한 글이다. 함락 후 새로 설치한 5개 도독부와 지방기구 편재 내용도 들어 있다. 서기 1028년 건립된 것으로 기록되어 있다.

  가까이에서 보니 나무 탑같이 정교한데 돌탑으로 되어 있다. 그러면서도 창의적 조형미를 보여주고 있으며 탑 전체가 대단히 아름답다. 화강암으로 만든 돌탑의 우아한 조형미, 균형과 절제의 미(美), 겸손하지만 누추하지 않고 고도의 균형미를 지니고 있다. 조형의 미와 비례의 미도 지니고 있다. 삼국시대 석탑 연구의 대단히 귀중한 자료로 생각했다. 몇 바퀴 돌며 보아도 천년된 탑으로는 볼 수 없고 중간에 몇 차례 미적 감각을 살리기 위한 건축물로 개축한 것으로 생각되었다. 석탑은 사찰건축의 기본이 된다.

  백제는 불교를 통치 이념으로 세워 국가 중흥의 염원이 담긴 정림사지오층석탑을 세워 왕의 권력이 현실 사회를 초월한 신성 권력을 보여주는 상징이기도 한 것 같다. 당시 불교는 국가 체재를 정비하는 데 있어 종교 이상의 막강한 영향을 끼치고 있음도 알 수 있다.

  정림사지오층석탑은 뒤쪽에 절터가 있고 남쪽에는 두 개의 작은 연못이 있다. 비를 흠뻑 맞으며 현장에서 오랫동안 관찰했다.

나무 탑같이 정교한 석탑은 완숙하고 세련된 미를 볼 수 있었다. 낙수면의 내림 마루와 나무 탑의 기법을 볼 수 있다. 창의적 변화를 추구하여 완벽한 조형미를 완성하여 국보 반열에 올랐다고 생각했다.

 예술적 가치에도 불구하고 탑을 장식한 글의 내용이 소정방의 승전 기록 탑이 되었으니 역사의 한을 남긴 치욕의 탑이다. 조선왕조 16대 인조대왕의 병자호란 완패 후 삼전도 치욕의 비석과 함께, 현세의 국내외 정세를 역사 속에서의 타산지석(他山之石)으로 삼아야 되겠다.

2019. 한국문인협회 제39차 대회 전국대표자회의
월간문학 발행 『백제왕도의 빛과 향기』

토끼섬

토끼섬을 들어가려면 동쪽에 있는 2개의 다리를 통과해야 된다. 동쪽 문인 '이바노프의 문'을 들어가면 50미터 거리에 정면으로 마주 보이는 문이 있다. 이 문이 바로 표트로프스키의 문인데 1700년 초에 트레지니가 설계해서 지은 대표적인 바로크 건축물이라고 한다. 이 문은 고대 로마의 개선문처럼 아치 모양이며 성서를 상징하는 내용과 비유 풍유의 언어로 장식되어 있다고 설명했다. 이 개선문 정중앙 위에서 러시아 황실 문장인 쌍두 독수리가 출입자를 감시하듯 내려다보고 있다.

상트페테르부르크에 있는 토끼섬의 페트로 파블로프스키 목조사원을 건설하는 데 많은 자금과 인원이 동원되었다고 한다. 목조사원은 화재와 번개의 피해로 얼마 후 석조사원으로 개축했다는 설명도 있다. 사원의 이름도 성자의 이름을 본따서 지었다고 한다.

쌍두 독수리 문장은 이미 동서 로마로 분리되기 전인 로마제국에서도 황제의 권위를 상징하는 표상으로 사용되었다고 한다. 쌍두 독수리는 이 도시가 200년(1712~1918) 이상 러시아 수도였으며, 러시아 황실이 있었음을 의미한다. 15세기경 이반 3세 때부터 이 쌍두 독수리 문장을 사용하기 시작했다고 하는데, 쌍두 독수리 가슴에는 모스크바 공후의 문장인 말 탄 성자 게오르기가 창으로 뱀을 찌르고 있는 모습이 새겨져 있으며, 왼손에는 황제의 위엄을 상징하는 지팡이를, 오른손에는 십자가가 달린 황금 구(救)를 들고 있다고 한다. 잘 보이지 않지만 자세히 보면 쌍두 독수리 문장에는 성 베드로를 모욕했던 시몬이 하늘에서 요새로 떨어지고 있는 모습도 새겨져 있다고 설명했다. 또한 성 베드로가 기도를 통해 악마를 내쫓는 형상이 백색으로 조각되어 있다.

표트로프스키의 문을 지나서 안으로 들어가 서쪽 방향으로 가서 표트르 대제의 모조 목선을 전시해 놓은 방과, 화폐를 만들던 조폐국의 방을 보았다. 페트로 파블로프스키 사원 맞은편으로 들어가면서 정문에서 200미터쯤 거리 왼쪽에 표트르 대제의 동상이 있다. 청동 좌상으로 된 표트르 대제의 데드마스크를 본뜬 이 동상은 세계적 현대조각가 미하일 셰마킨이 1991년에 만든 작품이라고 하는데 관람용같이 보였다. 얼굴은 잘생겼으나 양 손가락이 징그럽게 길다. 키는 2미터가 넘어 보였다. 실제로 표트르 대제는 미남이었다고 하는데 동상 전체가 우스꽝스럽게 생겼다. 손가락이 긴 것은 대국으로 뻗어가는 뜻을 상징한 것이라고 설명했다.

표트르 대제의 청동상은 두 무릎과 손목 손가락이 반질반질하게 되어 있다. 이곳을 만지면 소원이 성취된다는 안내자의 속설 설명 때문인 것으로 보였다. 이런 속설은 동서양을 막론하고 여러 곳에 있다. 나도 손목과 손가락을 만져 보았다. 여기서 좌측으로 돌아 남쪽으로 100미터 정도 가면 네바강으로 나가는 큰 문이 있다. 이 문은 이 섬이 감옥으로 사용할 때 죄인을 사형시켜 시신을 네바강에 버릴 때 사용했던 문이라고 한다. 이 문 우측에 홍수 때 물의 수위를 표시하는 A-B선이 설명과 함께 실제 홍수 때 물 높이를 표시한 것도 보았다.

가장 최근에 있었던 홍수는 1999년 핀란드만에서 불어온 태풍이 네바강을 역류시켜 발생한 것으로, 발트해 수면보다 2.66미터 높은 수면을 기록하고 있다. 1975년 9월의 홍수 물 높이와 비슷했다. 섬 전체가 물에 잠긴 것은 백 년 동안에 네 번 있었다고 한다. 이곳 큰 문을 지나 네바강과 마주치는 미니 선착장같이 된 물가에는 성벽 밖 서쪽 담으로 돌아가는 길이 있다. 이 길을 따라 담 모퉁이를 도니 모래사장과 야외 수영장이 나왔다.

이곳에는 젊은 남녀들이 거의 나신으로 햇볕을 쬐고 있었다. 이곳도 북유럽과 같이 햇볕이 부족하여 일광욕을 즐기고 있는 장면이라 생각했다. 처음의 나무로 만든 요새를 대리석 성벽으로 수리한 것이 1780년이라고 음각(陰刻)한 대리석 표시가 성곽 바깥쪽 성벽 한 곳에 붙어 있다. 개방된 나라의 사회는 사원도 일반화되었음을 알 수 있었다.

하늘로 높이 솟은 황금빛 첨탑의 위용을 자랑하고 있는 이 정교 사원은 내가 갔을 때는 사원 전체를 수리하느라고 일반인의 입장을 막았다. 가이드의 섭외로 어렵게 들어갔다. 탑도 전체를 보수 중이라 제일 높은 산의 높이가 70미터인 이 지역에 121.8미터 높이의 황금빛 첨탑이라고 설명하는 안내자의 말이 실감이 나지 않았다. 도메니코 트레지니라는 이탈리아 건축가가 1700년 초부터 21년 동안 건축하였다는 이 사원은 반원 모양의 전통적인 러시아 정교회 사원과는 달리 눈과 비바람에 잘 견딜 수 있게 실용적이고 상징적인 첨탑 구조로 설계했다고 설명했다. 사원 내부도 커다란 창을 통해 빛이 밝게 비쳐들게 하여 황금빛 장식들과 잘 어울리게 했다.

이곳은 첨탑 중간 아래쪽 종루 밑에 커다란 시계가 걸려 있어 18세기부터 요새의 명소로 알려져 있다. 교회가 종소리로 시간을 알리던 중세의 방법이 시계로 바뀌었는데, 이것은 당시 파리 로마 런던에서나 볼 수 있던 사원 외벽의 시계가 러시아의 새 수도에도 나타난 것이다. 첨탑 종루 윗부분에 달려 있는 철제 천사 조각상을 이곳 사람들은 '날아다니는 성처녀'라고 부른다고 설명했다. 이 첨탑은 1800년 초 스웨덴과 전쟁할 때 스웨덴을 꼭 이겨달라고 기원하는 의미로 지은 사원이라고 한다.

수도가 상트페테르부르크로 정해진 뒤 토끼섬 안의 사원은 로마노프 왕조의 황실 납골당으로 이용되었다는 설명이다. 알렉산드르 3세와 상트페테르부르크를 건설한 표트르 대제의 유해도 이곳에 잠들어 있다고 말했다. 현재 상트페테르부르크 역사박물관이 있는 이 성당의 내부는 성상벽(聖像壁)과 성모의 탄생을 그린 귀중한 그림들이 있다고 설명했다.

토끼섬은 유럽의 성곽 도시처럼 견고하게 화강암으로 쌓아올린 울타리로 되어 있다. 요새는 원래 전쟁 때 방어 목적으로 설계되었으나 전쟁에 사용된 적은 없고, 18세기 후반에는 정치범들을 수용하는 교도소로 사용되었다고 한다. 표트르 대제의 아들 알렉

세이도 아버지의 개혁을 반대하다가 죽임을 당하기 전에 갇혀 있던 곳이라고 한다. 19세기 중엽 도스토예프스키가 페트라셰프스키 사건에 연루되어 반년 이상 동안 옥고를 치른 곳으로도 알려진 곳이다.

네바강변에 걸쳐있는 작은 토끼섬이 러시아 로마노프 왕조 제4대 황제 표트르 대제의 유해가 잠들어 있는 러시아 제국의 중요한 역사의 현장이었음을 확인하면서 깜짝 놀랐다. 무인도일 때 토끼가 많이 살아 토끼섬으로 불렀다고 한다.

『성동문학』 2023. 23호

현장 학습

　산 높이가 해발 5천 미터가 넘으면 만년설이 쌓인다고 알고 있다. 8천 미터 상공을 나는 비행기 안에서 장만기 회장이 여기를 보라며 손짓을 한다. 남미 페루에서 쿠스코로 가는 중이다. 내려다보이는 하얀 눈은 안데스산맥 정상의 만년설이다. 만면의 미소를 띤 장 회장의 얼굴 모습이 지금도 눈에 선하다.
　쿠스코에서 완행열차로 우르밤바 강줄기를 따라 한 시간 반 정도 가서 공중도시로 가는 버스를 탔다. 산허리를 28번 돌고 돌아 공중도시로 향했다. 모퉁이를 돌 때마다 겁이 많이 났다. 여기저기서 비명소리가 들렸다. 현장에 도착하니 모두 감탄 연발이다. 남향의 계단밭과 가파른 계단을 올라 움집 근처에 가니 평평한 광장이 나왔다. 돌로 지은 집들을 보니 돌 자르는 기술은 현대 기술로도 불가능해 보였다. 어떤 학자는 공중도시에 어느 해 코로나 같은 전염병이 창궐하여 모두 사망한 후 수백 년 동안 폐허의 도시로 남았으리라는 추측을 했다고 한다. 공중도시 전체가 잉카문명의 찬란했던 흔적으로 생각되었다. 장만기 회장을 비롯한 비슷한 연령대끼리 구경하면서 현지 안내인의 설명을 들었다. 2005년 마추픽추의 즐거웠던 여행은 인간개발연구원이 주체한 현장 학습의 하나인 연중행사였다.

다음에 간 곳이 브라질과 아르헨티나의 국경을 흐르는 이과수 폭포. 요란한 물소리가 귀를 때려 마주 보고 있어도 대화가 안 될 정도로 주위를 압도했다. 폭포의 형태가 브라질에서 보면 200여 개가 보인다. 아르헨티나에서 보면 6개가 보인다. 거대한 폭포를 몇 미터 앞에서 볼 수 있다.

브라질 쪽 폭포 하류에 작은 배로 폭포 낙하지점 근처를 돌아오는 관광코스가 있다. 장만기 회장을 비롯한 일행 십여 명이 구명복에 비옷을 입고 폭포 아래까지 다녀오는 배를 탔다. 겁을 잔뜩 먹고 떠난 배는 폭포 바로 밑까지 가서 몇 바퀴 돌고 오는 체험 행사. 무사히 돌아와 즐거움을 만끽했으나, 옷은 물론 속옷까지 다 젖어 비옷이 무용지물이 되었다. 단벌 신사가 물에서 나오니 8월 하순인데도 추위가 엄습했다. 남녀 모두가 오들오들 떨었다.

소띠나 토끼띠 고령자는 너무 추워서 얼어 죽나 보다 했다. 남미에서의 현장 학습은 오랫동안 추억에 남을 것 같다.

좋은 강사를 모시고, 좋은 프로그램과 유익한 곳을 찾아 회원들과 시간을 보내셨던 장 회장께서 긴 병환 중에 계시다 타개하셨으매 모든 회원들의 슬픔은 클 수밖에 없다. 인간개발연구원의 모임을 보고 계실 줄 믿는다. 슬픔과 아쉬움의 교차가 우리 회원들 가슴속에 남으리라. 지금도 송 회장 부부를 비롯한 여러분들은 건강하고 매달 조찬회에서 만나고 있다.

2010년 상해 엑스포 70에도 장 회장 부부와 동행하여 중국관 한국관 일본관 조선관 등 8개국의 전시관을 보고 즐거운 시간을 보냈다. 중국관은 주최국에 걸맞게 과거 20년과 미래 20년을 첨단 기법을 동원하여 역동적인 음향으로 세계를 주름잡는 미래 산업을 광고하고 있었다. 조선관도 보았다. 한국관 근처에 있다. 이북에서 발행한 모든 우편엽서를 판매하고 있어 한 세트를 샀다. 한국관은 관장이 직접 나와 안내해 주었다. 몇 등 안의 규모라며 한국인 150만 명의 관람을 기대한다고 설명했다. 한국관이 규모나 배열을 보면 제일 잘된 것 같았다. 사람이 너무 많아 식당을 못 가고 도시락을 사서 길옆에 세워둔 봉고차에서 해결하기도 했다. 피곤은 했지만 인간개발연구원의 연중행사인 현장 학습은 즐겁고 유익했다.

  장만기 회장과는 여러 해 동안 여러 곳을 다니며 많은 것을 함께 배우고 즐거운 시간을 보냈다. 부인 엄 여사도 함께 다니며 처음 가 보는 곳도 많았다. 세월이 빨라 장 회장이 타계한 지도 벌써 몇 달이 지났다. 참으로 안타까운 생각을 지울 수가 없다. 인명은 재천이라 했던가?

정만기 회장 영면에 부치는 편지 2021. 3.

호화로운 삶

　북경 자금성 서쪽 40여 리에 이화원이 있다. 황제의 여름별장으로도 불렀다고 한다. 서태후는 이곳에서 국가의 중요한 일을 많이 처리했다. 부족한 공간을 채우기 위해 증축을 했다. 궁전과 정원의 두 가지 기능을 모두 갖춘 황족 정원이 되었다. 안내인의 자세한 설명이다. 이화원에서 가장 큰 부분을 차지하는 곤명호는 지금은 겨울에는 스케이트를 타고 여름에는 유람선을 타고 뱃놀이를 즐기는 좋은 호수로 북경 시민들의 낙원이 되었다.
　곤명호를 안고 있는 만수산은 인공 산으로 화려한 누각이 있다고 한다. 덕화원(德和園)에는 장랑(長廊)과 불향각(佛香閣)이 있다. 이화원의 주요 명소로는 정문과 동궁 문(東宮門) 등 많은 건축물이 있다. 덕화원에는 중국에 현존하는 가장 큰 규모의 경극 극장이 있다. 높이가 21미터인데 상중하 3층으로 되어 있다. 긴 낭하인 복도 건축물도 중국에서 가장 크고 길다고 한다. 모두 둘러보았다.
　옥란당은 광서황제의 침실로 쓰인 곳인데 무술년 정변에 실패하여 서태후에 의해 유폐 감금되어 지냈던 곳이라는 설명이 있다. 현장을 보았다. 서태후는 이곳에 거처하면서 극장에서 연극을 보거나 자신이 몸소 경극에 출연하기도 했었다고 한다. 이화원은 의화단 사건 때 또 황폐해졌으나 다시 복구되어 현재는 호화로운 옛 경관을 보전하고 있다고 한다.

오월 문에서 서쪽으로 석장정까지 모두 273칸이고 길게 이어진 복도는 세계에서 가장 긴 총길이 728미터나 된다는 설명이 있다. 통칭 천간낭하(千間廊下)라 불리는 장랑(長廊)으로 이화원의 명물로 소문나 있다. 복도를 따라가다 보면 양쪽 벽에는 그림으로 꽉 차 있다. 장랑은 건륭(乾隆) 15년에 창건하였고 후에 영국 프랑스 연합군에 의해 불태워졌다고 설명했다. 그 후 광서(光緒) 12년 재건되었다고 한다. 대들보에는 인물(人物), 산수(山水), 화초(花草), 조류(鳥類) 등 각종 채색화 14,000여 폭이 그려져 있고, 이런 화폭은 중국 고전 원림 중에서도 최고를 자랑하는 복도라고 한다. 장랑 중간에는 4개의 8각 처마로의 정자가 있다. 산을 등지고 강을 끼고 있는 배운전(排雲殿)을 중심으로 동서 양쪽으로 만수산을 따라 건물들이 들어서 있다. 긴 복도를 처음부터 끝까지 다 보았다. 많은 그림들도 보고 감탄했다.

한참 가다 보면 장랑의 중앙쯤에 비운각이 있는데 호수에서 뱃놀이를 하려면 이곳에서 출발하는 배를 타야 된다. 북쪽으로는 불향각(佛香閣), 지혜해(知慧海), 만수산이 나란히 이어진다. 불향각은 이화원에서 가장 높은 곳으로 이곳의 전망은 유명하다. 동궁문(東宮門)을 들어가 인수문(仁壽門)을 지나면 인수전(仁壽殿)이 나온다. 인수전 앞뜰에는 지금은 세상에 존재하지 않는 상상의 동물상이 마당 가운데 서 있다. 마당 앞에는 청지수(青芝岫)라는 묘한 돌이 있다. 패가석(敗家石)이라 부르기도 한다. 역사 자료를 보면 명나라 관료 미만종(米萬鍾)이 북경의 빙산에서 영지 모양과 비슷한 푸르고 빛이 나는 거대한 돌을 발견하였다. 그 돌을 자기 농원인 미씨작원(米氏勺園)으로 운반하다가 비용이 많이 들어 할 수 없이 길가에 버린 것을 건륭황제(乾隆皇帝)가 이곳으로 옮기고 청지수란 이름을 지었다는 설명이 있다. 이 돌은 중국 최대의 원림 치석이라고 한다. 모두 마귀가 못 들어오게 지키는 수문장 역할을 해준다고 설명했다.

서태후가 정무를 보던 인수전은 그가 생전에 사용하던 각종 집기들이 전시되어 있다. 전용 극장인 덕화원(德和園)을 우측 뒤로 하고 남쪽 곤명호로 나오면 장랑을 지나게 되고 서쪽으로 계속 가면 호수에 떠 있는 듯한 돌배(石舟)와 돌다리(石橋)가 있다. 돌배 안에는 상품을 파는 판매원들과 관광객이 뒤섞여서 복잡한 돌배 안을 더 복잡하게 만들고 있었다. 여름에 가 보았는데 해당화 난초 수양버들과 색채가 선명한 건축물과 적당한 나무 그늘들이 주변의 뛰어난 경관과 조화를 잘 이루고 있었다. 서태후는 이 돌다리를 건너 돌배를 타고 달맞이를 했다고 전해진다. 여기저기 놓여 있는 돌 벤치에서 장기를 두는 광경과 독특한 방법으로 유람선을 움직이는 뱃사공들의 모습 등은 보는 사람들을 즐겁게 했다. 현재는 북경 시민들의 휴식처로 이용되고 있으며 요금만 내면 내국인은 물론 외국인도 자유롭게 들어갈 수 있다. 몇 번 가 보았으나 유람선을 타 보지 못했다.

덕화원을 나와서 우측 장낭(長廊)을 가기 전에 왼쪽 물 쪽으로 조금 가면 곤명호의 전경을 볼 수 있는 넓은 공간이 있다. 남동쪽에는 작은 인공 섬을 만들어 조경을 잘 해 놓고 다리를 놓아 연결한 곳이 있다. 이곳에서 휴식도 취하고 기념촬영도 하기 좋다. 또 다른 곤명호의 모습과 이화원의 주변을 볼 수 있는 곳이다. 여름에 갔을 때 기념사진도 찍었다.

인수전의 원래 이름은 근정전(勤政殿)이었다. 황제가 이화원에 머무는 동안 정무를 보고 신하들을 알현하는 공적인 장소였다. 그러나 서태후가 정권을 잡은 후 청나라 정치 중심인 자금성에서 이곳 이화원으로 옮기면서 인수전(仁壽殿)이라는 이름으로 부르게 되었다고 기록하고 있다.

서태후는 인수전에서 대신들과 외국 사절을 만나고, 낙수당에서 최고의 음식을 먹으며 생활하고 덕화원에서 희극을 감상하였다고 한다. 낙수당 앞까지 배를 댈 수 있어, 서태후는 매년 음력 4월 자죽원 공원 쪽 수로를 타고 이화원에 와서 10월이 되면 황궁으로 돌아가곤 했다는 기록도 있다.

중국 천하를 50년 가까이 통치한 여걸도, 세월의 흐름을 막지 못하고 역사의 뒤안길로 사라졌다. 그는 1835년 태어나 우여곡절 끝에 권력을 잡고, 대국을 좌지우지하다가 74세를 일기로 아까운 세상을 어쩔 수 없이 하직했다. 세상 떠난 위인의 호화로운 삶을 보면서 유한한 생을 사는 우리는 어떻게 사는 것이 행복하게 사는 삶인지를 깊이 생각하는 계기가 되었으면 좋겠다.

『생활문학』 2020. 봄호(126집)

아내 사랑

　인도 아그라(Agra) 신시가지 동쪽 자무나(Jamuna) 강변에 있는 타지마할은 인도를 대표하는 건축물로 가장 완벽한 모슬렘 예술의 진주이며 문화유산의 최고 걸작품으로 세계 7대 불가사의 중의 하나이다.
　정문의 아치를 지나면 검색대를 거쳐야 한다. 몸수색도 국제공항 급이다. 100여 미터 쯤 가서 우측으로 돌면 큰 광장이 나온다. 앞마당에 인공호수를 파서 조경하고 장미공원도 만들었다. 매월 15일 만월에 호수에 비친 타지마할은 환상적이라고 한다. 대리석 문에 구멍을 뚫어 만든 문양은 모두 다르다. 관을 둘러싼 대리석이 문같이 살을 만들어 안을 볼 수 있게 했는데 크기 모양 등 문양이 모두 다름도 확인했다.
　총면적이 17만 제곱미터라고 설명했다. 정면을 보고 좌측 부속 건물은 기도실 건물이고 우측 건물은 스님 접대 건물이라고 말했다. 타지마할 경내 기도실 앞쪽에 박물관이 있다. 들어가 보았다. 무굴 제국의 정치, 군사, 생활, 서적 등의 전시물을 볼 수 있었다. 황제의 도장, 모든 황제의 사진, 사인도 있다. 왕의 그림을 도자기에 입혀 영구 보존하고 있다. 각종 그림 중에는 왕의 회의 장면, 코끼리 훈련 등 일상생활의 모습도 전시되어 있다. 왕의 대리석 사진이 있고 건물 균형을 맞추어 실내조명도 아름답게 조정했다. 샤자한 황제 22세 왕비 20세에 결혼해 자녀 14명을 낳고 39살에 죽었다는 설명과 그림이 있다. 그때 쓰던 은화 금화 동전도 전시되어 있다.

　타지마할은 먼 곳에서 보아도 아름답고 가까이에서 봐도 아름답다. 앞쪽 문을 통과하면 넓은 광장이 있고 북쪽에 반듯하게 건축된 붉은 사암으로 지은 정문을 보게 된다. 이 정문의 아치를 통과하면 몇 개의 계단이 있다. 여기서 정중앙을 보면 분수와 정원이 있고 그 뒤쪽 200여 미터 근처에 타지마할의 완벽한 건축물이 찬란하게 햇빛을 받고 서 있다. 좌우의 건물이 보조를 맞추고 있다. 완벽한 대칭에 감탄하게 된다.

　이와 같은 완벽한 건축물이 수세기 전에 지어졌다니 놀랍다. 더욱이 이 건물이 왕궁이나 신에게 제사 지내기 위한 건물이 아니고 죽은 왕비의 무덤이라는 사실에 놀라움을 금치 못한다. 주위를 살펴보면 뒤쪽은 자무나강이 유유히 흐르고 좌우에는 좀 떨어진 거리 양쪽에 비슷한 크기의 보조건물이 있다. 타지마할은 기단부의 크기가 사방 95미터이고 본체는 사방이 57미터, 높이는 67미터라고 한다. 네 귀에 대리석 원형 탑이 있는데 탑의 높이는 43미터라고 설명했다.

　밤에는 무덤 안팎에 조명을 밝혀 더욱 아름답다고 한다. 건물 중앙 일층 묘소를 투영하는 검은 그림자가 내벽을 비쳐서 더욱 신비롭게 느껴지게 만들었다고 한다. 건물 앞 입구를 지키는 경비원이 '알라 악바르'(알라는 위대하다)라고 크게 소리치면 머리 위쪽 돔 안쪽에 반응되어 소리가 울려 퍼진단다. 정면 좌측 지하로 내려가는 계단은 진짜 묘소로 가는 길이다. 핸드폰 전등을 켜고 내려가다가 대리석을 비춰보니 컴컴한 지하인데도 대단히 화려하고 아름다워 저절로 감탄사가 나왔다.

무굴 제국 제5대 황제 샤자한의 아내 뭄타즈마할의 무덤인 타지마할은 마할이 붙지만 궁전은 아니다. 황제 샤자한이 끝없이 뜨겁게 사랑한 왕비 뭄타즈마할은 1631년에 사망했다. 그녀의 죽음을 몹시 슬퍼한 샤자한 황제는 제국의 국력을 낭비하면서까지 타지마할에 돈을 퍼부어 건설하였으며 이것으로 사랑을 표현하고자 했다고 한다. 이 건축물을 짓기 위해 세계 각지에서 비싼 돌을 가져오고 기술자를 뽑아서 장장 22년 동안 천문학적인 자금을 들여서 1653년에 완성했다는 기록이 있다. 지을 때도 1만 2천 명의 이란 기술자들을 불러 왔고 인도 대리석 80%에 이태리 대리석 20%를 수입해서 지었다고 설명했다. 타지마할 내부공사도 12년이 걸렸고 담장 등 외곽공사도 10년이 걸렸다고 한다. 돔이 11개 있다. 대문의 조각 글씨는 재스민 꽃 형태이다. 투명하게 안쪽이 보였다.

황제 샤자한은 자무나강 건너 쪽 산기슭에 검은 대리석으로 타지마할과 같은 무덤 건축물을 건설하고 강 위에 다리를 놓고 양쪽을 다니게 하는 계획을 세웠다고 전해진다. 이슬람 가르침에는 이 세상에 종말이 오면 무덤에서 죽은 사람들이 모두 되살아나서 알라의 심판을 받을 때까지 자손대대로 잘살다가 잠든다고 믿고 있다는 설명이다. 황제도 죽은 왕비를 다시 만나 강 양쪽에서 살면서 낙원으로 갈 것을 믿었기 때문일 것이다.

그러나 세상은 권력자라고 해도 마음대로 되지 않는 것이 있다는 교훈을 남기려 했는지, 또는 권력은 무상한 것인지 황제 샤자한은 아들 아우랑제브에 의해 유폐 당하였고 아그라성 한 귀퉁이 쪽방 옥탑인 무삼만 버즈에 갇혀 살다가 그곳에서 쓸쓸히 세상을 떠났다는 설명이다. 아들 아우랑제브 황제는 아버지에게 마지막 효도로 죽은 뒤 어머니 무덤 옆에 안장해 주었다고 말했다. 타지마할 지하에는 샤자한 부부의 실 묘가 있다. 일층 중앙 원형 홀에는 중앙에 부인 묘, 좌측에 남편(샤자한) 묘가 관광객들에게 시달림을 받고 있다. 그들 부부는 하루에도 수천 명씩 구경꾼들의 시선을 받으며 외화를 벌겠지만 안락하게 잠들지 못하고 아들과 세상의 변화를 한탄하면서 누워 있는지도 모른다.

황제 샤자한은 사랑하는 아내의 묘를 세계적인 건물로 짓고 이름을 타지마힐로 지었다. 400년이 넘은 건물이 지금도 인도를 대표하는 세계적 건물로 이름을 날리니 부인의 사랑이 얼마나 크고 깊었는지 감탄하지 않을 수 없었다. 타지마할은 불야성을 이루고 있으나 지는 해가 서산을 넘으니 온 천지에 어둠이 밀려왔다.

『계간문예』 상상탐구 2022. 8호

꿈

정전협정 체결 후 65년 만에 처음 공동유해 발굴을 위한 지뢰제거 작업이 진행 중이란 기사를 보았다. 철원 비무장지대 화살머리고지에서 3km의 전술 도로를 연결했다는 내용이다. 만감이 교차했다. 1·4후퇴 시 월남한 실향민이라 더욱 그렇다. 인민학교 5학년 졸업반 때 월남해서 북쪽 생활이 생생하게 생각난다. 6·25전쟁을 치르면서 생사의 갈림길에서 극적으로 살아남은 이야기다.

통, 하고 150밀리 장거리포의 발사음이 멀리서 들린다. 자주 접하는 포사격에 시달리니 발사 소리만 들어도 저 폭탄이 어느 정도 거리까지 오는지를 대강 알게 된 것이다. 어느 날 부모님이 절고개 밭에 가셔서 콩을 뽑는 날이다. 점심때 절고개 밭에 놀러 갔다. 그냥 놀러만 간 것이 아니다. 때 없이 날아오는 포탄 때문에 항상 긴장하고 살 때다. 장거리포 발사 때 포탄의 오는 거리 방향을 알려드리러 간 것이다. 아니나 다를까. 콩밭에 이르렀을 때다. 금방 미군 정찰 비행기가 몇 바퀴 도는데 분위기가 심상치 않았다. 조금 있으니 통, 하고 장거리포 쏘는 소리가 들렸다. 부모님께 "장거리포 쐈어요. 조금 있으면 근처에 떨어질 만한 소리예요." 하고는 피신할 곳을 찾아 뛰었다. 급할 때는 부모 자식 사이에도 자기 살길을 찾는 것이 인간의 본능인가 보다.

혼자 몸을 피신하려고 큰 참나무 밑을 향해 뛰었다. 몇 초 후 팡 하고 포탄이 떨어지는 소리가 귀를 때렸다. 정신 차려 포탄 소리를 생각하니 우리가 먼저 살던 작은 산 넘어 풀무골 같았다. 파편이 천 미터 가까이 날아오니 참나무에 매미같이 붙어서 차렷 자세로 서 있는데 근처에 파편이 소낙비같이 떨어졌다. 참나무는 백 년이 넘은 고목으로 그늘이 좋아 근처에서 일하고 점심 먹을 때 모이는 장소다. 자주 다녀서 잘 아는 곳이다.

포탄이 우리 절고개 밭을 정조준한 것으로 생각되어 위험지역을 피하려고 다시 동네 쪽인 남쪽으로 계속 뛰는데, 또 퉁, 하고 대포 쏘는 소리가 들렸다. 2~3초 내에 은신처를 찾아 엎드리거나 비 안 맞는 곳을 찾아서 숨어야 산다. 포탄이 근처에 떨어질 때는 휘파람 소리가 안 나고 스스스 하는 소리가 난다. 몇 초 후 꽝 하고 포탄이 떨어졌다. 바로 우리 콩밭을 때린 것이다. 약 300여 미터 후방에 떨어진 것이다. 급히 피한 곳은 논 근처 말 묻은 언덕이 있는데 옆에 산이 무너져 아래쪽이 움푹 파인 곳에 몸을 던졌다. 조금 후 논물 위에 철썩철썩하는 소리가 나더니 내 발 한 뼘 근처에도 큰 파편이 몇 개 날아왔다. 두 번째 폭탄도 안 맞고 살았다.

다시 동네 윗말 외딴집 쪽으로 목숨 걸고 뛰는데 또 퉁, 하고 대포 쏘는 소리가 났다. 밭길인데 큰일 났다. 길 따라 도랑물이 흐르는 굽어지는 곳에 움푹 파인 물웅덩이가 있는데 개울물이 옷을 조금 적실 정도였다. 역시 파편은 비 오듯 했다. 어떤 파편이나 한 개라도 머리에 맞으면 바로 죽는다.

용하게 살아 다시 뛰어 윗말 상갑이네 집 마당 위쪽에 백 년도 넘은 큰 밤나무까지 왔다. 일단 큰 나무 큰 가지 밑을 찾아 몸을 피했다. 포탄이 바로 머리 위에 떨어지면 바로 죽지만 근처에 떨어지면 파편만 피하면 산다. 잠시 후 포성이 멈추고 평온을 찾았다. 그때서야, 아 부모님은 어디 계실까, 아랫동네 할아버지는 무사하실까? 걱정이 온몸을 감쌌다.

물고랑에 몸을 피할 때 물이 꽤 깊어 온몸이 다 젖은 상태로 집에 왔다. 모두 무사하셨다. 이 일이 있은 지 몇 달 후 아버지는 월남을 작정하시고 피난 못 간 동네 20여 명과 함께 남으로 길을 떠나셨다. 1·4후퇴니 상당히 추었던 기억이 난다. 11살배기가 네 살 먹은 사촌동생을 업고 임진강 상류인 듬밭강을 건너 수십 리 길을 걸어 군부대가 있는 곳까지 왔다. 이곳은 영국군이 관할하는 지역이었다. 그때는 전시라 사람 목숨이 파리 목숨만도 못할 때다. 피난 나오다 죽은 사람도 많았는데, 우리 일행은 낙오자 없이 모두 영국군에 인계되었다.

여기서도 영어를 몰라 오케오케이 하다가 죽은 사람도 있었단다. 우리는 아버지가 일본말을 잘하셨고, 마침 영국군 장교 중 2차대전 때 참전해 일본말을 배운 장교와 의사가 소통되어 구사일생으로 무사히 살 수 있었다. 그때 이북 돈, 금반지 등 귀금속은 모두 빼앗겼다. 그래도 죽이지 않았으니 운이 좋은 것이다. 몇 시간을 기다리게 하더니 차를 타라고 했다. 차는 나중에 알았는데 제무시(GMC)였다. 무등리라는 곳에서 어두운 밤을 뚫고 얼마를 가더니 내리라고 했다. 한참 후 화물열차를 탔다. 나중에 어른들 말씀을 들으니 이곳이 고향과 같은 연천군 전곡이란다.

화물차는 석탄을 운반하는 차로 그냥 통칸이었다. 검은 석탄가루가 바닥에 그대로 남아 있었다. 밤새도록 굶고 석탄차를 타고 가다가 내린 곳이 평택역이고, 다음 날 점심때가 되었다. 몇 끼를 굶고 밖으로 나오니 모두 기진맥진한 얼굴에 석탄가루가 묻어 새까만 얼굴에 눈알만 깜박거렸다.

그때는 평택역이 아주 작은 역이었다. 우리는 마침 짐 속에 밤이 한 되가량 있어서 나무를 사서 조금 있는 쌀로 죽을 끓여 먹고 허기를 달랬다. 얼마를 기다렸을까? 긴 시간이 흘렀다. 어둠이 깔린 밤. 뚜껑도 없는 트럭이 와서 짐 실 듯 태우더니 어디론가 달린다. 짐차는 몹시 추웠다. 덜컹대는 비포장도로는 배고픈 피난민을 더 힘들게 만들었다.

밤중에 내린 곳은 포승면 면사무소 마당이다. 한참을 기다리니 길 건너 허름한 거미줄이 낀 시멘트 바닥인 창고로 몰아넣었다. 담요도 없어 춥고, 배고프고 칼바람 부는 정월, 한겨울 매서운 날씨가 우리들의 어두운 미래를 보여주는 것 같았다. 며칠 만에 죽음에 아주 가까운 인생의 피맺힌 한을 농축한 삶이 시작된 것이다. 밥 굶기를 밥 먹듯 하는, 기한도 없는 피난민 생활을 상상하니 참으로 앞이 캄캄했다.

새벽 네 시 반 알람 시계 종이 울려 깨니 68년 전 죽음의 상황에서 살아나온 생생한 일들이 꿈에 재현되었다. 다른 점은 두 번째 말 무덤 비탈에 숨었던 자리가 산사태로 말의 뼈가 앙상하게 모두 보이는 것이 달랐다. 65년 만에 남북의 길이 트였는데 왜 그런 꿈을 꾼 걸까? 알 수 없는 것이 꿈이다. 미래 희망적인 꿈이 아니라 지난 경험의 꿈이라 아쉬운 생각이 들기도 했다. 하지만 꿈은 꿈이다. 음력 11살 때 일어난 일이니 참 오래도 산다는 생각을 했다. 해방 전 일본 학교도 다녔으니까.

경종의 묘(墓) 의릉(懿陵)에서

봄꽃들이 만발한 5월 초 서울 시내 성북구에 있는 왕릉을 구경했다. 따뜻했던 날씨가 구름이 약간 덮이더니 제법 추웠다. 한 많은 경종의 시샘일까?

천장산 동쪽 완만한 경사지에 왕과 왕비의 봉분이 동쪽을 향해 있다. 앞에는 선의왕후 산 쪽 높은 곳에는 경종왕의 능이다.

실록에는 의릉은 1724년 경종이 사망한 후 현재의 자리에 조성되었다. 6년 뒤 선의왕후가 세상을 떠나자 경종의 능 아래쪽에 선의왕후의 능을 조성했다. 이렇게 능을 위아래로 조성한 이유는 풍수지리상 생기가 왕성한 정혈(正穴)에서 벗어나지 않도록 하기 위함이란 설명이 있다. 경종과 선의왕후 주변에는 각각 관복을 입고 왕을 보좌하는 모양의 문인석(文人石), 갑옷을 입고 왕을 호위하는 무인 모습의 무인석(武人石), 어두운 사후 세계를 밝힌다는 뜻의 장명등(長命燈) 왕의 혼이 노닌다는 혼유석(魂遊石) 등의 석물을 갖추었다. 경종의 능에만 봉분의 서쪽 남쪽 북쪽에 둘러놓은 담장이 있다. 통칭 곡장(曲墻)이라 부른다. 의릉의 무석인은 갑옷

아래에 표범 가죽을 두른 모습으로 조각된 것이 특징이다. 표범 가죽은 둥글게 말린 꼬리까지 표현되어 있다. 선의왕후 능의 왕릉을 지키는 호랑이 모양의 석물 석호(石虎)는 다른 왕릉의 석호와 달리 꼬리가 등 위까지 올라간 모습이다. 제향을 지내는 정자각은 정전 양옆에 한 칸씩 익랑(翼廊)을 추가하였다. 익랑이란 문 좌우에 잇대어 지은 행랑(行廊)으로 교회 건축에서 볼 수 있는 신랑과 직각으로 교차되어 있는 회랑을 의미한다.

능 입구에는 금천교가 있다. 이 다리는 능역과 속세를 구분한다는 돌다리로 물은 오른쪽에서 왼쪽 방향으로 흐른다. 조금 들어가면 홍살문이 나온다. 이곳부터는 신선한 곳을 의미하는 붉은 기둥의 문이다. 주로 왕릉의 정문 격이다. 정자각까지 직선으로 두 길이 있다. 왼쪽 길은 향로이다. 제향을 지낼 때 제관이 향과 축문을 들고 가는 길이라고 한다. 오른쪽에 붙은 길은 어로라 부르며 왕이 제향을 올리러 올 때 다니는 길이란 설명이 있다. 홍살문 바로 앞 우측에는 왕이 능이 있는 구역에 들어서면서 경건한 마음으로 기다리는 자리가 있다. 판위(板位)라고 부른다. 어로 왼쪽 중간쯤에는 제향에 올리는 음식을 준비하는 건물인 수라간이 있다. 의릉에는 수라간 건물과 우측 중간지점에 있는 능지기가 머무는 수복방(守僕房)이 있는데 건물이 없다. 직선으로 가면 정자각이 있다. 제향(祭享)을 지내는 건물이다. 규모가 제일 큰 집이다. 입구에 제사상의 견본도 전시해 놓았다.

왼쪽 뒤에는 제향을 지낼 때 사용한 축문을 태우는 곳인데 예감(禮監)이라 부른다.

정자각 바로 뒤에는 신로가 있다. 정자각 뒤에서 능상으로 향하는 왕의 혼이 다니는 길이라고 한다. 우측에는 비각이 있다. 비석은 단칸 기와집인데 안에 비석이 있다. 내용은 중앙에 '조선국경종대왕의릉(朝鮮國景宗大王懿陵)' 왼쪽에 '선의왕후비(宣懿王后神)'라고 써 있다. 능 쪽으로 조금 가면 산신석(山神石)이 있다. 왕이 있는 산신령에게 제사를 지내는 곳으로 보통 산신제 지내는 곳이라고 말한다.

능의 여러 이름이 있다. 왕이 잠들어 있는 곳을 봉분(封墳)이라 부른다. 봉분을 보호하기 위해 봉분 둘레에 둘러놓은 돌을 병풍석(屛風石)이라 한다. 봉분을 둘러싼 울타리 돌을 난간석(欄干石)이라 부른다. 왕릉을 지키는 양모양의 돌을 석양(石羊)이라 한다. 왕릉을 지키는 호랑이 모양의 석물을 석호(石虎)라고 부른다. 왕의 혼이 노니는 곳을 석상(石床)이라 한다. 멀리서도 능을 알 수 있게 봉분 좌우에 세우는 돌기둥을 망주석(望柱石)이라 한다. 문인석이나 무인석 뒤나 옆에 두는 말 모양의 석물을 석마(石馬)라고 한다.

『왕조실록』을 보면 경종은 4년 3개월의 짧은 집권으로 큰 업적을 남기지 못한 왕이다. 남인과 서인의 당파 싸움으로 권력이 바뀌는 어려움도 겪었다. 아버지 숙종은 45년 11개월을 집권했고 21대 이복동생인 영조는 51년 8개월을 집권했으니 사이에 낀 경종은 정책도 없어 존재감이 거의 없었던 같다.

숙종의 원자로 태어나 수많은 반대에도 세자로 봉해진 후 30여 년간을 세자로 있으면서 많은 사건들을 보았을 것이다. 당파 싸움과 궁궐 내 남인 노론 소론의 싸움으로 송시열(宋時烈) 같은 원로 학자가 처형당하고 그의 나이 14살 때 엄마 장희빈이 독약

143

을 마시고 죽는 것을 지켜볼 때 힘없는 세자의 심정이 어떠했을까?

야사에는 사약을 받기 전 어머니 장희빈이 세자를 보고 싶다고 애원해 만났는데 전주 이씨의 씨를 갖지 못하게 한다면서 세자의 국부를 잡아당겨 아이를 갖지 못하게 되었다는 설이 있다. 드라마에도 그런 장면이 있었다는데 보지 못했다. 믿거나 말거나 하는 설이지만 경종은 자손이 없다고 실록은 기록하고 있다. 장희빈이 지금까지 악녀로 알려진 것이 그녀 자신의 선택인지 생존을 위해 발버둥친 것인지는 자신만이 알 것이다. 사관이 쓴 짧은 기록으로 여러 가지를 상상하며 유추해볼 뿐이다.

경종은 애증의 대상이었을 숙종과 이복동생 영잉군(훗날 영조)에 대한 복잡한 심경을 드러내지 않고 스스로 인내한 것으로 생각된다. 저주나 오해보다는 사랑과 화합을 생각하고 사소한 오해가 갈등으로, 작은 불꽃이 큰불로 번지는 것을, 돌아가신 어머니를 생각하며 스스로 삼켰는지 모르겠다. 역사 속에 경종(景宗)을 생각하며 아내와 같이 의릉 너머 서산(西山) 아래로 지는 해를 한참 바라보았다.

『PEN문학』 2022. 7, 8월호

달력을 보면서

각 대학에서 선발된 학생들이 서울 시청 앞 광장에 모였다. 윤태일이 서울시장일 때로 생각난다. 많이 모인 대학생들은 시청 관계자의 호명으로 각자가 갈 곳을 배정받고 현지로 출발했다.

나는 전라남도 완도군 금일면 금당도로 배정받았다. 목포 쪽으로 가는 일행과 함께 가서 각자 배정받은 지역으로 떠났다. 우선 완도군청 소재지로 가는 배를 탔다. 군청 근처에 사는 대학 친구를 찾아 일박했다. 다음날 지정받은 금당도 가는 여객선을 탔다. 작은 배는 작은 섬 여러 곳을 들렀다. 얼마를 가니 망망대해가 앞에 보인다. 작은 배에 집채만 한 파도가 덮쳤다. 야, 이제 죽는구나 하며 봉사활동 나온 것을 후회도 했다. 목적지가 얼마나 남았는지 승객 아저씨께 물으니 한참은 더 가야 한다며 이곳이 파도가 심하기로 유명한 청산도 앞바다라고 설명해 주셨다.

몇 시간을 고생하고 금당도에 도착해서 금당국민학교를 찾아갔다. 서울시에서 준 증서를 보여주니 꽤 높은 산을 넘어가야 된다고 했다. 금당도는 달걀 같은 타원형의 작은 섬인데 산이 제법 높았다. 동쪽이 중심지이고 산 넘어 서쪽은 50여 호가 사는 어촌이다. 지금은 금일면에서 분리되어 금당면이 되었다고 한다. 산짐승도 있다는 무서운 고개를 넘어 이장님을 만났다.

혁명정부에서 발행한 증서를 보여주고 1주일을 보내게 되었다. 금당도 전체 학부모들과 학생들을 상대로 초등학교 운동장에서 정부 시책을 설명했다. 방학 중이라 많은 학생과 학부형들이 모여 강연을 듣고 의심나는 점은 질문하고 답하는 시간을 가졌다. 강의 내용은 가지고 간 교재를 중심으로 몇 번 설명회를 가졌다.

첫째는 혁명공약을 설명했다.

1. 반공을 국시의 제일의로 삼고 지금까지 형식적이고 구호에만 그친 반공태세를 재정비 강화한다.
2. 유엔헌장을 준수하고 국제협약을 충실히 이행할 것이며 미국을 위시한 자유 우방과의 유대를 더욱 공고히 한다.
3. 이 나라 사회의 모든 부패와 구악을 일소하고 피폐한 국민 도의와 민족정기를 다시 잡기 위하여 청신한 기품을 진작시킨다.
4. 절망과 기아선상에 허덕이는 민생고를 시급히 해결하고 국가 자주 경제 재건에 총력을 경주한다. (하략)

또 다른 교재는 당시 국가가 어려워서 농업 어촌의 많은 국민들이 어려움을 겪고 살고 있다는 내용이다. 농어촌 고리채 정리도 두꺼운 책자로 공부하고 대운동장에서 몇 번 강의도 했다. 많은 질문도 받고 토론 형식의 대화도 했다.

서쪽 동네를 가려면 깊은 밤에 산속을 혼자 넘어야만 했다. 산속에는 야생동물이 있으니 주의하라고 알려주었다. 젊지만 겁이 났다. 산 동물들은 불을 무서워하니 성냥을 기지고 가다가 머리가 쭈뼛하면 성냥불을 켰다가 끄라고 하셔서 2번 불을 켰다가 끄기도 했다.

서쪽 초등학교 분교는 1학년부터 6학년까지 학생이 모두 10명이었다. 목포사범 나온 선생님이 복수 수업을 하고 있었다. 나도 사범대학 재학 중이라 유심히 살펴보았다.

일정을 마감하고 서울로 떠나는데 김종부 이장님이 고맙다며 시골에는 가진 것이 없어 멸치를 선물로 드린다며 주셨다. 3킬로 정도 되는 멸치 상자를 끈도 없어 두 손으로 들고 다니니 힘들었다. 배를 타고 오다가 소록도를 들러 여수로 왔다. 고마운 선물이지만 힘이 들어 여수에서 멸치상점을 찾아 헐값에 팔아 교통비로 긴요하게 사용했다.

문득 달력을 보니 5월도 중순이 지났다. 근로자의 날을 시작으로 어린이날, 부처님 오신 날, 유권자의 날, 동학농민혁명 기념일, 식품 안전의 날, 스승의 날, 성년의 날, 5·18민주화운동 기념일, 발명의 날, 부부의날, 바다의 날 등이 있다.

16일에 5·16 군사정변(혁명)의 날은 없다.

역사는 승자의 편이라고 누가 말했던가?

『문학생활』 2022. 겨울호

에르미타주 박물관의 작품들을 감상하다

　대표급의 여러 방과 작가와 대표적 작품들에 대한 설명을 들었다. 궁전 남쪽 건물로 가면 5개의 홀을 이어 만든 로코코 시대의 프랑스 예술관이 있다. 1838년에 지은 이 예술관에는 18~19세기의 러시아 전쟁사의 사건을 테마로 한 작품들이 전시되어 있다. 이곳은 초기에는 예카테리나 대제의 방을 포함한 주거 공간이었다고 한다. 그리고 남동쪽에 있는 2층으로 된 매우 우아하게 장식된 공간에는 동양의 응용미술 희귀품이 전시되어 있다. 예카테리나 2세는 이 중국식 2층을 '나의 에르미타주'라고 불렀다고 설명했다.

　겨울궁전과 에르미타주 구관 및 신관의 앞쪽 내부를 구성하는 홀들 중에는 세계적인 수준의 것들이 있다. 그중 몇 가지를 소개한다. 소옥좌관으로 부르는 표트르 홀과 대옥좌관으로 불리는 게오르기 홀, 공작석(孔雀石), 원형 천장의 방, 알렉산드르 홀, 황금실, 전망 홀, 세계 3대 천재의 한 사람인 라파엘 회랑 등이 그것이다.

　높은 예술성을 가진 박물관 건물의 내부 장식들은 그 자체로서 이미 귀중한 가치를 지니는 것이다. 지난 시대 사람들의 뛰어난 재주를 보며 감탄했다. 각 홀과 회랑을 돌아보며 세계 여러 민족들의 문화도 보았다. 각각의 전시품들은 아주 작은 것에서부터 큰 것에 이르기까지 모두 다 그 가치를 화폐로 환산할 수 없을 만큼 놀랄 만한 것들로 보였다. 원시 시대의 문화와 고대 그리스, 로마 시대의 예술을 대표하는 작품들을 비롯하여 레오나르도 다빈치, 티치아노의 작품도 바로 앞에서 보았다.

레오나르도 다빈치 최고의 걸작은 루브르 박물관에 있는 「모나리자」이지만 이곳에 전시되어 있는 「리트의 마돈나」도 유명하다. 베누아의 마돈나(1478년)을 비롯한 수많은 인물을 그렸다. 이탈리아 출신으로 조각가 과학자 미술가 철학자 토목기술자 해부학자 등 만능 예술인으로 르네상스 시대 세계 3대 천재로 불렸다. 엘 그레코 방에는 「베드로 사도와 바울 사도」 작품이 있다. 렘브란트의 「다나에」와 「돌아온 탕자」, 「플로라의 모습을 한 사스키아의 초상화」도 유명하다.

루벤스의 방에는 「흙과 물의 연합」, 「젖 물린 딸」 등 40여 점이 있다. 면회 온 딸이 감옥에 있는 아버지의 건강상태가 나쁜 것을 보고 아버지에게 자기 젖을 물려 영양을 보충해 주는 그림이다. 딸의 젖을 빠는 아버지 얼굴과 딸의 얼굴을 보는 순간 나도 모르게 눈시울이 붉어지며 눈물이 주르르 흘렀다. 고정 관념에는 맞지 않지만 그녀는 효녀임이 틀림없다. 폴 고갱의 「과일을 들고 있는 여자」, 「기적의 샘물」과 15점의 작품이 전시되어 있다. 프랑스 후기 인상파의 화가로 상징주의 회화의 제 일인자라고 설명했다.

파블로 피카소의 관에는 「부채를 들고 있는 여인」(1908년), 「소년과 개」(1905년), 「압생트를 좋아하는 여인」(1901년) 등 30여 점의 작품이 전시되어 있다. 작품은 당당한 양감(量感)을 자랑하는 육체, 밝은 색채와 표정, 명확한 앵글의 윤곽선과 약동감이 특이하게 보였다.

에르미타주 박물관에는 이탈리아가 아끼는 미켈란젤로의 작품 「몸을 웅크리고 있는 소년」 한 점이 있는데 이것이 러시아에 있는 유일한 조각상이라고 한다. 작품은 거칠거칠한 비평면적인 대리석 조각 위에 빛이 발산하는 듯하며 마치 청년의 숙인 몸체를 꿰뚫는 긴장을 강조하고 있는 듯이 느꼈다. 얼굴은 그냥 조각구도로 슬쩍 마무리한 것 같으나 용수철처럼 튀어 오를 듯이 준비된 뭔가에 의해 죄어져 있는 견디기 힘든 압력에 힘껏 눌려 있는 것 같았다. 다리에 힘 있게 튀어나온 근육을 통해 몸체는 조각가의 의도를 말해 주는 듯했다. 또 다른 작품으로는 「계단의 성모」, 「천지창조」, 「최후의 심판」 등 역사적인 그림도 보았다.

베르니니의 방에는 여인의 상반신 조각상 「다비드」가 있다. 조각은 역동적인 모습을 표현하고 있다. 로댕의 방에는 다양한 작품들이 있다 유명한 조각상 「영원한 봄」이 있다. 그의 작품 「최후의 심판」, 「영원한 청춘」, 「생각하는 사람」 같은 귀중한 작품들도 보았다. 러시아 최대의 고 화폐(古貨幣) 컬렉션도 독방에서 보았다. 러시아의 문화예술은 광대하고도 풍부하다. 설명할 화가들이 많다.

루카스는 「비너스와 아무르」(1509년) 포함해서 4점의 작품이 있다. 푸생은 프랑스 고전주의 창시자로 「폴리 펨이 있는 풍경」

(1649년)이 있다. 인상파로 유명했던 폴 세잔(1839~1906년)은 「머리를 긁고 있는 사람」과 「에크사에 가까운 큰 소나무」(1890년대 말)가 있다. 정물화 사과와 오렌지가 유명하다. 다비드는 프랑스 신고전주의 학파로 나폴레옹과도 친분이 있다고 한다. 작품 「사포와 파온」(1809년)이 있다. 작품은 선명한 그림으로 여인 3명이 자연스러운 포즈를 취하고 있다. 르누아르는 나부(裸婦)와 소녀들의 풍만한 매력을 그린 작품으로 알려진 화가다. 3층에 있는 그의 방에는 「부채를 든 여인」, 「여가수」, 「여배우 잔나 사마리 초상화」(1878년) 등의 작품도 보았다.

궁전의 많은 방들에는 모두 에르미타주의 여러 전시품들이 전시되어 있다. 총 353실(室)에 이르는 전시품 중 동궁을 포함하여 125실을 차지하는 서유럽 미술 수집품은 르네상스에서 근세에 이르는 명화들이라고 한다. 세계적인 박물관으로서 손색이 없어 보였다. 그중 원시 미술과 동방의 문화 부문은 이미 소비에트 시대에도 있었다고 한다.

세계에서 뛰어난 서유럽 회화전 중의 하나라는 찬사를 받고 있는 에르미타주 박물관은 세계 문화의 거대한 기념품 보관소로 인정받고 있다. 스키타이족의 분묘에서 발견된 보물들도 보았다. 이란 고대민족의 은 세공품, 페르시아 양탄자도 볼만하다. 중국 도자기, 고대 이집트의 조각상들, 비잔틴의 성상화도 자세히 보았다. 러시아인에 의해 만들어진 주화, 보석, 장식품, 무기, 뼈 세공품 메탈 목조 석조 세공품도 모두 볼만했다. 고대 유적 발굴 작업과 학문적 탐사 수집가들의 기증품도 전시되어 있다. 이러한 에르미타주의 유명한 걸작품들은 러시아 황제들의 수집 열의로 서유럽의 유명 작품을 모을 수 있었다는 생각을 했다. 옥상에도 조각상이 많이 보이는데 170여 개나 된다고 안내인이 설명했다.

층별 전시실로 가기 전에 넓은 입구에 제일 먼저 보이는 것이 황금마차다. 예카테리나 2세가 타고 다니던 마차란다. 전시실 입구 복도 우측 벽에는 표트르 1세의 대형 초상화가 걸려 있다. 조금 지나면 23년간 재위했으나 비운의 러시아 마지막 황제가 된 니콜라이 2세의 초상화도 보았다. 그는 혁명군에 사살되었다며 긴 설명을 해주었다.

연결된 방을 계속 보았다. 공작새의 방이 있다. 이 방은 모두 모자이크로 되어있다. 손님을 접대하던 방이었다고 한다. 다음은 공명(共鳴)의 방으로, 음악의 방이라고 부른다. 오르간과 여러 악기가 전시되어 있다. 담배 피우는 방도 있다. 이곳은 아편을 맞던 곳이 아닌가 의심이 간다고 안내인이 설명했다. 황실 서재도 보았다. 계속된 방을 따라가면 아기를 기르던 방도 보았다. 황실의 아이들을 기르던 방이라고 말했다. 황후는 모유를 안 먹였다고 한다. 카펫의 방도 있는데 여러 색이 조화를 잘 이루고 있다.

요르단 계단이라고 부르는 중앙 계단은 라스트렐리의 설계에 의해 지은 것으로 화재 이후 스타소프에 의해 복구가 이루어졌다고 한다. 초기의 설계가 잘 보존되어 있다. 천장 그림은 18세기의 이탈리아 화가 티치아니의 천장화를 이곳으로 옮긴 것이라고 한다. 올림픽 경기 내용이 그려진 방이다. 진실, 정의, 위엄, 지혜, 공정, 풍요를 상징하는 조각상이 그려져 있다. 계단에는 그레고리 홀과 발쇼이 교회로 향하는 통로가 있다. 붙어있는 건물로 계속 이어지는 방들이 계속된다.

표트르 홀은 러시아 군주제 창시자인 표트르 대제에 대한 모든 것이 설명되어 있다. 이 홀 역시 화재 이후에는 스타소프에 의해 원형 그대로 복원되었다고 설명했다. 이 홀은 아미코나의 「표트르 1세와 미네르바」라는 상징적인 그림이다. 낙관(落款)과 왕관, 쌍 머리 독수리 등 황제를 상징하는 물건들이 장식되어 있다. 스웨덴과 벌인 북방전쟁의 전투를 그린 유화 작품은 유명하다. 러시아의 위엄과 영광을 상징하는 공간으로 충분해 보였다. 이 홀에는 클라우젠에 의하여 1731년 런던에서 제작된 역사적 보물인 '안나 이오아노프나의 왕좌(王座)'가 있다. 나무로 만든 이 왕좌는 은도금으로 장식되어 있다. 등판 부분에는 러시아 국가 문장(紋章)이 은실로 수놓아져 있다.

문장관은 러시아의 군인 조각상이 세워져 있는데, 원래 창대에도 문장(紋章)이 있었으나 훼손되었다고 설명했다. 지금은 문장으로 장식된 금 방패 판만 보였다. 이곳에는 전쟁에 참전했던 장군들과 전후 장군 계급을 받은 초상화가 전시되어 있는데 모두 332점이라고 설명했다. 또한 작품을 미처 남기지 못한 13명의 초상화를 위한 자리도 남아있다. 이 초상화들은 알렉산드르 1세에 의해 조지 도에게 주문했던 것들이라고 설명했다. 화재 이후 전 초상화에 걸린 구조작업이 행하여지고 모두 제자리를 찾게 되었다고 한다. 다만 알렉산드르 1세의 초상화만 후에 크류게르라는 화가에 의해 더 장엄한 기마상으로 대체되었다고 한다.

게오르기 홀은 1787년부터 8년 동안 자코모 크바랭의 설계에 의해 만들어졌다는 설명이다. 이 옥좌관은 예카테리나 2세 집권기에 건설되었으며 바로크 양식으로 짓다가 중단하고 새로운 클

래식 양식에 의해 지어졌다는 설명이 있다. 거대한 2중창으로 된 공간은 현대인이 보아도 놀라울 정도다. 대화재로 전소된 후 니콜라이 1세는 가능한 한 게오르기관 전체를 백 대리석으로 만들라는 지시를 내렸다고 한다. 대옥좌관의 장엄함과 화려함은 니콜라이 1세의 지시로 백 대리석을 이탈리아에서 수입하여 사용했기 때문이란다. 각종 무늬로 옥좌석 위를 장식하고, 천장은 도금 무늬를 썼다고 하며 쳐다보라고 안내했다.

루벤스의 방에는 「십자가에서 내림」이라는 바로크 양식의 유명한 작품이 있다. 죽음에 임박하는 맥이 없는 예수의 몸을 핏기 없고 창백하게 축 처진 사실같이 잘 그렸다. 장엄하고도 고귀한 죽음으로 보이도록 표현한 것이 감동적이었다.

게오르기 홀은 호화찬란한 대리석을 사용하여 공사의 어려움 때문에 궁전의 다른 관들보다 공사가 많이 늦어져 몇 년 후에 개장했다고 설명한다. 러시아 황실의 모든 공식적 행사는 바로 이 홀에서 했으므로 황실 행사의 역사는 이 홀의 역사인 셈이다. 2층 전시실을 지나 3층으로 올라가는 복도에 우리나라 김흥수 화백 그림이 한 점 걸려 있다. 제목은 「승무」로, 1991년 전시회 때 전시하고 선물로 받은 작품을 전시한 것이라고 한다. 우리나라 그림은 이것 한 점뿐이다. 김흥수 화백은 유명한 화백이다. 지금도 작품이 있는지는 알 수가 없다.

박물관에 전시된 중요한 물품 중에는 곤자가 카메오라는 보석도 있다. 만타우 백작 곤자가의 부인인 이사벨 에스테가 소유하였다 하여 그런 이름이 붙었다고 하는데, 이 카메오라는 보석에는 헬레니즘 시대의 이집트 지배자인 프토레미 2세와 부인 알시

노에의 반면상이 장식되어 있다. 높이 15.7미터나 된다는 이 카메오는 세계에서 가장 큰 보석 중의 하나로 경석을 연마하는데 수년의 세월이 걸렸다고 설명했다.

　러시아 표트르 대제의 기념상을 만들기 위하여 초청된 프랑스 최대의 조각가 에티엔 모리스 팔코네는 프랑스에서 많은 작품을 만든 사람으로 알려져 있다. 에르미타주 수집품에는 이 조각가의 가장 인기 있는 주제를 다룬 작품들이 포함되어 있다. 그는 18세기 가장 인기 있는 주제인 큐피드를 여러 가지 재료를 써서 만들었다고 한다. 팔코네의 「손가락을 입에 가져다 대는 아무르」는 그 시대에 유행했던 조각상 중에서도 가장 유명한 것으로 알려져 있다. 우아하고 미적인 이 사랑의 신 형상은 그의 후원자 마르키즈 데 퐁파두르의 주문으로 그가 '사랑의 사원'을 위해 제작한 것이라고 설명했다.

　전체 관람코스의 끝부분에는 「다나에」라는 그림이 있다. 그리스 신화에 등장하는 인물로 제우스와 다나에의 만남을 성스러운 순간으로 묘사한 유명한 그림이다. 나오는 계단 머리 뒤에는 2층 높이에 큰 화면이 꽉 찬 세계적 명화가 전시되어 있다. 네덜란드의 거장 렘브란트의 작품 「돌아온 탕자」 그림이다.

　에르미타주 박물관은 영국의 '대영박물관' 프랑스의 '루브르박물관'과 함께 세계 3대 박물관으로 대우를 받는다. 영국과 프랑스의 박물관은 여러 번 가 보았으나 러시아에 있는 유명한 박물관은 처음 보았다. 미술공부도 많이 했다. 세계적 화가와 러시아의 문화 예술의 단면을 접하게 된 것이 생에 큰 행운으로 생각했다.

『문학생활』 2023. 여름호

대영박물관에는 무엇이 있을까

고대 그리스 시대 전시관에서 여러 가지 진열품의 설명을 듣고 보았다. 기원전 35세기~30세기경 에게해(Aegean Sea) 근처에 있는 키클라데스 제도에는 문명이 발달되었다고 한다. 여기서는 대리석 입상과 정교한 석기 그림이 그려진 토기를 생산했다고 한다. 기원전 25세기~15세기 사이 에게문명의 중심은 남쪽 크레테 미노아의 문명으로 옮겨 갔다는 설이 있다고 한다. 이때 미노아의 부(富)는 대단하여 화려한 궁전과 정교한 미노아 보석이 있었다는 설명이다. 에게해 전 지역에서 조각 귀금속 인장 등이 발견되었다는 기록도 있다. 기원전 20세기로 추정되는 키클라데스의 멜로스 제도에서 초 중기에 발견된 여러 겹으로 된 수공 화병도 전시품에서 볼 수 있었다.

기원전 17세기~15세기경에 발굴된 '동물의 주인'으로 보물에 속한 미노아의 금장식품이 있다. 이 조각상은 두 손에 각각 물새 한 마리씩을 잡고 있으며 양식화되어 식물같이 보이는 것이 양옆에서 받치고 있는 조각이다. 아주 정교해 보였다. 세 번째는 '손잡이 둘이 달린 미케네그릇 혹은 용기'로 표면에 이륜마차들이 줄지어 그려져 있다. 기원전 1350년~1325년경으로 추정되는 시기에 발견된 이와 같은 미케네 물건들이 당시 인기 있었던 키프러스 성에서 나왔고, 이것이 전시품으로 진열되어 있는 것이다. 네 번째는 '청동투구'인데 이는 올림피아에서 사용된 에트루리아의 투구이다. 기원전 474년 해전에서 에트루리아가 히에론의 지배하에 있던 시라쿠사에게 패배했다는 글이 새겨져 있다.

그 외 몇 개를 더 보면 '거대한 모소로스 상'으로 할리카나수스에 있는 모소로스 왕의 영묘가 있는 모솔리움에서 발견한 것이다. 모솔리움은 기원전 4세기쯤 고대 세계에서 세계 7대 불가사의에 하나로 알려져 있던 유명한 곳이다.

그 밖에 여자 새(사이렌)가 있다. 리시아의 크산토스에 있는 '하피무덤'에서 찾은 것으로 작은 여인상을 움켜잡고 있는, 머리는 여자인데 몸은 새(鳥)이다. 기원전 470년에서 460년 사이 사이렌(여자 새)은 죽은 사람을 지하 세계로 옮길 때 동행하고 그들이 무덤을 지키는, 그리스 신화와 예술에 가끔 등장하는 요정이라고 설명했다.

또 베르베르인의 '청동두상'도 볼 수 있다. 키레네에 있는 아폴로 신전에서 발견한 것으로 기원전 350년~300년경으로 추정하는데 이는 아프리카를 포함한 지중해 전역에도, 그리스 식민지가 있었음을 유추할 수 있는 두상으로 중요한 의미를 지니고 있다. 기원전 480년~470년으로 추정되는 '아테네의 붉은 인물 조각'도 전시장에서 볼 수 있다. 화병의 설명은 호메로스의 서사시 오디세이의 장면을 묘사한 것으로 영웅 오디세우스가 유혹을 받고,

따라가는 것을 방지하기 위해 배의 돛대에다 자신을 잡아매고 사이렌의 노랫소리를 듣고 있는 내용으로 풀이했다.

　영국 전시장에서 많은 전시품을 보았다. '플린트 주먹도끼'를 보았다. 이것은 영국 서포크 혹스니에서 기원전 3500년 전 것으로 전시품 중 가장 오래된 전시물이라고 한다. 전시품 중에는 영국 요크셔 러스턴에서 발견한 기원전 2200~1500년으로 추정되는 청동시대 물범 모양의 그릇을 무덤에 매장한 것으로 추정하는 '종 물컵'이 있다. 또 기원전 1700~1400년 영국 콘월 릴라톤에서 출토된 금으로 만든 '금 컵'이 있다. 기원전 3800년 된 '신석기시대의 길'로 베어진 나무를 놓아 만든, 세계에서 가장 오래된 길이다. 또 기원전 2500~2000년경 만들어진 '폴리톤북'으로 화려하게 조각된 고형석회암 원통으로 되어 있다. 이때로 추정된 시기에 의식용 옥(玉)도끼가 발견되었다. 이 대형 의식용 도끼는 열대 저지대에서 가장 무서운 포식동물인 악어와 표범을 합병한 고분에서 출토된 것이라고 한다.

　중남미관을 보았다. 기원전 30세기~20세기에 중미 멕시코에서는 농경생활을 한 증거들이 나왔다. 기원전 12세기에서 2세기경 전후로 멕시코 동쪽 멕시코만에서 올멕 문명이 발달했다는 기록이 있다. 올멕 문명은 원주민 언어인 나우아틀어로 '고무가 나는 곳에서 사는 사람들'이란 의미라고 한다. 올멕 문명이 멸망한 후 마야 문명이 뒤를 이었다. 마야 문명 때에는 왕족들이 통치하던 왕정 국가로서 농업이 발달하였고 국민이 모두 잘살았다. 이때 나온 상형문자는 비문에 새겨져 있는데, 왕족의 족보와 군사들의 원정 내용과 왕이 주재한 의식 등이 새겨져 있다고 설명했다.

기원 1~2세기 전 무렵 북부의 도시에는 종교가 생겼다. 그 후 태양을 숭배하는 피라미드와 조각품이 나왔다. 전시품 중에는 서기 770년 마야 문명이 발생했던 멕시코에서 발견된 '조각이 된 돌 상인방(上引枋)'도 있다. 상인방은 새(鳥)와 표범(虎)과 신(神)의 힘을 취득한 기념으로 조각한 것으로 조상들의 영혼과 접속해 전쟁에서 승리하고 제단에 바칠 재물을 잡게 해 달라고 비는, 유혈의식을 묘사한 것으로 풀이했다.

16세기 초 아스텍은 각 왕조 간 동맹이나 전쟁을 통해 지배세력으로 부상했다. 아스텍은 멕시코를 통일하고 종교적 군사적 모든 생활을 지배하고 아스텍 문명을 꽃 피웠다. 이 시기에 비취옥 터키옥 금과 기타 귀금속으로 화려한 가면과 의식용 물건을 만들었다는 기록도 볼 수 있었다. 1515년 스페인이 정복했을 대 아스텍은 중미의 부유한 국가였다. 이때 중미와 남미와의 문화교류가 있었다는 증거가 있다. 근거는 토기 모양과 야금술에 잘 나타나 있다.

전시품 중 '터키옥 모자이크 가면'을 보았다. 아스텍 왕실이 숙련된 공예자들에게 모자이크 걸작과 같은 최고급 보석 세공 작품을 만들게 하였다. 여기 전시품에는 창조자 테즈카트리포카의 모자이크 가면 '담배 피우는 거울'을 보았다. 옆에는 톰바가(금과 구리의 합금)로 만든 킴바야 양식의 라임병이 있다. 기원후 400~900년대 작품으로 추정되는 이 작품은 가운데 부분에는 구멍이 있고 머리꼭지를 열 수 있다. 코카 잎을 씹을 때 먹는 라임 가루를 저장했던 용기(用器)로 추정한다고 설명했다.

지금 남미 페루에는 안데스산맥과 기름진 계곡이 있다. 역대

제국들이 생성(生成)하며 풍부한 예술 작품을 만들었다. 작품 중 자기그릇 '모치카'는 6세기 후반에서 8세기 초의 작품으로, 페루 해안인 태평양 연안 모체 문화에서 생산된 도자기로 만들었다는데 기술도 대단히 정교하게 보였다. 모체계곡의 모치카 사람들은 인물 토기(人物土器)의 무늬를 넣어 짠 직물(織物)이 유명하다고 설명했다. 페루 사람들은 금, 은, 구리, 청동으로 정교한 작품을 잘 만든다고 자랑했다. 찬란했던 옛날 페루는 쿠스코를 수도로 한 찬란했던 잉카 문명이, 1534년 스페인의 침공으로 잉카제국이 자랑하던 발달 된 건축 공법으로 만든 도로와 건축물은 모두 폐허가 되고, 이후 수백 년간 스페인의 통치가 계속되었다고 한다.

전시장을 돌면서 일본관과 미국관도 보았다. 일본은 6세기 고분시대의 저온으로 구운 적색 토기와 17~18세기경 500년 전통의 가면과 채색 나무 조각 등을 보았다. 미국은 1900년경 와이오밍 주 아라파 호에서 발굴한 '노란송아지 머리장식'이 있다. 독수리 깃털, 붉은 직물 교역품 유리구슬 말가죽과 말털 등으로 만든 것이라는데 빈약해 보였다. 다른 하나는 화살을 곧게 펴는데 사용한 상아도 전시되어 있다. 1850년경 알래스카의 이누피악에서 발견된 것으로, 세속의 칼에는 순록상자 두 개가 조각되고, 춤추고 사냥하는 장면이 자루에 새겨져 있다. 그밖에 '카트 톨링 키트 담요 혹은 망토'란 제목의 장식품도 전시되어 있다.

인도관도 보았다. 나라의 크기와 역사를 감안하면 볼 것이 별로 없는 편이다. 이유는 19세기 중순 영국이 인도를 흡수 통일하고 자국으로 판단하여 국보급 유물들을 인도 자체박물관에 보관해 둔 이유도 있을 것이다. 인도에서 예술 활동의 시작은 기원전

8000년으로 보지만 최초의 도시문명은 기원전 3000년경으로 본다. 인도도 4대 문명의 발생지인 인더스강과 갠지스강 유역에서는 많은 유적과 유물이 발견되었다고 설명했다. 기원전 2000년경 도시가 쇠퇴하고 시골로 이주하는 사람들이 증가한 기록이 있다. 동시대로 추정되는 시기에 인더스강 유역에서 수백 개의 도장이 발견되었다고 한다. 동물과 문자가 새겨진 도장은 아직 정확한 판독을 못 하고 있다. 사업용으로 사용되었을 것으로 추정할 뿐이다.

기원전 1000년까지 구리가 사용된 증거가 있고, 이후에는 철로 옮겨왔다. 북인도의 언어가 산스크리트어로 일찍이 문학이 발전하였고 철학과 종교가 연구되었다. 이때 불교도 나오고 얼마 후 자이나교도 나왔다. 3세기 아쇼카 왕이 북인도를 통일하고 전쟁 중 희생당한 많은 국민과 제국의 권력 연장을 위해 불교를 국교로 정하고 왕 자신이 믿고 국민들을 믿게 하였다. 이때 불교는 융성기를 맞았다. 전시품 중에는 사라나트에서 발굴한 사암(砂岩) 불상이 있다. 카니시카 1세 시대에 금화도 전시되어 있다. 앞면에는 쿠산 왕의 얼굴이 새겨져 있고, 뒷면에는 쿠산 왕조 시대 양식인 이란의 태양신 미트라가 새겨져 있다. 이것을 보면 인도의 쿠산 왕조 때 동전을 사용했다는 사실을 알 수 있게 되었다. 3세기 조각상으로 아쇼카 대왕의 후원으로 건립되었고 불교신앙을 주제로 한 불(佛)사리가 봉안되어 있는 것도 볼 수 있었다.

인도는 12세기 후반 이슬람이 지배하면서, 이슬람의 규범이 도시 생활 속으로 스며들어 한동안 회교와 결합하여 절충형의 탑도 있으나 대영박물관에서는 볼 수가 없다. 델리 근교에 가면 쿠트

브미나르(qutob minar)라는 5층 탑이 있다. 1층은 힌두 양식 2, 3층은 이슬람 양식으로 되어 있다. 힌두-이슬람 양식의 융합 작품이다. 현장에서 많이 볼 수 있다.

중국관은 유럽 여러 나라에 비하면 빈약하다. 기원전 3500년 전으로 추정되는 옥 및 귀금속 조각이 전시되어 있다. 이 옥 조각들은 의식용뿐만 아니라 이승과 저승에서 나쁜 귀신들을 물리치는 보호 기능으로 사용했을 것으로 생각된다. 전시품 중에는 사슴뿔 같은 모양의 수호상도 있다. 건조칠기로 만든 동주(東周) 시대인 기원전 4~3세기로 추정하는 시기에 여러 가지 물건들도 보았다. 하남성 남부와 호북성 북부에서 발견된 초(楚)나라 유물도 있다. 무덤 앞에는 괴물 모습을 하거나 긴 혀를 내밀고 있거나 사슴뿔 같은 뿔이 달린 나무로 된 수호상(守護像)들이 세워져 있는 것도 볼 수 있다. 여기에는 청동으로 된 제기도 보았다.

기원전 1050~771년 서주(西周) 초 중기에 글씨가 새겨진 그릇이 있다. 이 그릇은 주나라의 역사적 인물인 주왕의 후예인 양왕을 위해 만든 것으로 추정한다. 청동으로 된 물건은 의식용과 예식용으로 사용되었고 여러 묘역에서 많이 발굴되었다고 설명했다. 그 외에도 서기 618년~1125년 당나라와 요나라 왕조 때 발굴한 머리 장식과 허리띠 장식도 전시되어 있다. 새와 꽃무늬 세공으로 장식하고 도금으로 마감 처리한 것도 있다. 명(明)왕조 선덕 연간에 나온 칠보 단지도 보았다. 칠보 자기는 궁이나 사원용으로 황실에서 주로 사용한 것으로 추측했다. 수생식물 사이에 고기가 그려진 자기 접시도 보았다.

14세기 초기 경덕진 가마에서 구운 고급백자에 수입된 코발트가 사용되었는데 이는 전 세계 자기에 큰 영향을 주었다고 한다. 중국은 황하 유역이 고대문명의 발생지로 역사적 유적도 많으나 영국에서 수집한 전시용품은 빈약하다. 중국의 역사 유물은 중화민국(대만) 고궁박물원에 가면 많이 볼 수 있다. 이곳에 전시품은 70여만 점이나 된다. 일 년에 2만 점씩 전시하면 30년 이상 보아야 모두 볼 수 있다. 대영박물관에는 귀중품이 별로 없는 것 같았다.

 한국관은 전시실 맨 뒤쪽에 한 칸 분량 별실에 전시해 놓았다. 아리랑의 은은한 배경 음악이 관람인의 마음을 즐겁게 했다. 노래와 한복 차림의 여인들이 웃는 얼굴로 관객을 맞이하고 있었다. 휴식을 취할 수 있는 의자도 있다. 신라 왕관을 비롯한 여러 가지 볼 만한 전시물도 있다. 다른 나라에 비하면 조금은 초라한 느낌을 받았다. 10여 년 전에 보았으니 지금은 많이 달라졌는지 모르겠다. 세계 여러 나라의 수많은 전시품을 보았다.

『문학생활』 2022. 봄호

대만의 민속

지우펀은 타이페이 시에서 버스로 한 시간 거리에 있는 산꼭대기 동네 이름이다. 가는 길이 험하여 일정한 거리까지는 버스를 타고 가다가 산 중턱을 지나 꼬불꼬불한 길이 나오면 작은 주차장에서 소형버스로 갈아타야만 갈 수 있다.

이곳에 가면 초입에 복잡한 좁은 골목들이 몇 개 있는데 자전거도 간신히 다닐 정도로 좁은 골목길이다. 길 양쪽에는 찻집 과일과 오징어 낙지 문어 참치 광어 등의 각종 생선 파는 집, 장난감 상점, 그리고 여러 가지 음식점이 촘촘히 연결되어 있다. 뱀 요리 지렁이 요리 각종 곤충의 요리도 판매하는 좀 특별한 점포도 보였다. 점포마다 각자가 좋아하는 음식을 먹으려고 주문하고 기다리는데 앉을 자리가 없는 점포도 보였다. 특유의 끓이고 볶고 지지고 삶은 음식을 파는 점포가 몇백 개는 되어 보였다.

이같이 산꼭대기에 큰 시장이 생긴 유래를 물었다. 설명은 일본이 지배하던 80여 년 전까지 이곳이 아시아 최대 광석 탄광이 있던 곳인데 탄광산업이 사양화되면서 흉물로 변한 곳이란다. 이 볼품없던 자연을 활용하여 관광지로 만들기로 한 아이디어가 적중한 것이다. 구조도 탄광촌의 옛 모형을 그대로 살려서 꼬불탕 꼬불탕 한 비탈길을 업종 구별 없는 불규칙적인 상가로 만들었다. 진입로 소방시설 등을 점검하는 선진국에서는 상상도 못하는 시장이다.

폐허로 수십 년 방치되었던 탄광촌 깊은 산속 동네 지우펀(九份). 그러나 자연풍광이 수려한 이곳이 「비정성시」(悲情城市)라는 영화 촬영장이 되면서 일반에게 알려지기 시작했다. 이 영화는 대만 초창기의 한 가정의 애화를 그린 작품이다. 영화를 촬영한 장소가 지금은 유명한 찻집으로 비탈진 가파른 계단 위에 있다. 더욱이 이 영화가 1989년 베네치아 국제영화제에서 그랑프리를 수상하면서 더욱더 유명한 장소로 온 나라에 소문이 퍼졌단다. 요즘 외국 여행하는 젊은이들은 특별한 여행지를 좋아한다. 유명한 영화 촬영지나 드라마를 촬영한 지역이 각광을 받고 있다. 대만 한국 일본 사람들은 영화나 드라마 촬영지를 가고 싶어 하는 공통점이 있다. 그래서 영화나 드라마를 촬영한 곳은 졸지에 관광명소로 자리매김한다. 남이섬이 유명해진 것도 같은 맥락으로 볼 수 있다. 지우펀은 비정성시 촬영 후 얼마 있다가 「온에어」라는 한국드라마를 이곳에서 촬영했다. 젊은이들이 알콩달콩 사랑을 키우던 계단 찻집 골목길과 앞에 보이는 바닷가 풍경이 시청자들이 가고 싶은 충동을 강하게 심어준 곳이다. 이후 타이페이를 여행하는 젊은 관광객들은 이곳을 가장 선호하게 되었다는 안내인의 설명이다. 우리나라에도 알려졌고 유명세를 타게 되었다고 설명했다.

영화 촬영 장소는 비탈길에 있는 3층 집인데 1, 2, 3층 모두가 커피점으로 영업하고 있었다. 비탈진 계단에서도 사진 찍기 좋은 자리를 차지하려고 많은 사람들이 질서 없이 몸싸움을 하느라 촬영하기가 힘들었다. 이 유명세를 탄 찻집에는 들어가는데도 긴 줄을 서서 한참을 기다려서야 들어갈 수 있었다. 차 한 잔 마시는데도 거의 한 시간을 기다려야 했다. 다음은 근처에 있는 「온에어」 드라마 촬영 장소에 가서도 한참을 기다려서 기념 증명사진을 찍을 수 있었다. 복잡한 골목 시장을 돌면서 한 시간 이상 구경했다. 대만인 특유의 상술을 보면서, 이렇게 높은 산 위에 매일 수천 명이 온다는 안내인의 설명을 듣고 깜짝 놀랐다.

이곳에서 좀 떨어진 곳에 폐 철길이 된 기찻길을 따라 버스로 한참을 가니 스펀(十份)십빈이란 동네가 나왔다. 이곳도 광산촌을 관광특구로 만든 곳이란다. 철길 위에 양옆으로 특이한 연을 만들어 파는 상점들이 십여 개나 보였다. 근처에는 넓은 주차장도 몇 개가 있어 많은 사람이 붐비고 있었다.

상점에서 파는 특수한 종이연(紙鳶)은 가로 60cm 세로 90cm에 높이도 일 미터는 된다. 육면체로 된 종이 상자에 안쪽에 촛대가 있다. 상자를 만들어서 안에 있는 촛대에 불을 붙여 철길 위에서 두 사람이 마주 보고 위쪽에 있는 끈을 잡고 하늘로 힘차게 던지면 촛불이 안에서 불이 붙여져서 하늘로 높이 수십 미터 날아 올라간다. 지역이 산 중턱 높은 지대라 바람도 적당히 불어 하늘로 던진 불붙은 연은 촛불이 안에서 타면서 하늘 높이 날아 올라간다. 십여 미터 이상 올라가면 연 상자 속에 있는 불이 연에 붙어 타면서 계속 날아가고 조금 덜 탄 연은 중간에 떨어진다.

연이 떨어지는 지역은 산 아래 밭이나 논 또는 개울에 내려앉는다고 말했다. 다 타고 떨어지므로 화재의 위험은 없다고 설명했다. 연 한 개의 가격은 보통 타이완 15달러 정도이다. 이 연을 만드는 데는 두 명이 한 조가 되어 십여 분간 조립해야만 가능했다. 마주하는 사람은 자기 쪽 면의 굵은 붓으로 여러 문구로 소원을 비는 내용을 쓴다. 내용은 자기 맘대로 쓰면 된다.

마주 서서 함께 날린 짝은 황 회장인데 우리는 소원하는 글을 써서 함께 날렸다 첫 글은 아내의 건강을 기원하는 글을 썼다. 아래로 써가며 본인의 건강도 기원했고 아들딸, 며느리, 사위, 손녀 손자의 염원을 담은 문구를 써서 하늘로 날렸다. 이 놀이는 '등인 천등 날리기'라는 소원을 비는 대만 북부지방의 민속놀이 중의 한 가지인데 이것을 실지로 경험해 본 것이다.

날씨가 좋은 날에는 한 시간 이상 기다려야 장소를 얻어 사용할 수 있단다. 우리가 갔을 때는 날씨가 좋아서 오래 기다렸으나 소원을 빌기에는 아주 좋은 날씨였다.

대만을 이십여 회가 보았으나 이번 같은 순수한 민속체험은 처음이다. 온 가족이 함께하면 즐거운 놀이가 되겠다고 생각했다.

민속 신앙 등으로 미래의 소원을 비는 것은 대만이나 한국이나 비슷한 것 같다.

『월간문학』 2017. 581호

두레박 모형 스윙

친구들과 골프를 칠 때면 여러 가지 이야기를 하게 된다. 친한 친구일수록 스윙 폼(form)에 대한 이야기는 안 하는 편이다. 오히려 한 수 낮은 친구가 너는 폼이 왜 그러냐? 하며 핀잔을 주는 경우가 많다.

여러 해 전 코스 매니저 봉사료 주기 내기가 유행할 때가 있었다. 1등 만 원, 2등 2만 원, 3등 3만 원, 4등 4만 원으로 하는 게임이다. 모임에서 자주 치면서도 한 팀으로 만나기는 쉽지 않은 친구도 있다. 어떤 때는 모처럼 만나는 친구가 점당 만 원짜리 내기를 하잔다. 친선골프에서 무슨 내기냐 하며 거절한다.

한번은 친구가 내기를 하자고 고집했다. 내가 봉사료 지불할 테니 즐겁게 재미있게 치자고 권했다. 오래간만에 함께 운동하는데 작은 내기라도 해야 경기 중 터치도 안 하고 기브도 안 주어야 자기 실력이 나온다며 굳이 하잔다. 한술 더 뜨면서 야 너 스윙 폼 보니 내기하면 무조건 내가 이길 것 같다며 덤비는 친구도 있었다. 상대 실력을 알기에 거절한다.

40여 년 전 처음 골프를 시작할 때 레슨을 받았다. 담당 레슨 프로가 매일 코치를 했다. 첫 달에는 하라는 대로 매일 연습을 했다. 몇 달이 지나니 전달과 다른 스윙을 하라고 했다. 열심히 하라는 대로 했다. 다음 달이 되었는데 또 다른 스윙 폼을 보라며 그렇게 하라고 했다. 프로지만 내가 골프를 40이 넘어 늦게 시작해서 프로가 나이가 아래였다. 몇 달을 지나면서 레슨을 계속했는데 계속 다른 폼으로 바꾸라는 것이다. 늦은 나이에 시작해서 몸이 굳어 한 가지 스윙도 익히기가 힘이 드는데 다달이 다른 스윙을 하라니 어떻게 할 수 있느냐고 물었다. 레슨 선생님은 초등학교 다닐 때 해마다 같은 것만 배웠냐며 학년에 따라 교과 내용이 다르듯이 골프도 초급 스윙 다르고 중급 스윙도 달라야 한다는 설명이다.

7월에 시작하여 다음해 4월까지 열 달을 연습하고 4월 중순에 처음 한양CC에서 머리를 올렸다. 열심히 한 탓인지 처음 친 스코어가 102타를 기록했다. 함께 연습한 동료들이 자기는 한 달 연습하고 나갔는데 엉망으로 스코어를 기록도 못했다며 부러워했던 생각이 났다.

체격이 뒷받침되지 못한 나는 자기 체형에 맞는 스윙을 찾아야 되겠다는 생각을 했다. 그런데 자기 체형에 맞는 스윙을 알 수가 없었다. 1년 가까이 연습을 했지만 몇 가지 스윙이 혼합되어 헷갈렸다. 수년을 고생하다가 문득 옛날 생각이 났다.

6·25 전란 때 경기도 평택으로 타의에 의해 피난을 갔다. 1·4 후퇴 즉 1월 4일 후퇴를 말한다. 피난 가서 여러 날 굶으면 죽으니까 어떤 일이나 닥치는 대로 일을 해야만 했다. 당시 평택지방

은 토질은 좋으나 논은 거의가 천수답이었다. 비가 안 오면 모를 심을 수가 없는 지방이었다. 우리 고향 연천은 임진강 상류로 물이 흔하고 높은 산골짜기에서 내려오는 물로 농사짓기가 편리한 지방이었다. 하지만 평택에 천수답은 밭에 붙은 계단 논이나 들판이나 드문드문 샘이 있는 정도였다. 보통 매방우물이라고도 한다. 봄에 비가 안 오면 샘물웅덩이에 고인 샘물을 두 사람이 마주서서 가로 세로 일 미터쯤 되는 두레박에 네 귀퉁이에 긴 끈을 달아 샘이 나는 우물을 마주 보고 양쪽에서 끈을 동시에 내려 물을 푸는 방법이다. 물을 풀 때는 마주 선 사람과 같은 길이 같은 높이, 같은 속도로 양손에 쥔 끈을 우물 아래로 내려 물을 담은 후 똑같이 위로 당겨서 논두렁 위로 올라오면 한 사람은 오른손 상대는 왼손을 동시에 위로 들어 퍼 올린 물을 논바닥에 던지는 방식이다. 이때 마주한 두 사람이 같은 낮이로 물을 퍼서 같은 높이를 유지하며 양손 평형을 맞추어 들어 올려서 최고의 높이가 되면 한쪽은 왼손 한쪽은 오른손을 힘껏 던져 물을 푸는 방법이다.

  네 귀에 끈을 맨 두레박은 물을 푼 후 최대 높이로 하늘을 향했다가 일 초쯤 쉬었다가 우물 쪽으로 힘차게 향하여 다시 물을 퍼서 논에 물을 던지고 하늘 높이 올라가 잠깐 쉬었다가 다시 내려오는 물 푸기를 반복하는 방식이다. 50회 정도 스윙 모형의 물 푸기를 반복하면 샘물이 바닥나기도 한다.

  물의 높이 두레박의 각도 던진 후 일단정지 후 호흡을 맞추어 힘차게 우물 속으로 내려가는 스윙 템포가 일정해야 가능하다. 그 리듬 템포를 맞추어 물 푸던 생각을 해서 내 나름대로 스윙을 정착시킨 것이다.

체격에 맞는 스윙을 정착시키니 마음이 편안하다. 좁은 홀에서도 오비 날 걱정 없고 거리도 마음껏 힘차게 휘두르니 나이 비슷한 친구들보다는 20여 미터 정도 더 나가는 편이다. 지금도 함께 운동하는 친구들이 윤 박사 폼은 모방할 수 없는 특이한 폼이라며 배우려고 해도 안 된다고 부러워한다.

1992년에는 경기도 광주에 있는 N골프장에서 연령 제한 없는 일정 핸디 이하로 선발된 300명이 참석한 이사장배 친선골프대회에서 우승도 했다. 수원에 있는 더 수원cc에서도 준우승도 했다. 또 1999년에는 남녀노소 연령 제한 없는 시합에서 242미터를 보내 롱기스트(장타상)상을 타기도 했다.

지금도 스스로 만든 두레박 모형 스윙으로 재미있게 운동을 계속하고 있다.

『문학생활』 2023. 봄호

이글(Eagle)

첫 홀은 양말같이 왼쪽으로 굽은 파4이다. 처음부터 계속 오르막이다. 중간 꺾인 곳 양쪽에 벙커가 있다. 좌우가 모두 산이고 나가면 오비 지역이다. 오른쪽 카트 길과 왼쪽은 아주 넓은 들판 같다. 시니어나 주말 골퍼는 투온이 어렵다. 그린도 제일 높은 곳에 있다. 좌 그린은 그린 중앙을 보고 샷을 해야 한다. 왼쪽이 내리막이기 때문이다.

전체로는 그린 뒤쪽이 높고 앞이 낮으며 그린 중앙 근처가 이중 그린이다. 그린 뒤에는 약간의 공간이 있으나 너무 길게 치면 파온이 어렵다. 상당히 가파른 내리막이라 핀에 붙이기가 쉽지 않다. 우 그린도 뒤나 옆에 여유는 있으나 그린이 뒤가 높고 앞이 낮은 가파른 경사라 핀보다 짧게 치는 것이 좋다. 심한 내리막 그린에서는 퍼터를 살짝 대기만 해도 그린 밖으로 사정없이 굴러 내려간다. 아래서는 높은 곳에 있는 그린을 볼 수 없기 때문에 두 그린 사이를 보고 치는 것이 좋고 핀보다는 짧게 공략해야 유리하다. 내리막 퍼터에 걸리면 보통 평지의 5% 정도면 충분하다. 88 동 아웃으로 대체로 어려운 홀이다.

2번은 평지에 가까운 오르막 파4의 미들 홀이다. 좌측은 카트 길만 넘으면 바로 오비 지역이다. 오른쪽은 높은 산이다. 중간 가운데에 큰 소나무가 있다. 그린이 높은 곳에 있고 짧은 홀이다. 좌 그린 왼쪽에는 여유 공간이 있다. 두 그린 뒤쪽에도 조금 공간이 있다. 그래도 그린을 지나는 것은 피하는 것이 좋다. 두 그린 사이 바로 앞에 턱이 높은 벙커가 있다. 우 그린 우측에는 산 밑으로 공간이 있으나 러프고 비탈이 있어 공략이 어렵다. 좌 우 그린 모두 뒤가 높고 앞이 낮은 내리막 그린이다. 하이 핸디는 깃대를 보고 공략하기보다는 두 그린 중앙을 보는 것이 무난하다.

3번은 파5의 홀이다. 활같이 휜 내리막 홀이다. 왼쪽 카트 도로 중간쯤에 긴 벙커가 두 개 있다. 카트길을 넘으면 바로 오비 지역이다. 오른쪽은 코스 따라 길게 높은 산이고 올라가면 오비 지역이다. 왼쪽 백여 미터 지점에 벙커가 있고 70미터 근처에 또 하나 그리고 좌 그린 앞 왼쪽에 벙커가 또 있다. 우 그린 앞 50미터 근처에 턱이 좀 높은 벙커가 있다. 세 번째 샷은 오르막이다. 좌 그린은 뒤에 여유 공간이 있다. 그린은 뒤가 높고 앞이 낮은 경사 그린이다. 우 그린도 뒤에 여유 공간이 있고 앞이 낮은 비탈 그린이다. 길게 치면 내리막 그린이라 볼을 핀에 붙이기가 어렵다. 짧게 치는 것이 유리하다. 대체로 그린이 편안해서 퍼터 하기가 좋은 그린이다.

5번은 파4의 활 모양으로 굽은 긴 내리막 홀이다. 왼쪽 카트길 옆 드라이브 낙하지점 근처에 긴 벙커가 있다. 계속해서 왼쪽 그린 앞에 몇 개의 벙커가 있다. 오른쪽은 전체가 산이고 들어가면 오비 지역이다. 두 그린 사이에 큰 소나무가 있다. 온 그린 할 때 조심해야 된다. 우 그린 앞 30미터 근처에도 벙커가 있다. 그 린까지는 계속 오르막이고 공이 앞 후렌지에 떨어지면 뒤로 구를 때도 있다. 그린 뒤쪽에는 약간의 여유가 있다. 그린 우측에도 여유는 있으나 러프라 공략이 힘이 든다. 좌 그린은 뒤가 높고 앞이 낮으며 좌측으로도 경사진 그린이라 퍼터에 어려움이 있다. 홀이 내리막 오르막이 겹치고 긴 편이라 투온이 쉽지 않다.

6번은 그늘 집 다음에 있는 가파른 내리막 파3홀이다. 티샷 지점이 높아 사방이 다 보이는 경관이 좋은 홀이다. 앞이 탁 트인 넓은 홀이라 그린이 잘 보인다. 좌 그린 왼쪽에 벙커가 있고 뒤쪽에도 있다. 그린 뒤에도 여유가 있다. 두 그린 사이에 벙커가 있어 조심해야 한다. 그린은 뒤가 조금 높으나 대체로 편한 홀이다. 우 그린 우측에도 벙커가 있다. 큰 그린이라 퍼터 하기는 좋다. 우 그린 뒤에는 공간이 있으나 조금 지나면 바로 낭떠러지 오비 지대다. 너무 길게 치면 위험하다. 몇 년 전에 후배가 홀인원을 한 홀이다. 6월 모임에는 니어를 보는 홀이라 신중하게 공략해서 2미터에 붙여서 근접 상을 탈 줄 알았는데 앞 팀에서 더 붙인 선수가 있어 상을 못 탔던 생각이 났다. 금년 3월 20일에는 그린을 약간 벗어난 25미터의 사선 라이인데 거의 붙여서 파 세입을 했다.

7번은 기역 자로 꺾인 파4의 홀이다. 티샷은 내리막이고 두 번째 샷은 가파른 오르막이다. 꺾인 안쪽에 벙커가 나란히 두 개가 있다. 좌 그린 앞 50미터 근처에 벙커가 있다. 두 번째 샷은 오르막이 심해서 제 거리에 두 클럽은 더 잡아야 된다. 두 그린 사이에 소나무가 있다. 피해서 쳐야 한다. 그린도 뒤가 높고 앞이 낮은 가파른 경사라 그린을 벗어나게 길면 파를 하기가 어렵다. 퍼터는 매일 다르지만 보통 평지의 10% 정도면 된다. 우 그린도 그린 앞 우측에 벙커가 있다. 역시 턱이 높다. 그린도 좌 그린같이 가파른 경사진 그린이다.

8번은 파5의 홀이다. 드라이버 낙하 근처 우측에 벙커가 있다. 평지로 가다가 두 번째 샷 지점에서 내리막이고 마지막 샷의 오르막이다. 우측 카트 도로를 넘으면 오비 지역이다. 우측 카트길 주변에 계속 벙커가 3개가 있다. 좌 그린은 그린 앞에 벙커가 한 개뿐이다. 두 번째 샷은 내리막 오르막이다. 왼쪽은 산이고 오른쪽은 카트 길 넘으면 바로 오비 지역이다. 좌 그린은 앞뒤로 길게 되어있고 완만한 경사를 유지하고 있다. 우 그린은 앞에 벙커를 조심해서 공략해야 좋다. 뒤에는 약간의 공터가 있으나 도로 지나면 바로 내리막 오비 지대다. 좌 그린은 뒤가 높고 앞이 낮은 약간 비탈진 그린이다. 우 그린도 약간의 경사 그린이나 뒤 오른쪽은 그린 밖을 조심 해야 되는 홀이다. 거리는 보통인데 파를 하기는 쉽지 않다.

9번은 파4의 미들 홀이다. 중간 지점 오른쪽에 벙커가 있다. 평지로 가다가 그린 근처에서는 가파른 오르막이다. 왼쪽은 산이고 오비 지역이다. 시니어들은 투온이 잘 안 되는 홀이다. 그린 근처에는 좌 그린 왼쪽에 턱이 높은 벙커가 있다. 오른쪽에는 70미터 근처에 벙커가 있고 두 그린 사이에도 턱이 아주 높은 벙커가 있다. 우측에도 큰 벙커가 입을 벌리고 있다. 좌우 두 그린 모두 뒤가 높고 앞이 낮은 가파른 내리막 그린이다. 평지에 10% 정도만 쳐도 지나칠 때가 있다. 시간 따라 날씨 따라 차이가 나니 현장을 잘 알고 임하는 것이 좋다. 더구나 아웃 마지막 홀이라 마음의 끈을 바짝 당기고 퍼트에 임해야 실수가 적다. 2023년 3월 20일 세 번째 샷이 핀에 붙어 파를 했다. 버디보다 값진 파다. 산수가 넘은 노인은 투온이 어려운 홀이다.

   대학 경영인 골프 모임에서 88cc 동 코스 아웃 3번 홀(파5)에서 2020년 10월 19일 이글(Eagle)을 기록했다. 80이 넘은 내가 다른 곳에서는 여러 번 했지만, 이 홀에서는 처음이다. 동반인 후배들과 즐거움을 만끽했다. 운이 좋은 날이다. 이날 메달리스트도 했다.

2023. 3. 22.

살아있는 지구

　전국 16개 활화산 중 5개가 있는 북해도에는 수많은 온천이 있다. 아름다운 협곡과 계곡의 경치 좋은 곳에 위치한 조잔케이(定山溪) 온천은 아늑한 산속의 휴양지로 더없이 좋은 곳이다. 나도 이곳에서 하룻밤 쉬고, 온천욕도 즐기고 주변의 아름다운 곳을 관광했다. 삿포로 남쪽에 위치한 노보리베츠(登別) 온천은 벳푸(別府) 하코네(箱根)와 함께 일본 3대 온천 중의 하나로, 일본 천황이 두 번이나 다녀간 유서 깊은 곳이다. 일행과 함께 2박 하며 온천욕을 즐겼다. 이 온천탕은 남탕과 여탕이 매일 바뀐다. 오늘 남탕이 내일은 여탕으로 되는 것이다. 이유를 물으니 남녀 서로 탕의 궁금증도 풀어주고 더욱 청결하게도 되고, 남녀의 냄새가 없어진다나요? 이곳은 남탕에도 여자 직원이 자유롭게 다니며 청소와 정리정돈을 하고 있었다. 노천탕은 남녀 탕이 따로 있다. 벳부와는 다르다. 저녁 거리에는 온천욕을 즐긴 후 유카타(일본전통 의상으로 단추가 없음)를 입고 다니는 관광객도 많이 보인다.
　2000년 3월 31일 화산 활동으로 분화하여 세계인의 주목을 받았던 우스산(有珠山) 해발 732m도 삿포로에서 남쪽으로 2시간 거리에 있는데 아직도 하얀 연기를 뿜고 있다. 이번 분화구는 마그마가 지하수를 비등(沸騰)시켜 수증기의 압력이 지각을 뚫고 분출하는 전형적인 수증기 폭발로 알려졌다. 분화구 지역 주변에는 사람 머리만 한 돌들이 우박처럼 떨어졌다고 한다. 화쇄류(火碎流) 화산덩어리와 용암이 흘러내리는 현상이 발생하여 많은 걱정을 했다. 우스산은 1663년 이래 1977년 8월까지 모두 7차례 분화했으며 1822년에는 대규모의 화쇄류가 발생하여 50명이 사망했다는 기록이 있다.

둘레가 43km에 이르는 넓은 도야호가 우스산(有珠山) 앞에 있다.

노보리베츠 온천은 1일 용량이 일만 톤, 종류도 11종이나 되는 최고의 온천이라고 할 만하다. 이 온천은 지고쿠 다니에서 유황을 채굴하던 오가다 한페이(箇田半兵衛)란 사람이 최초로 대중 온천탕을 만들었으며, 얼마 후 1868년 관리자가 된 타키모토긴죠오(龍本金藏)가 사비를 들여 노보리베츠 온천까지 도로를 내고 온천여관을 경영한 것이 첫 시작이다. 이 온천의 급격한 발전은 쿠리바야시 고사쿠(栗林五朔) 씨에 의해 교통수단을 변화시켜, 도보나 마차에 의존하던 약 8km의 거리를 괘도마차가 다닐 수 있게 만든 것이다. 이때가 1915년부터 1927년 사이이다. 그 후 버스가 다니면서 방문객이 증가하였고 이에 따라 개발이 계속 추진되면서 발전하여 현재와 같이 되었다.

이곳에는 직경 450m의 이르는 폭발 화구로 된 지옥곡이 계속 연기 같은 수증기가 주위를 덮고 있는데 이곳이 노보리베츠 온천의 원천(原川)이다. 이곳은 온천 호텔에서 300여m 거리 산속에 있다. 관광객을 위해 만든 통행로를 따라가다 보면 오른쪽에 사람이 모인 곳이 있다. 눈을 씻으면 시력이 좋아진다는 눈 씻기 우물에 사람들이 모인 것이다. 그 뒤로 100여m 가면 큰 둥근 우물이 있는데 안개 열이 뜨거워 들여다볼 수가 없다. 섭씨 100도의 수증기가 뜨겁게 솟구친단다. 위험 방지용으로 1m 이상 간격에 나무로 둘레를 만들어 놓았다. 주변 전체에 유황 냄새가 코를 찌른다. 요즘은 온천물의 온도가 더 뜨거워졌다고 안내원이 설명한다.

식염천 망초천 산성 녹초 약 식염천 등 7가지 성분의 온천을 갖추고 있는 큰 호텔들은 완벽한 숙박 시설은 물론, 일본 특유의 전통 음식을 맛볼 수 있다. 검증을 받았는지 알 수는 없으나 일본인뿐만 아니라 외국 관광객들의 인기를 끄는 이유는 신경통, 류마티스, 관절염 등 각종 병 치료에 탁월한 효과가 있다고 알려져 있기 때문이다. 피부를 부드럽게 한다는 나트륨 온천은 여성들의 가장 인기 있는 코스라고 한다. 노보리베츠의 어원은 아이누어의 '누푸르베츠'로 진한 반투명색을 지닌 하천이란 뜻이다.

옛날부터 약효가 높고 영험이 있는 지역으로 알려진 노보리베츠 온천의 3대 사적이 있다. 지고쿠다니(地獄谷) 입구에 있는 에도(江戶) 시대 다테항(伊達藩)이란 마을에 살던 닛신 쇼오닌(日進上人) 씨가 붓으로 적었다고 전해진 다이목쿠세키(題目石)와, 엔쿠우쇼오닌(丹空上人) 씨가 손도끼로 만든 관음(觀音) 그리고 지고쿠다니 안에 있는 약사여래상(藥師如來像)이다. 이 3대 사적은 지금도 사람들의 신앙심을 갖게 하고 있다.

곰 목장과 아이누족의 사는 모습을 보았다.

노보리베츠 온천 중심상가에서 10분 거리에 있는 케이블카를 타고 7분 정도 산으로 올라가면 산 정상 부근에 곰 목장과 일본의 원주민인 아이누족의 마을을 볼 수 있다. 정상 주변에는 전시관과 매장, 전망대 등 볼거리가 많다. 바로 앞에 있는 곰 목장에는 수백 마리의 곰들이 우리(집)를 달리하여 여러 곳에 분산 수용되어 있다. 곰에게 먹이를 던지면 입으로 정확하게 받아먹는다. 많은 사람들을 상대한 곰들이라 곰같이 미련하지 않다. 곰도 맹수에 속하기 때문인지 먹이 주는 방법과 구경하는 길도 안전하게 장치를 해 놓았다.

 곰 목장 근처에 일본 원주민인 아이누족의 마을이 있다. 움막 속에서 생활하는 그들은 여러 가지 상품을 만들어 판매하고 있다. 수작업의 목공예품을 비롯하여 철제품 등 많은 물건을 생산하여 직판하고 있다. 관광객이 많이 오는 시간을 이용하여 아이누족 특유의 민속 쇼가 펼쳐진다. 묘하게 생긴 악기와 북 몽둥이 채찍과 모자를 이용하여, 그들만이 사용하는 언어로 다채롭게 관객과 어울려 한마당을 연출한다. 그들은 까무잡잡한 피부색과 짙은 눈썹 그리고 동그란 눈과 몸에 털이 많다. 머리는 일반 사람들보다 크고 얼굴에는 웃음이 별로 없다. 행동도 느리고 고유 의상도 특이하다.

 이들이 일본에 들어와 살기 시작한 것은 기원전 5천 년 전으로 추정한다. 8세기 무렵부터 수적으로 우세한 본토인에게 밀려 북쪽으로 쫓기며 이주해 살다가 최북단 북해도에 정착하여 사는 것으로 알려져 있다. 아이누족의 식생활은 독특하다. 고기를 삶아서 국으로 먹으며 아침과 저녁 두 끼를 먹는다. 또한 곰이나 사슴의 내장을 가늘게 썰어서 날것으로 즐겨 먹는단다. 일본이 농경민족인데 아이누족은 수렵민족이라는 점도 흥미롭다. 곰 목장 근처에 아이누족 마을이 함께 있는 것도 이들의 식생활과 무관하지 않은 것 같다.

삿포로 남쪽 150km 떨어진 곳에 아이누 민속촌이 있다. 정문을 들어가면 높이 16m의 거대한 아이누족 추장 동상이 서 있다. 더 안쪽으로 들어가면 아이누족의 전통가옥과 나무로 된 식량보관 창고와 민속 박물관이 있다. 이곳에는 옛 아이누족 민속복장을 한 사람들이 안내하고 있으며 광장에서는 고유의 민속춤도 공연한다. 일본도 볼 것이 참 많은 나라이다. 많은 곳을 보고도 메모 없이 지나서 글로 옮기지 못한 지역이 여러 곳이라 아쉬움이 남는다.

세계 곳곳에서 뜨거운 온천물이 나오고 화산이 폭발하는 것을 보면 지구는 살아있는 것 같다.

2023. 4. 12.

스피노자의 말처럼

40년 전에 경기도에서 자그마한 과수원을 했었다. 과수원 옆으로 높은 산 위에서 깨끗한 냇물이 사철 흘러내리고 작은 붕어도 있고 날피리 송사리도 자라는 개울이 있었다.

과수원 근처 개울 쪽에 낮은 언덕이 있어 대추나무 묘목을 두 그루 심었다. 흐르는 냇물 가에 있어 잘 자랐다. 이유는 모르겠으나 병충해도 없었다. 몇 년이 지난 후부터 꽤 큰 대추가 열려서 추석 때면 맛있는 대추를 땄다. 직영하던 과수원을 10여 년 후에 힘도 들고 해서 팔았다. 그대 과수원과 관계없이 기르던 대추나무가 아까워서 다른 곳으로 옮겨 심었다.

그곳에서 몇 년을 기르다가 또 옮겨야 할 사정이 생겼다. 다시 옮길 곳을 찾다가 서울에 있는 우리 집으로 옮겼다. 나무가 20여 년을 자라니 많이 커서 땅을 파서 옮기는 데 상당히 힘이 들었다. 나무가 크니 옮기기가 쉽지 않았다. 1톤짜리 포터를 빌려 큰 대추나무를 싣고 서울 집으로 가져왔다. 땅바닥을 깊이 파고 물을 붓고 힘들게 관리인과 두 그루의 대추나무를 옮겨 심었다.

살고 있는 집은 처음에는 단독 주택이었는데 80년대 중반에 임대 건물을 지었는데 주변에 공간이 조금 있었다. 적당한 공간을 찾아 심었다. 매년 무럭무럭 자라는 나무는 추석이 임박하면 한 가마니는 됨직하는 대추를 따서 건물에 있는 회사 사람들과도 나누어 먹기도 했다. 열매 맺는 나무는 몇 번 옮겨 심어야 열매도 많이 열리고 맛도 좋다는 어릴 때 어른들 말씀이 생각났다.

그 후 세월이 가면서 대추는 가지가 찢어질 정도로 많이 열리는데 불량품이 많이 나왔다. 어쩌다 성한 대추는 맛이 좋았다. 지금도 터지지 않은 대추를 골라 따서 나누어 먹고 있다. 비료 같은 거름을 안 주어서 그런지 반 이상이 알알마다 갈라져서 추석 후에 모두 따서 말리려고 해도 대부분이 썩어 버렸다. 많은 양의 대추를 따서 아파트 거실에서 말려보아도 터진 쪽은 마르기도 전에 많이 상해서 모두 버리고 있다.

주변 농수산물 도매시장에서 파는 대추를 보면, 크기도 다양하고 윤이 나는 것도 있고 맛도 있다. 묘목시장을 다니면서 좋은 품종을 찾아보아도 묘목만 보고서는 품질이나 알의 크기를 확인할 수가 없었다.

10여 년간 임업조합에서 발행하는 『산림』이라는 월간지를 보다가 몇 년 전 이사를 하면서 중단했었다. 산림과 관계가 있어 10여 년을 보다가 중단한 『산림』을 다시 구독하고 있다. 얼마 전 산림 책 내용을 보다가 눈에 번쩍 띄는 기사를 보았다. 묘목시장에서 여러 곳을 다녔어도 찾지 못한 대추나무에 관한 기사였다. 내용을 모두 읽어 보았다. 내가 찾던 묘목이 바로 이건데 하며 바로 전화를 했다. 영농법인 관계자는 자세한 설명을 해 주셨다.

바로 주문을 하고 2~3일 지나니 묘목이 도착했다. 바로 건물로 가져가서 관리인에게 내가 구하려고 애쓴 대추나무라며 어디 어디에 심으라고 설명을 해 드렸다. 그런데 대답이 내 생각과는 많이 달랐다.

"아니 지금 연세가 몇이신데 나무를 심으려고 하세요. 그것도 열매를 따 먹는 과일나무를 심으려 하시다니" 하며 어이없다는 표정을 짓는 것이다. 사실 묘목을 심어 열매를 따려면 대충 10년을 기다려야 성목 대접을 받는다는 것은 과수원 운영 경험이 있어 잘 아는 내용이다. 그래서 묘목 5그루를 드리면서 "얼마나 더 살지는 모르지만 무조건 심으세요" 하고 "1층 큰 대추나무 옆에 한 그루 심고 화단에 세 그루 심고 옥상에 한 그루 심으세요" 하면서 위치도 설명해 드렸다. 묘목은 이름이 사과대추나무라고 한다. 열매가 작은 사과만 해서 지은 이름인지 모르겠다. 관리인은 "그 묘목 심어서 과일이 열려도 지나가는 사람 좋은 일 시켜주는 거지, 우리는 못 따 먹어요" 하신다.

말이 궁색한 나는 유식한 말이 생각나서 한마디 했다. 17세기 네덜란드의 철학자 스피노자의 말을 인용했다. '내일 지구의 종말이 와도 나는 오늘 5그루의 사과대추나무를 심겠다.'라고…. 서로 얼굴을 마주보며 함께 웃고, 내일 심기로 했다. 내일 서울지방에 곳에 따라 비가 내린다는 핸드폰의 기상예보도 공유했다.

대추알이 작은 달걀만 하고 맛도 있다는 월간지의 설명을 생각하니 벌써 입에서 군침이 돌았다.

『문학생활』 2023. 가을호

3.
근심 없이 산 날이 있었던가

DDP터의 유물 공부하기

　동대문 역사문화공원역 주변에는 동대문 디자인플라자(DDP)와 동대문 역사공원의 조성 과정에서 발굴 조사한 매장 유물들을 많이 볼 수 있다. 실내 야외에 전시함으로써 옛 동대문 운동장 부지의 역사를 되짚어볼 수 있는 공간이 있어 모두 찾아다니면서 보았다. 이곳은 과거 한양도성의 동쪽 지역으로 방어에 취약한 지형적 단점을 극복하기 위한 성곽 방어 시설과 다수의 군사시설 등이 배치되어 있었다고 한다. DDP와 역사 문화 공원을 조성하려고 동대문운동장과 야구장을 해체하는 과정에서 나온 많은 유물과 기록들이다.

　2008년부터 진행한 발굴 조사 결과 일제 강점기 공원 조성 및 운동장 건립 등으로 멸실되었으리라 추정되었던 한양도성 성벽과 치성(雉城) 이간수문, 그리고 조선시대 건물터 등이 확인되었다. 관련된 유물들도 많이 출토되었다.

　동대문 역사관에서 옛 동대문 운동장 부지에 켜켜이 쌓인 역사를 찾아 확인해 보았다. 일제 때 한양도성의 훼손과 함께 도성의 수문도 상당한 변화를 겪게 된 것 같다. 1907년 하천수가 원활하게 소통되고 토사(土砂)가 쉽게 흘러 내려갈 수 있도록 오간수문(五間水門)을 철거하였고, 남아 있던 오간수문의 성벽도 철거하고 오간수다리를 건설하였다는 기록이 있다.

DDP 자리에는 동대문운동장이 있었다. 우리나라 최초의 근대 체육시설로 1925년 일제가 일본 황태자의 결혼을 축하하기 위해서 건립했다는 설이 있다. 처음 이름은 경성 운동장이었다. 운동장을 짓기 위해 조선말까지 치안을 담당하고 왕의 신변 보호를 담당했던 하도감과 언덕을 따라 이어진 한양도성 성벽도 함께 파괴한 것으로 추측했다. 이외에도 남산 물길이 통하던 이간수문과 청계천이 흐르던 오간수문 위에 한양도성이 있었다는 기록도 있다.

DDP 공사 때 발견된 유물들은 동대문 역사관, 운동장 기념관, 유구 전시장에 나누어 전시하여 있다. 이관수문 등 온도에 관계없는 유물 일부는 역사공원 야외에 전시되어 있고 지금도 무료로 누구나 전시 현장을 볼 수 있다.

광복 후 서울운동장으로 바꾸어 전성기를 이루기도 했다. 기록을 보면 1945년 전국체전도 이곳에서 열렸다. 광복 후 경성운동장은 월드컵 예선, 고교 야구대회, 프로 야구, 프로 축구 개막전, 연고대 정기전도 이곳에서 치러졌음을 알 수 있다. 1984년 잠실종합운동장이 건립되면서 이름도 동대문운동장으로 바뀌었고 지금은 이 터에 DDP가 건설되었다.

먹고살기도 힘들었던 1960년대 축구를 보고 싶어도 입장권 살 돈이 없어서 을지로 6가 계림 극장 옆길 건너(당시 길은 좁았다) 3

층 건물 옥상에서 공짜로 보기도 했다. 서로 잘 보이는 장소를 차지하려고 몸싸움도 하고 일찍 와서 좋은 자리를 잡기도 했다. 그런데 어떻게 알았는지 어느 날 갑자기 경기 있는 날 3층 옥상을 못 올라가게 막아서 공짜 구경 길이 막힌 때도 있었다. 그때 나라 살림살이가 얼마나 어려웠으면 돈이 없어 멀리서 보는 학생들의 구경을 막았을까? 살기 고달팠던 그때를 지금 생각하면 슬프기도 하고, 한편으로는 지나가는 소가 웃을 코미디 같기도 하고….

봄이 오면 잠실벌에 야구의 계절이 오겠지!

조선시대 군사의 복식은 시대에 따라 조금씩 변화되었다. 기록에는 조선 후기를 기준으로 이간수문 한양도성의 성벽과 치성(雉城)이 있다. 치성은 성벽의 바깥쪽으로 돌출된 테로 만들어 성벽에 접근한 적을 3면에서 공격할 수 있도록 한 방어 시설이란다. 영조 29년 흥인지문(동대문)과 수구문(광희문) 사이에 만든 치성 중 유일하게 그 존재가 확인된 곳이라고 한다. 이간수문은 남산에서 흘러내린 남소문 동천(南小門洞川)이 성 밖으로 빠져나가도록 만든 두 칸의 수문이다. 수문의 통로는 벽과 천장이 둥글게 연결된 아치 구조가 입구에서 출구까지 이어져 있다. 지금도 DDP 북쪽 끝 모퉁이에 가서 보면 큰길 옆에서도 이간수문을 내려다볼 수 있다.

축구장 야구장을 철거한 자리에서도 건물지외(建物地外) 집수지(集水地) 우물지(井地)가 발견되었다. 동대문(東大門)에서 수구문(水口門) 사이 성벽의 유래와 DDP 공사 중 발굴된 매장 유물들도 역사 공부에 좋은 자료가 될 것으로 생각했다.

『수필문학』 2023. 3월호

시간 여행

하북성 창평구 경내 천수산 부근에는 명조 역대 16명의 황제 중 13명이 묻힌 능이 있다. 명나라 3대인 영락제부터 최후 숭정제까지 13명의 황제가 묻힌 무덤 군이다. 북경 시구에서 북쪽으로 50km 떨어진 교외의 삼태기같이 둘러싸인 남향 산기슭에 자리 잡고 있다. 넓이 약 40만㎡의 분지에 명나라 황제와 23명의 황후, 2명의 태자, 30여 명의 비와, 한 명의 태감이 잠들어 있다. 1409년 3대 영락제의 장릉을 시작으로 1645년 마지막 황제인 수정제의 사릉까지 236년간 조성한 곳이다. 명대의 황제들은 황제가 영면한 뒤 지낼 곳을 지하에 궁전을 만들어 살게 하였다. 규모도 생전에 생활하던 자금성과 비슷한 규모로 만들도록 하였다고 역사는 기록하고 있다.

능 입구에는 1540년 가정제 19년에 세웠다는 석패방(石牌坊)이 있다. 5개의 둥근 기둥과 6개의 기둥으로 지어졌다. 모두 백옥으로 만들어졌고 용과 구름무늬 기린 사자 등이 조각되어 있다. 좌우측에 낮은 산이 있는데 모양이 좌청룡 우백호의 형상으로 보인다.

이 지역 주변은 옛날부터 경작은 물론 벌목도 못하게 했기 때문에 입구부터 숲이 울창하고 조용한 지역이다. 능역에는 영락제의 무덤인 장릉을 비롯하여 홍희제의 헌릉, 선덕제의 경릉, 천순제의 유릉, 성화제의 무릉, 홍치제의 태릉, 정덕제의 제릉, 가정제의 영릉, 융경제의 소릉, 만력제의 정릉, 태창제의 경릉, 천계제의 덕릉, 숭정제의 사릉 등 창평 현 샤오위산에 있는 13개 능을 말한다.

13개 능 중 가장 규모가 큰 영락제의 무덤인 장릉은 남쪽 끝에 백석패방(白石牌坊)에서 능문까지 7km나 된다. 길옆에는 큰 돌사람과 돌로 된 동물들이 줄지어 있다. 황릉 중에서 가장 큰 장릉을 발굴하기 위한 기초 조사로서 현재 발굴한 능은 만력제(萬曆帝)로 제14대 신종황제(神宗皇帝)의 능묘이다. 황제 무덤인 정릉이 처음 발굴된 것이다. 1956년 처음 발굴 당시 수은의 피해 등 만일의 사태에 대비하였고 2년 만에 무사히 발굴하였다. 도굴 흔적도 없다. 지하궁전에서는 재궁이라는 황후와 황제의 관이 쇠뚜껑에 덮여 있고 황제의 시신은 부패되어 앙상한 뼈만 남았다고 한다. 만력제는 임진왜란 때 파병을 해 준 한국과는 관계가 있는 황제이다. 역사에는 탐욕으로 정사에 무관심했던 황제로 기록되어 있다. 그는 자기가 사후 살 궁을 황제 12년차인 22살에 시작하여 6년 만에 완성하였다. 그 후 그는 30년을 더 살고 60이 다 되어서 사망한 장수 황제이다.

중국 역사에서 진나라 시왕에서 마지막 황제 푸이에 이르는 300여 명 황제의 평균수명은 36.7세라고 한다. 하지만 청나라 건륭제는 89살까지 장수한 황제도 있다. 중국 황제릉의 구조는 황제만 다니는 신로가 있다. 신로는 도로 정중앙으로 청석판이 깔려 있고 양옆에는 굽을 두어 구분하고 있다. 정릉의 신로는 칠공교(七孔橋)와 삼공교(三孔橋) 금수교(金水橋)가 있고, 지나면 능원 앞에 무자비(無字碑)가 있다. 글자 없는 비석을 말한다. 원래는 한나라 무제가 자기 공이 태산 같아서 작은 돌에 모두 기록할 수 없어 아무 글자도 쓰지 않았다는 무자비의 기원설이 있다. 사실은 황제가 게을러서 어떤 비문을 쓰라고 원고를 안 준 탓이라고 한다. 후인이 좋은 의미로 무자비를 공적비로 남겼다는 설이 있다.

현궁의 구조는 전전 중전 후전 수도 좌 배전 우 배전으로 되어있고 전체 길이가 80m가량 된다. 전전 입구는 철문으로 되어 있고 다른 입구는 돌문으로 막고 자래석(自來石)으로 받쳐 놓았다. 중전에는 3개의 백옥제 두 개의 사각형 석대, 그리고 황색 유리 향로, 촉대와 청화화병이 있다. 좌우 배전에는 중앙에 한백옥의 수미좌가 있고 후전에는 재궁을 안치하였다. 출토물 중에는 호화로운 금 그릇과 효정묘지(孝靖墓誌) 등이 있다. 명대 황실의 제도 공예 미술, 수준을 보여 주는 귀중한 자료들이 많이 나왔다. 이들 부장품들은 앞뜰에 있는 전시실에 전시되어 있다. 지하 묘실 품도 정릉 박물관에 전시되어 있어 누구나 볼 수 있다.

아직 개발이 안 된 능도 많이 있고 13개 능 중 3개만을 공개하고 있는데 영락제의 장릉, 목종 융경제의 소릉, 신종황제 만력제의 정릉이다. 그리고 각 능은 규모는 조금씩 차이가 있으나 기본적인 건축양식은 능문 능은문 능은전 명루 보정 지하궁전 순으로 배열 순서로 비슷하다고 한다. 일만여㎡는 되어 보이는 넓은 광장에 주차장을 만들어 사용하고 있는데 주차광장 북쪽에 정릉의 정문이 있다.

처음 갔을 때에는 문 옆에서 입장권을 사 가지고 정문으로 들어갔다. 낮은 언덕길을 한참 올라가다 보면 중일전쟁과 1914년의 화재로 소실되어 터만 남은 능은전 자리가 나온다. 능은전 자리를 지나면 안뜰이 있고, 그 좌우에는 전시실이 있다. 전시실에는 지하궁전에서 출토된 유품 유물들이 전시되어 있다. 길을 따라 각종 돌 조각을 보면서 북쪽으로 올라가면 정면에 명루를 보게 된다. 명루에 올라가면 장릉과 영릉을 볼 수 있다. 이 명루 뒤쪽이 능묘(陵墓)인데 지하궁전의 출구와 연결되어 있다. 지하궁전은 지하 27m 정도 되는데 계단으로 계속 내려가면 된다. 대리석문을 몇 개 지나 후전으로 들어가면 넓은 공간이 나오는데 천장은 원형의 아치형 구조이며 만력제(萬曆帝)와 두 명 황후의 유해를 안치한 철판으로 된 관이 중앙 석대 위에 놓여 있다. 65m²의 넓이에 양쪽 벽에는 능의 규모와 공사에 투여된 자금과 인원 등을 표시해 놓았다. 이 후전(後殿)을 지나 들어가게 되는 다른 전시실에 있는 많은 유품들은 모두 복제품들이라고 한다.

남문 쪽으로 나와 2층 높이에 망루에 올라가면 신종대왕(神宗大王)의 비석이 있다. 다른 이름으로 만력대왕(萬曆大王)이라고도 하는데 신종대왕은 명나라 13대 황제이다.

근년에 많이 달라졌다. 대궁문(大宮門)이라고도 부르는 대홍문(大紅門)을 들어가면 능은문(陵恩門)이 나온다. 이 문을 지나면 능원의 정원과 능은전이 있는데 생전에 황제가 정무를 보던 태화전과 비슷한 규모이다. 이곳에는 제왕의 위패를 모시고 제사를 올리는 중요한 곳이다. 옆으로는 비정(碑亭)이 있고 안에는 비석이 있다.

뒤쪽에는 영성 문이 있다. 맨 뒤쪽 명루에는 정자 형태의 건축물이 있고 그 안에도 큰 비석이 있다. 주위에 원형의 담장이 있는데 보성이라 부른다. 보성 안에 지하궁전이 있고 그 안에 황제와 황후의 옥체가 있다. 중국은 황릉의 봉분이 없다. 위에는 야산으로 위장되어 있다. 도굴의 위험 때문일까?

명나라는 16명의 황제가 나라를 통치했고 276년간 왕조가 계속되었다. 중국의 진나라 이후 역사에는 한 왕조가 400년을 넘긴 왕조가 없다. 나라가 망하려면 황제가 자기만을 위한 불로장생약이나 여색을 즐기며 국무를 게을리할 때 생긴다. 고금동서에 사람의 중요성을 일깨워주는 대목이다. 명나라 이후 중국 왕실 600여 년 사후세계를 여행해 보았다.

『한국디지탈문인협회』 2023. 3호

근심 없이 산 날이 있었던가

80이 넘은 노인들은 전철을 타면 노인석 근처로 가게 된다. 옆에 서서 자리를 기다리는 할머니 두 분의 대화를 엿들었다. "영감은 정년퇴직 후 30여 년 온 힘을 다해 처자식 먹여 살리며 힘든 세상을 살았으니 여생을 편히 살겠다며 직업을 구할 생각을 안 하더라고, 해서 자기도 살만한 재산이 있으니 그러시라고 동의했다"라고 한다. 20여 년 세월이 흐르니 나도 세 끼 해 먹기가 싫어졌다고 하며 점심이라도 좀 나가서 해결하라고 말할 때도 있다고 한다.

마주 보고 있던 할머니는 나도 같은 입장이라며 "갈 데가 없으면 전철이라도 좀 타고 시간을 보내시오." 했더니 알았다며 조반을 먹고 나간단다. 그런데 점심때가 되면 꼭 들어와 밥상을 차리라고 해서 질색이라고 맞장구를 쳤다. 할머니는 나도 60여 년을 부엌데기 했더니 밥하기가 지겨울 때도 있다며 삼식이를 면하려면 둘 중에 누가 먼저 죽어야 끝날 것 같다는 이야기를 들었다고 말했다.

대학 동창과 만나 팔순 넘어 영감 있는 친구와 없는 친구의 대화 내용이다. "너는 남편이 없어 좋겠다. 마음대로 자고 싶으면 자고 어디 가고 싶으면 가고, 먹고 싶은 좋은 음식 마음대로 사 먹을 수 있으니 얼마나 신나겠니? 제일 좋은 것은 하루 세 끼 영감 밥해주는 것 없으니 최상의 팔자 아니냐" 했다. 남편 없는 친구의 말, "그래도 남편 있는 것이 좋은 점이 많다. 자식들도 아버지가 있어야 엄마에게 잘하고, 외출해서 음악회를 보러 가거나 친구 부부와 외국 여행을 갈 때도 좋고, 집안에도 여자가 못하는 일도 많이 있으니까. 또 여유가 없는 사람은 돈 벌 수 있는 직업을 찾아 돈도 벌 수 있고 몸이 아플 때나 병원 갈 때 절실히 필요한 상대가 바로 남편 아니겠니?" 했다.

식당에서 언니 동생이 밥 먹으며 하는 이야기를 들었다. 정년 후 남편이 노인 일자리에 취업해서 한 달에 120만 원을 아내에게 주면서 내 용돈은 빼고 준다고 했다. 젊을 때 월급의 반의반 수준의 금액이다. 부인이 "여보 당신 벌어오는 것 다 내놓고 내가 용돈 드리면 안 되겠어요?" 하고 말했단다. 남편이 "그건 안 되지요. 나도 쓸 만큼은 있어야 하지요." 하며 거절했다고 한다. 부인이 여러 방법을 동원해 남편의 용돈을 알아보았는데 사실을 확인한 부인은 혼자 통곡했다고 한다. 용돈으로 빼놓은 돈이 겨우 10만 원인 것을 알고 너무 놀란 것이다. 젊어서 월급이 통장으로 들어오면 점심값과 용돈으로 매월 백만 원을 주었기 때문이다. 혹시 용돈을 많이 떼고 120만 원만 주나 하고 의심한 좁은 생각에 큰 죄책감을 느꼈다고 말하며, 눈물을 닦는 여인의 모습을 보았다.

힘들었던 직장에서 퇴직해 이제 좀 쉬고 있는데 삼식이면 어떠냐,고 항변하는 남편도 있단다. 요즘 누가 아내에게만 의지해 세 끼를 먹느냐? 연속극을 보면 정년퇴직했어도 마음이 편치 않아 외출을 자주 한다. 하루에 한 끼 정도 내가 차려 먹는다는 둥 의견이 많다. 나도 직장을 옮기면서 상당 기간 집에 머문 기억이 있어 그분들의 심정을 충분히 이해한다는 사람도 있다. 삼식이는 여러 의미를 담고 있어 불가피하게 사용했다는 해명을 하는 여인도 있다.

40~60대 주부들의 현실과 고민이 고스란히 담겨있는 말이다. 자영업을 하는 부부처럼 은퇴 없이 계속 가사노동을 해야 하는 중년 아내의 불만이 삼식이란 글자 속에 녹아 있다. 황혼을 향해 달려가는 중년 부부들의 바람직한 처신과 미래에 대한 고민을 표출하는 단어이기도 하다.

퇴직 후 집에 있는 것이 불편한 남편이 많은 것 같다. 분명히 내 집인데 마음이 편치 않다. 30년 이상 몸이 으스러지도록 일했지만 쉬고 싶다는 말도 제대로 못 했다. 여러 이유가 있지만 아내와 종일 같이 있는 것이 피차 스트레스라는 하소연이 적지 않다. 부부가 종일 한 공간에서 부대끼면 두 사람 모두 스트레스 지수가 올라가는 모양이다. 아파트 단지에서 자영업을 하는 어느 부부는 우리는 일 년 내내 24시간 같이 있다고 하기에, 부인에게 "행복하십니까?" 물으니 깔깔 웃다가 잠시 후 알 듯 모를 듯한 미소를 짓는다. 박사 남편에 아내는 고등학교 수학 교사였었다는데….

중년의 아내도 가사 휴식을 취하고 싶을 것이다. 평생 해온 밥

짓기와 설거지가 지겨울 때가 있겠지. 남편의 퇴직 시기는 공교롭게도 아내의 갱년기와 맞물려 있는 경우가 많다. 감정의 변화가 심하고 만사가 귀찮아지는 것도 갱년기 증상의 하나로 보아야 할까? 이럴 때 밥 달라고 외치는 남편이 싫어질 때가 있다는 말이 맞을까? 30년 이상 고생하는 남편을 안쓰러워하던 마음이 어느 순간 삼식이를 생각하니 마음이 야릇해진다.

　삼식이는 행복에 가까운 좋은 운명으로 생각해야 하루하루를 즐겁게 살 수 있다. 철들어 살면서 어느 한날 근심 걱정 없이 살아온 날이 있었던가?

『계간문예』 상상탐구 2023. 9호

감동의 글들

부소산성을 가 보았다. 벌써 65년이 지났다. 그때 본 부여는 자연 그대로였다. 부소산 길은 험했다. 산길 따라 올라가서 군창터 자리에서 쉬면서 쌀을 찾던 기억이 났다. 백마강 쪽으로 가서 낙화암을 잠시 보고 고란사로 내려갔다. 절 뒤쪽에 약수가 있어 한 모금 마시고 고란초를 보고 다시 온 길로 돌아와 시내로 들어왔다. 친구가 한 곳 더 볼 것이 있다 해서 간 곳이 5층탑이다. 가까이 가니 밭 가운데 낡은 탑이 보였다.

여름이라 밭작물이 심겨 있어서 길도 없는 밭고랑으로 가서 보았다. 한 시간 전에 비가 와서 밭고랑을 가는데 신발에 진흙이 묻어 힘들게 들어갔던 기억이 났다. 그때 본 돌 탑은 흔한 탑 중의 하나로 보았을 뿐이다. 탑 일층에 큰 글자로 쓴 '대당평백제국비명(大唐平百 濟國碑銘)'도 못 보고 한 바퀴 돌아보고 나왔다. 후에도 몇 번 갔으나 그냥 겉으로만 지나쳤다. 이곳 노인들은 이 탑을 평제탑이라 불렀다.

그 후 고등학교 교과서에 정비석의 「부여를 찾아서」를 공부하고 깜짝 놀랐다. 마지막 문장이 너무나 심금을 울리는 글이었다. 지금도 그 글을 읽으면 60여 년 전에 어떻게 이렇게 훌륭한 글을 쓸 수가 있었을까 참 훌륭한 글이란 생각이 든다.

'당나라 대장 소 정방이 화려한 백제의 수도 부여를 함락하고, 이 탑에 자기의 공을 기록하였으니, 돌도 응당 원통한 느낌이 있으련만 아무 말 못하고 그대로 서 있지 않은가? 저무는 부여는 어두워만 간다.'

후에 발굴해서 지금은 정림사 터에 있는 5층탑으로 국보로 지정되어 있다.

조선왕조 숙종 때 소설 『춘향전』 제6단에 나오는 한 대목으로 극중 인물 이몽룡을 극찬하는 대목이다. 이 도령이 공부를 많이 하고 과거시험 보러 가서 자신 있게 답안지를 쓰는 모습을 멋지게 표현한 글이다.

과거(科擧)시험의 제목은 '춘당춘색 고금동(春堂春色古今同)'이라 시제를 받아본 이 도령은 자신 있게 글을 썼다. 이 문장도 유명한 글이다.

이때 한양성 이 도령은 시서백가어(詩書百家語)를 숙독하니 글로는 이백 이오 글씨는 왕희지라. 대제학 택출하여 어제를 내리시니 도승지 모셔내어 홍장 위에 걸어 노니 시제가, 춘당춘색이 고금동이라 뚜렷이 걸렸거늘, 이 도령 글제를 살펴보니 익히 보던 바라, 시지를 펼쳐놓고 용지연에 먹을 갈아 무심필을 반 중둥 덤벅 풀어 왕희지의 필법으로 조맹부의 체를 받아 일필휘지 선장하니 상시관이 글을 보고, 자자이 비점이오 구구이 관주로다 용사비등(龍蛇飛騰)하고 평사낙안(平沙落雁)이라

글자와 내용이 용이 하늘로 올라가는 듯하고, 넓은 모래사장에

기러기가 편안히 내려앉는 모습의 문장이다. 참으로 예쁘고 아름다운 글이다.

　남북이 교류해서 1999년 처음 북의 금강산을 갔었다. 공해로 나가서 십여 시간 만에 북한 장전항에 도착했다. 꿈에도 그리던 내가 살던 북쪽 땅을 밟은 것이다. 그때는 장전항에 호텔도 짓기 전이다. 배에서 내려 정해진 검열을 받고 바로 현대 버스로 '천하제일 금강산'이란 간판이 붙은 장전리로 갔다. 일행은 바로 예정된 일정에 따라 금강산 관광을 시작했다. 붉은 글씨로 된 간판이나 돌에 음각된 붉은 글씨가 많이 보였다. 현장에 대한 여러 설명을 들었기에 조심조심했다. 내금강을 보고 외금강은 먼발치로 보았다. 구룡폭포 등 여러 폭포도 보았다. 이름 있는 봉우리도 몇 곳 올라가 보았다. 신계사 절터도 보고 고총이 된 묘들도 많이 보았다. 그중에 마의태자의 능도 이 산에 있다는 설명을 들었다. 가서 현장을 보았다. 그냥 지나쳐 버리기는 의미 있는 곳이 많은데, 그중의 하나가 경순왕의 아들인 마의태자의 묘였다. 나는 현장을 보고도 그저 주인 없는 고총이구나가 전부였다. 비문도 알 수 없고 글을 쓸 만한 자료가 안 보였다.
　정비석 작가는 같은 현장을 보며 어떻게 이런 훌륭한 문장을 만들었을까? 감탄을 했다. 글이 너무 좋아서 지금도 외우고 있다. 마의태자의 묘를 보고 쓴 글 「산정무한」의 일부를 소개한다.

　　길이 저물어 지친 다리를 끌며 찾아든 곳이 애화(哀話) 맺혀있는 용마석(龍馬石)-마의태자의 무덤이 황혼에 고독했다. 능(陵)이라기보다는 너무 초라한 무덤-철책(鐵柵)도 상석(床石)도 없고 풍림에 시달려 비문조

차 읽을 수 없는 화강암 비석이 오히려 처량하다. 무덤가 비에 젖은 두어 평 잔디밭 테두리에는 잡초가 우거지고 석양이 저무는 저녁 하늘에 화석(化石)된 태자의 애기(愛騎) 용마(龍馬)의 고영(孤影)이 슬프다. 무심히 떠도는 구름도 여기서는 잠시 머무르는 듯, 소복(素服)한 백화(百花)는 한결같이 슬프게 서 있고, 눈물 머금은 초저녁달이 중천에 서럽다.

　태자의 몸으로 마의(麻衣)를 걸치고 스스로 험산(險山)에 들어온 것은 천년사직(千年社稷)을 망쳐버린 비통을 한 몸에 짊어지려는 고행(苦行)이었으리라.

　울며 소맷귀 부여잡는 낭랑공주의 섬섬옥수(纖纖玉手)를 뿌리치고, 돌아서 입산할 때 대장부의 흉리(胸裏)가 어떠했을까? 흥망(興亡)이 재천(在天)이라 천운(天運)을 슬퍼한들 무엇 하랴만, 사람에게는 스스로 신의(信義)가 있으니 태자가 고행으로 창맹(蒼氓)에게 베푸신 도타운 자혜(慈惠)가 천년 후에 따릅다.

　천년사직이 남가일몽(南柯一夢)이었고, 태자가신지 또 천년이 지났으니 유구(悠久)한 영겁(永劫)으로 보면 천년도 수유(須臾)던가! 고작 칠십 생애(七十生涯)에 희로애락을 싣고 각축(角逐)을 다투다가 한줌의 부토(腐土)로 돌아가는 것이 인생이라 생각하니, 의지 없는 나그네의 마음은 암연히 수수(愁愁)롭다."

　감동의 글들을 모아 보았다. 참으로 기가 막히는 글들이다. 글쓰기가 겁이 난다. 나는 얼마나 더 노력을 해야 이와 같은 훌륭하고 멋진 글을 쓸 수 있을까. 국문학을 전공했는데도 어떻게 이렇게 큰 차이가 날까? 꾸준히 노력을 하면 가능할까?

　한자 설명: *흉리(胸裏)=가슴속, 속마음, *창맹(蒼氓)=모든 백성, *수유(須臾) 짧은 시간, *각축(角逐)=서로 이기려고 다툼, *수수(愁愁)=한없이 서럽고 몹시 근심스러움.

2023. 8. 1.

바라나시의 결혼식

투숙한 호텔 정원 쪽에서 요란한 악기 소리와 왁자지껄 시끄럽고 요란한 소리가 났다. 창문을 통해 보니 정원에서 무슨 예식이 있는 것 같다. 뉴델리에서 완행열차로 13시간 거리에 있는 인도 갠지스강 근처 바라나시에서다.

정원 출입구에 총을 든 청년 몇 명이 경비를 서고 있었다. 정장한 하객들이 속속 입장하고 있다. 오후 7시부터는 하객이 줄을 서서 입장했다. 예식장은 따로 없고 넓은 정원이 식장이다. 넓은 운동장 같은 정원에는 곳곳에 최고 일류 뷔페식이 준비되어 있다. 음식 옆에는 정장한 안내인이 손님들을 안내하고 있다.

중앙 무대에는 4인조 밴드가 쉴 새 없이 연주를 하고 있다. 라이브로 노래하는 가수들은 모두 수준급이라고 한다. 하객들은 와서 음식을 먹고 기다리는 사람도 있고 가는 사람들이 섞여서 북적인다. 술이 취해서 서로 시비를 걸고 다투는 사람도 있고 오랜만에 만나서 서로 껴안고 즐거워하는 사람도 보였다. 어림잡아 천 명은 되어 보였다. 시골 결혼식에 구름같이 모여든 하객들은 신랑 신부와 어떤 관계가 있을까? 우리나라로 말하면 자유당 때 권력자의 자손같이 생각되었다.

9시가 조금 지나니 입구에 많은 사람이 모여 북적인다. 군중을 헤집고 가까이 가 보니 신랑이 입장하고 있다. 오른손에 긴 칼을 들고 몇 명의 동료와 잔디밭 위를 걸어 초등학교 교탁 같은 무대로 올라간다. 무대에는 고급 의자가 두 개 있고 옆에는 꽃가루와 꽃목걸이가 놓여 있다. 뒤쪽으로는 여러 가지 꽃을 장식해 놓았다.

초저녁부터 방송은 8시에 식을 시작한다고 예고했는데 예식은 10시 40분에야 시작했다. 신랑은 신부가 오기 전에 친구들과 사진을 찍고 이곳저곳을 다니면서 인사를 했다. 정원 뷔페식당에서는 먹고 마시고 떠들고 오고 가는 중에 신부의 도착을 알린다. 신부가 정문으로 친한 친구들과 어울려서 들어온다. 식장까지 300여 미터는 됨직한 거리를 잡담하며 천천히 걸어서 들어온다. 식장에 도착한 신부는 두 개의 의자 옆으로 가서 신랑과 마주 보고 촛불을 들고 꽃목걸이를 목에 걸고 가까이서 신랑을 쳐다본다.

먼저 신랑의 남자 친구들이 신랑을 뒤에서 안고 신부와 입맞춤하려고 가까이 다가가면 신부는 여자 친구들이 뒤에서 안고 한발 후퇴한다. 키스를 피하려고 신부를 위로 들어 올리면 남자 친구들이 신랑을 같은 높이로 들어 올려 입을 맞추려고 시도한다. 이렇게 여러 번 일진일퇴하며 아래위로 움직일 때마다 요란한 박수가 터져 나온다.

신랑 신부가 입 맞추기에 실패한 뒤 마주 보고 서 있으면 조금 후 신부의 어머니가 신랑 머리에 꽃가루를 뿌려 준다. 그리고 신랑 신부가 서로 꽃목걸이를 걸어준다. 이때부터 밴드는 중지하고 조용해진다. 목걸이를 걸어주고 신랑 신부가 포옹을 하는 순간 하늘에는 총천연색의 축포가 터지며 불꽃이 하늘을 수놓는다.

10분간 불꽃놀이 같은 축포를 쏘는데 이때 신랑은 신부에게 꽃가루를 뿌리고 신부도 신랑에게 꽃가루를 뿌려준다. 이때부터 서로 부둥켜안고 뽀뽀한다. 이때 카메라가 바쁘다. 여러 사람들이 자유롭게 사진을 찍는다. 이때부터 부부는 자유롭게 행동한다. 조금 후 다시 앉아서 많은 촛불과 꽃가루를 받고 부부가 같이 나와서 손님들에게 인사하고 손잡고 호텔 객실로 들어가면서 예식이 끝난다.

같은 호텔에 묵은 나는 내일 아침에도 행사가 있다는 안내원의 설명을 듣고 아침 일찍 일어났다. 우리나라와 다른 예식을 보려고 로비서 기다렸다. 모두 호텔에서 숙박한 양가 부모 형제들이 아침 7시에 로비로 나왔다. 새로 사돈이 된 양가 부모들과 친척 친구들과 작별 인사를 했다. 신랑과 신부는 친구들과 방을 같이 쓰기 때문에 한잠도 못 자고 밤새도록 논다고 안내원이 설명했다. 이곳 풍습이라고 한다.

인도 지방도시 부호의 결혼식 장면을 모두 보았다. 호텔 관계자의 설명을 들으니 이 정도의 예식이면 예식비가 한화로 식대를 빼고도 천만 원 이상 될 것이라고 설명했다. 접수대도 없고 축하금도 안 받았다. 2006년의 결혼식 장면이다. 인도 국민소득으로 보면 대단히 호화롭고 사치스러운 결혼식으로 보였다. 나는 인도 여행 중 여장을 푼 호텔에서 뜻밖에 결혼식 장면을 구경하는 행운을 얻은 여행이었다. 지금은 많이 변했는지 모르겠다.

2023. 4. 24.

한시(漢詩) 한 수

계림시에 있는 박물관을 찾았다. 소수민족의 생활상과 분포 등을 설명 들었다. 1층 매장부터 보았다. 도자기 그림 글씨 등 여러 가지를 판매하고 있었다. 조선족 안내원이 유창한 한국어로 친절하게 설명했다. 2층 전시관을 보았다. 광시 좡족 자치구에 사는 장족, 요족, 묘족, 동족, 머러족, 범넘족, 경족, 회족, 수족, 이족, 걸모족의 소수민족과 관련된 자료들을 많이 보았다. 명나라 때 정강 왕릉에서 출토된 자료와 명 청대의 도자기들을 전시 판매하고 있었다.

이곳에서 광서성의 유일한 11개 소수민족의 연기하는 모습도 여러 가지를 보았다. 좡족은 소수민족 중 인구가 가장 많은 천사백여 만 명으로 광시 좡족 자치구 전체의 1/3 가까이 된다고 설명했다. 이들 집은 나무로만 되어있다. 실물을 보니 모두 2층으로 된 집들이다. 1층은 더워서 살 수가 없어 헛간으로 쓰고 2층에 살고 있다고 한다. 2층을 올라가 보았다. 정문 위 문패 다는 곳에 손바닥만 한 거울을 붙여 놓았다. 일종의 부적이란다.

귀신이 사람 잡으러 왔다가 거울에 비친 자기 얼굴을 보고 놀라서 도망간다고 생각하고 있단다.

　민속도 여러 가지가 있다. 보면서 설명도 들었다. 청춘 남녀가 매년 3월 3일 만나서 12미터 높이에 농구 골대 같은 구멍을 만들어 놓고 명주로 만든 방울을 여자가 먼저 구멍 쪽으로 던진다. 공이 구멍을 통과하여 남자 쪽으로 가면 남자들이 받는 데 공을 받은 사람이 마음에 안 들면 계속 공을 던진다. 맘에 드는 남자가 받으면 던지기를 멈추고 받을 자세를 취한다. 공을 받은 남자는 여자 쪽으로 다시 던져 받은 여자가 마음에 들면 사랑이 이루어진다. 만일 받은 여자가 마음에 안 들면 다시 공을 던져 먼저 받은 여자가 받으면 짝짓기가 끝난다는 민속놀이다. 여자들은 십이 미터 높은 곳에 있는 구멍으로 공이 통과하지 못하면 평생을 처녀로 늙게 된다. 그래서 네 살만 되면 공 던지기 연습을 시킨단다. 남자도 좋아하는 여자가 없으면 총각으로 늙는다. 남녀 모두 결혼하려고 열심히 구멍 통과하는 연습을 한다며 실지로 연습하는 장면을 보여 주는데 재미있었다.

　쫭족은 둘째 아들에게 재산을 물려준다. 이곳의 풍습은 남녀가 결혼하려면 남자가 여자 집에 가서 3년을 살면서 처가의 평점을 받는다. 일 년을 살았는데 남자가 술 먹고 일 안 하고 여자 측 사람들의 비위를 못 맞추면 내쫓긴다. 첫 번 남자를 내쫓은 후 다음 남자를 데려온다. 그는 같은 과정을 거쳐 삼 년을 잘 넘기면 남편을 삼는다. 이때 부인이 된 사람은 첫 남자와 일 년을 살고 내쫓은 후 두 번째 남자와 사는데 아이를 낳으면 어떤 남자의 아이인지 잘 모르게 된다. 그래서 처음에 난 자식은 쫓아낸

전 남자의 자식이라 판단하여 재산은 두 번째 난 아이가 확실한 지금 남편의 아이라 차남에게 재산을 준다는 이유이다.

수족은 인구가 이천오백 명 된다는 기록이 있다. 자기 종족끼리만 근친결혼을 한다고 말했다. 그래서인지 머리가 나쁘고 멍청한 사람이 많다고 한다. 묘족은 흰 바지만 입는다고 설명했다. 이들은 산속 깊은 곳에 몰려 산단다. 깊은 산속에 사는 이들은 서로의 소식을 북을 쳐서 알리는데 세 번을 힘차게 치면 북 치는 동네에 결혼식이 있다는 뜻이고, 여섯 번을 치면 초상이 났음을 알리는 신호란다. 지금도 해남도에는 묘족이 살고 있다고 한다. 가파른 지대에 있는 마을에 계단식 논이 있고 주변에 대나무 기둥과 진흙으로 된 벽과 초가지붕으로 된 묘족 가족이 있다고 한다. 몇 년 전 골프 모임에서 동양의 하와이로 부르는 해남도를 갔었다. 안내인과 같이 묘족 마을을 찾았으나 원주민들도 모른다고 해서 현장을 찾지 못했다.

묘족은 흰 바지만 입는 것이 아니고 검은색 상의와 짧은 스커트도 입고 색깔이 화려한 자수가 놓인 모자를 쓴 사람도 있다. 관광객이 많기 때문에 이런 복장을 하고 있다고 안내인이 설명했다. 그들이 원해서 기념사진도 찍었다. 모델료를 달란다. 팁으로 몇 불 주었다. 그들의 수입원으로 생각하고!

묘족은 베틀에서 천을 손수 짜서 옷을 만들고 있었다. 외출할 때는 금은 장식품을 많이 가지고 다니는데 열 살 아이 무게만큼 은을 몸에 지니고 다닌다고 뽐냈다. 족장은 두 배 무게를 가지고 다닌다고 자랑했다. 청춘 남녀의 연애 장면도 설명을 들었다. 매년 7월 7일 큰 나무 기둥 위에 닭을 올려놓고 먼저 올라가 닭털을 하나 뽑아 내려와 여자 옷에 세 번 문지르면서 손수건을 건네준다. 이때 여자는 남자가 맘에 들면 손수건을 받고 남자의 발등을 세 번 밟는다. 살짝 밟으면 조금 사랑하는 것이고 강하게 밟으면 죽도록 사랑한다는 뜻이라며 실습 장면을 보여 주었다.

요족(搖族)은 검은색 바지만 입는다. 자기 조상이 벼랑에서 떨어져 죽었는데 죽을 때 검은 옷을 입고 죽어서 조상을 존중하는 마음으로 검은 바지만 입고 산다고 한다. 대단히 더운 곳인데도 검은 바지만 입고 산다. 검은 바지를 입고 우리를 반겨주었다.

경족은 물 위에 사는 수상 민족이란다. 이들은 배 위에서만 산다고 배를 가리켰다. 모자와 복장이 베트남 사람 같았다. 홍콩에서도 본 것 같다.

회족은 이슬람교도 같이 돼지고기를 먹지 않는다고 한다. 조상이 어릴 때 먹을 것이 없어 돼지 젖을 먹고 자라서 그가 죽을 때 돼지를 잡아먹지 말라는 유언을 했다고 설명했다.

2층에 전시된 실물 크기의 집과 사람 등 11개 종족의 여러 가지 전시품과 종족들의 묘기 모두를 보았다. 일층 전시 판매장으로 왔다. 옥으로 된 광문석을 파는 곳도 있고 지하 이천 미터 속에서 나왔다는 화석으로 만든 목문옥이라는 옥기도 설명을 들었다. 목문옥 찻잔은 표면 장력이 높고 몇억 년 지하에 묻혀 있던 것으로 가격이 비싸고 그래서 가짜도 많다고 조심하란다. 이것은 진짜이니 믿고 사가시란다.

지하로 안내했다. 국가에서 급료를 받는다는 유명하다는 시인이 즉석 한시를 지어주겠다고 하며, 우리 부부의 이름(백중 학용)을 넣어 7언 율시를 4행으로 지어주었다.

백중상해정양범(伯重 商海正揚帆) 중의대인 사업발(重義待人事業發)
학비봉무인환유(鶴飛 鳳舞人歡愉) 용주진보 행복래(鎔鑄珍寶幸福來)

　방대한 내용을 모두 볼 수 있는 계림박물관(桂林博物館)은 귀중한 자료와 볼 것이 많았다. 며칠 보아도 모두 볼 수가 없는 큰 규모에 감탄했다. 대국에서 강국으로 가는 국가의 진면목을 보고 깜짝 놀랐다.

2023. 8. 15.

운칠기삼

한 골프장 9홀을 설명했다. 첫 홀은 논 같은 평지고 넓어서 마음도 편안하다. 파4의 슬라이스 홀이다. 전방 소나무 왼쪽으로 치는 것이 안전하다. 왼쪽은 낮은 산이고 넘어가면 오비 지역이다. 오른쪽도 카트길 넘으면 오비 지역, 두 번째 샷은 거리가 있어 시니어들은 우드를 잡아야 된다. 좌 그린은 왼쪽에 여유가 있다. 뒤쪽에도 공간은 있으나 길면 나무숲으로 들어간다. 그린은 뒤가 조금 높으므로 길면 어려운 내리막 공략을 해야 된다. 우 그린은 그린 앞에 옆으로 길게 벙커가 있다. 벙커를 피하려면 조금 길게 쳐야 좋다. 너무 길면 카트길로 굴러갈 때도 있다. 그린이 내리막이라 퍼터하기도 힘이 든다. 두 그린 모두 편안하지 않다. 퍼터는 첫 홀부터 신중한 자세를 요구하는 그린이다.

두 번째 홀은 파3의 평지로 백 티 기준 140m 정도 된다. 좌 그린일 때는 왼쪽 산을 조금 넘겨 치는 것이 좋다. 산 쪽으로 가도 깊게만 안 들어가면 내려온다. 아래 카트길이 있어 그린 쪽으로 굴러 내린다. 앞에 벙커가 있다. 뒤에도 여유가 있어 조금 길게 치는 것이 좋다. 우 그린은 그린 바로 앞에 턱이 높은 벙커가 있다. 그린 뒤에는 조금의 여유가 있지만 그린이 뒤가 높고 앞이 낮은 경사홀이라 퍼터하기가 어렵다. 오른쪽은 오비 지역이라 피하는 것이 좋다. 두 그린 사이에 편한 공간이 있어 가운데로 공략하는 것이 무난하다.

세 번째는 계속 내리막인 파4의 미들홀이다. 거리가 짧아서 장타자는 원 온도 가능하다. 앞이 좁아 위험하다. 왼쪽은 산이고 깊이 들어가면 오비 지역이다. 오른쪽도 카트길을 넘으면 오비다. 중간 오른쪽에 긴 벙커가 있다. 좌 그린일 때 샷은 약간 왼쪽을 보고 쳐야 그린 중앙에 떨어질 확률이 높다. 산 밑에 조금 여유가 있다. 두 그린 앞 중간에 벙커가 있다. 좌 그린은 뒤가 높고 앞이 낮고 오른쪽이 낮은 어려운 홀이다. 우 그린은 뒤에 여유가 없다. 그린은 뒤가 높아도 길면 안 좋다. 오른쪽으로도 경사가 있다. 앞에 벙커를 조심해야 된다. 오른쪽은 카트길만 넘으면 바로 오비 지역이다. 우 그린일 때는 두 그린 사이를 보고 치는 것이 안전하고 유리하다.

네 번째 홀은 파5의 롱홀이다. 티샷 앞에 낭떠러지 산이 있다. 울창한 산을 넘겨야 된다. 티샷 낙하지점은 가파른 오르막이다. 슬라이스라이로 우측으로 가면 해저드 지역이다. 전방 그린이 전혀 보이지 않는다. 왼쪽이 산이고 오른쪽은 낭떠러지 산 끝 지점을 보고 치는 것이 좋다. 세 번째는 약간의 오르막이다. 좌 그린 왼쪽은 산이고 깊이 가면 오비 지역이다. 그린 뒤쪽에 조금의 여유는 있다.

그린이 뒤가 높고 앞이 낮은 경사가 심한 좁은 그린이다. 긴

샷보다는 깃대 못 미치게 치는 것이 유리하다. 우 그린은 뒤가 높고 앞이 낮은 가파른 경사로 3퍼트도 자주 나온다. 우 그린 앞에는 벙커가 있다. 뒤에는 공간이 있지만 우측에 카트길을 넘으면 바로 다음 홀로 굴러간다. 길게 치려면 두 그린 사이를 보고 치는 것이 안전하다.

5번 홀은 타석이 높고 계속 내리막이다. 오른쪽이 산이고 왼쪽은 카트길이다. 넘으면 오비 지역이다. 중간 왼쪽에 벙커가 있다. 오른쪽은 올라가도 비탈이 가팔라서 대부분 내려온다. 두 번째는 내리막이라 샷 하기가 어려워서 한 클럽 길게 잡는 것이 좋다. 좌 그린은 왼쪽에 카트길이 있어 지나면 오비 지역이다. 그린은 편안하다. 뒤에도 여유가 있다. 우 그린은 우측이 산이라 조금 왼쪽으로 치는 것이 좋다. 앞에 벙커를 조심해야 한다. 뒤가 조금 높고 완만한 경사로 퍼터 하기는 좋은 그린이다.

6번 홀은 파4의 미들이다. 좌우 모두 산으로 되어있다. 티샷 지점이 조금 높고 200여 미터 지점에 큰 연못이 있다. 드라이버를 잘 조정해서 연못 근처 샷 하기 좋은 위치로 보내는 것이 중요하다. 볼이 너무 왼쪽으로 가면 150m 정도의 물을 넘겨야 하는 부담을 안고 쳐야 된다. 가능하면 우측 산 밑쪽으로 보내면 어렵지 않게 투온이 가능하다. 물이 무섭다고 너무 오른쪽으로 치면 산 밑으로 가기도 한다. 파세이브를 하려면 투온이 중요하다. 좌 그린은 완전 평지라 길게 되면 오버되어 카트길로 내려간다. 약간 우측으로 공략하는 것이 안전하다. 우 그린은 앞에 약간 올라가는 턱이 있다. 조금 길어도 되고 뒤에도 약간의 여유가 있다. 핀을 향해 거리를 맞추면 된다.

7번은 핀이 안 보이는 오르막으로 파3홀이다. 백 티 기준 약 150m 되는데 실거리보다 한 클럽 더 잡는 것이 좋다. 왼쪽은 산이고 오른쪽은 카트길이다. 넘으면 오비 지역이다. 좌 그린은 왼쪽 산으로 가면 위험하다. 조금 길게 쳐도 괜찮다. 그린은 약간 뒤가 높고 앞이 낮은 퍼터하기 좋은 홀이다. 우 그린은 길게 치면 안 좋다. 우측 카트길만 넘으면 바로 오비다. 우 그린은 약간 좌측 두 그린 사이를 보고 공략하는 것이 안전하다. 우 그린 앞에는 턱이 높은 벙커가 있다. 벙커 왼쪽을 보고 쳐야 안전하다. 그린은 퍼터하기에 좋은 경사도이다.

8번 홀은 조금 심한 오르막이다. 우측은 높은 산이다. 공이 조금 올라가면 내려온다. 왼쪽은 카트길이고 넘으면 오비 지역이다. 거리는 짧지만 오르막이라 한두 클럽 길게 잡는 것이 좋다. 좌 그린은 왼쪽이 오비 지역이라 공략할 때 주의해야 한다. 앞에 벙커도 몇 개 있어 조금 길게 치는 것이 유리하다. 우 그린 앞에는 턱이 높은 벙커가 입을 벌리고 있다. 뒤에는 여유가 있으나 그린이 뒤가 높은 경사그린으로 넓이가 좁고 길다. 3퍼트도 자주 나오는 홀이다. 이 홀은 드라이버샷보다 두 번째 샷이 중요한 홀이다.

9번 홀은 파5의 롱홀이다. 타석이 높고 홀이 양말짝 홀이다. 드라이버는 슬라이스 홀이라 거의 우측으로 간다. 왼쪽 카트길을 보고 샷을 해야 좋다. 드라이버 낙하 근처에 큰 벙커가 있다. 두 번째 샷도 산을 넘기려면 실수가 나올 때 손해가 크다. 정중앙을 보고 공략하는 것이 좋다. 우측은 계속 산이고 왼쪽은 카트길이고 넘으면 오비 지역이다. 그린 앞에는 큰 벙커가 있다. 좌 그린은 왼쪽에 약간의 여유가 있다. 뒤쪽에도 여유는 있으나 러프라 공략이 어렵다. 우 그린은 그린이 앞뒤로 길게 되어 있고 거의 평지에 가깝다. 오른쪽에 여유는 있으나 산 밑이라 공략이 쉽지 않다. 앞 벙커를 피하려면 조금 길게 치는 것이 유리할 수 있다.

골프는 운칠기삼이란 말이 있다. 운이 70%란 말이다. 그래도 연습은 기본이고 현장을 자주 나가는 것이 중요하다. 지형지물을 잘 알고 있으면 좋은 점수를 낼 수 있을 것이다. 서울 근교 여러 곳을 다니신 골퍼는 '아 그 골프장' 하고 금방 아실 줄 믿는다.

『생활문학』 2018. 봄호

갠지스강에서 죽음을 생각하고

　델리에서 열차로 13시간 거리에 있는 바라나시는 인도 북부 남동쪽에 있는 도시이다. 인도 철학의 메카로 불교 4대 성지의 하나인 사르나트와 그곳에 한국의 절 녹야원(綠野園)과 유적 군들을 볼 수 있다. 두르가 사원, 힌두 문화와 인도 철학의 중심대학인 힌두대학, 갠지스강 가트 등 유명한 곳이 많다. 또한 힌두교도들이 많이 찾는 7개 도시 중 한 곳이기도 하다.
　예부터 세계 최고 도시 중에 하나로, 갠지스강 중류에 아리아인들이 처음 정착한 것이 도시의 시작이었다. BC 이천 년 아리아인들의 종교와 철학의 중심지이며 상업 및 산업의 중심지이기도 했다.
　BC 6세기 석가모니가 활동하던 때는 카시 왕국의 수도였고 8km 근처에 있는 사르나트는 석가가 처음으로 설법을 한 곳이다. 서기 635년에 중국 고승 현장이 인도 순례 중 바라나시를 방문한 이후 이 도시는 종교, 교육, 예술의 중심지가 되었고 위치는 갠지스강 서쪽 기슭을 따라 5km 정도 걸쳐 있다는 기록도 있다.

1194년 이후 3세기 동안은 이슬람교도가 집권하면서 힌두 사원들의 상당수가 파괴되었고 학식과 덕망 있는 학자들이 피신하는 등 쇠퇴의 길을 걷기도 했다. 그 후 16세기 악바르 황제가 종교와 문화 활동의 통제를 완화해 다소 호전되었고 그 후 아우랑제브 황제가 통치하면서 다시 퇴보하였다. 이후 마라타족이 정권을 잡으면서 부흥하게 되었고 19세기에는 영국의 지배를 받으면서 상업과 종교의 중심지가 되었다. 1910년 영국은 바라나시를 새로운 주로 만들었으나 자치권은 주지 않았다. 1949년 독립 후 오늘에 이르렀다.

이곳에 가트는 힌두교적 정화를 위해 목욕할 수 있는 시설로 인도에서 뛰어난 지리적 입지조건을 갖춘 곳이다. 갠지스 강가에는 수백 미터에 걸쳐 많은 성지와 사원 궁전들이 층층이 붙어 있다. 옛날 도시이기 때문에 시내 길은 좁고 정비가 안 되어 있어 차로 다니기가 불편하다. 그러나 새로 개발된 교외도시는 길도 좀 넓고 체계적인 시설을 갖추고 있어 먼지도 덜 난다. 옛날 길은 먼지가 많이 나고 말, 소가 많이 다녀 소똥도 자주 밟게 된다.

신앙심이 높은 힌두교도들은 평상시도 누구나 일생에 한 번 바라나시를 찾아가 신성한 판차코시라는 도로를 걸어보고 가능하면 그곳에서 죽음을 맞이하기를 소망하고 있다. 그래서 이곳에는 매년 백만 명이 넘는 순례자들이 찾아온다.

갠지스 강가 가트의 계단 위쪽에는 이천 년 이상 된 건물이 많다. 80% 이상이 고옥이다. 바로 넘어질 것 같은 건물도 있다.

바라나시 시내에서 7.5km의 거리이다. 가트는 백 개도 넘는다. 이곳에는 배 타는 장소, 목욕하는 장소, 빨래하는 장소, 그리고 맨 위쪽에 화장장이 있다. 화장터는 사진촬영을 금하고 있다. 가트 건물에는 사람 이름, 왕 이름 등도 있다.

두르가 사원은 여신을 모시는 사원이다. 해마다 10월에는 10일간 일일 일 회 과일만 먹는 유명한 축제가 있다. 두르가 신은 파괴하는 신이다. 건물은 인도 힌두 양식이며 건물 내에 여신, 남근 조각이 있다. 기도스님, 축복스님이 따로 있고 이들은 시주 돈으로 산다. 두르가 사원은 이백년이 넘은 사원이다.

바라나시는 기원전에는 산스크리트로 불렀으며 베나레스(Benares)라고 부르는 사람도 있는데 이는 영어식 발음이다. 이곳은 힌두교 최대 성지이지만 시크교, 자이나교, 불교 등도 성지로 간주하는 종교적 특징이 있는 도시이다. 시바 신앙의 중심지로 강가 연변에는 약 6km 거리의 사원이 널려 있고 강안(江岸)으로 이어지는 계단은 최대의 목욕탕이다. 강으로 나가는 길은 좁아 복잡하고 지저분하며 냄새가 코를 찌른다. 길 양쪽에는 견제품, 금은 세공, 놋 세공, 목공품과 방적 유리, 피혁공업 등이 발달하였다. 시내에는 17세기 사원과 자이나교 사원이 있고 시바 신을 모시는 황금사원은 유명하다.

바라나시에 있는 많은 사원 중에 가장 신성하게 알려진 곳은 시바신을 모신 비슈바나타 사원과 원숭이 신 하누만을 모신 산카트모차나 사원이다. 두르가 사원은 사원 가까이 심어진 커다란 나무들에 원숭이 떼가 살고 있어 더 유명한 곳이 되었는데 지금은 원숭이가 거의 없다. 두르가 사원과 산카트모차나 사원은 바로 이웃에 있다.

아우랑제브 대사원도 종교 건축물로 뛰어난 건물이다. 현대적 사원 중에는 힌두대학 교정에 있는 툴라시마나스, 비슈바나타 사원이 중요한 곳으로 꼽힌다. 이곳에는 머리 위쪽에 대형 남근 석상이 있고 아래쪽 물이 떨어지는 곳에 여성의 심벌이 마주하고 있다. 바라나시에는 도시 곳곳에 수백 개가 넘는 사원들이 있다. 북쪽 사르나트에도 대각회(大覺會), Bodhi Society와 중국, 미얀마, 티베트의 불교도들이 세운 사원 및 고대 불교 수도원의 유적을 많이 볼 수 있다.

바라나시에 있는 힌두대학 같이 규모가 큰 대학이 3개가 있고 12개가 넘는 단과대학과 고등학교도 많다. 대학 앞 가로수는 망고나무다. 갠지스강의 해돋이를 보려면 새벽에 나가야 된다. 어둠이 깔린 새벽 강가에 릭샤 2인승 인력거를 타고 가면 사람, 우마차, 릭샤가 뒤엉켜 범벅을 이룬다. 강가 근처에서 내려 가트 계단을 내려가면 갠지스 강물에 손을 넣을 수 있다. 이때 가트 양옆에는 남녀 노인들이 길 따라 길게 줄로 이어지고 있다. 이들은 이곳에서 죽을 날을 기다리고 있다. 아니 죽어지기를 희망하는 노인들이다. 갠지스강에 와서 목욕했으니 죽어도 여한이 없는 사람들인 것이다. 죽는 것도 인연이 있어야 한다. 나는 죽기를 희망하는 인도인들과 종교적으로 입장이 다른 죽음의 관념을 생각해 보았다.

일반적으로 타인의 죽음은 관찰이 가능하나 자신의 죽음이나 그에 대한 관념은 일종의 극한적 경험이나 상상으로 표상의 영역과 이어져 있다. 이것으로 인해 죽음에 대한 과학적 객관적 인식과 종교적 철학적 인식의 차이가 생기는 것이다. 이와 같은 두 가지 인식의 차이를 없애 보려는 시도가 연구되어 왔다.

죽음이란 지상에서 한 번 더럽혀진 육체가 소멸하는 것뿐이라는 생각과 죽음은 생과 표리관계를 이루면서 사후의 관계와도 상관이 있다고 생각하는 사고를 지닌 사람도 있다. 앞에 것이 죽음은 생과 단절을 의미한다면 후자는 생의 세계를 사후세계와 접속하는 매개점으로 인식하는 것이다. 예를 들어 그리스도 문화권은 앞의 절대 점을 강조하고 아시아의 불교권은 후자의 매개점을 강조한다. 중국의 공자는 "지금의 생도 잘 모르는데 죽음에 대해 어떻게 알겠는가?"라며 미경험의 영역으로 모른다고 했다.

인도의 석가모니는 죽음을 열반으로 파악해 영원한 생명에 이르는 출발점으로 생각했다. 이스라엘의 예수 그리스도는 십자가에 못 박혀 죽었으나 부활했다. 여기에서 공자는 죽음을 불가지의 대상으로 말했고 석가모니는 생의 충실로 이해했다. 예수는 죽음의 재생에 이르는 단절로 파악하고 있다. 이와 같은 죽음의 세 가지 유형은 시대와 지역을 초월해 공통적으로 발견되는 신화와 예술, 문학과 철학 등 관념과 발상의 모태가 되었다.

인도의 바라나시는 강가 중류에 있는 성지로 이곳은 의사와 운명으로부터 버림받은 말기 병을 앓고 있는 순례자들이 최후의 죽음을 위해 모여드는 곳이다. 그들은 사후 갠지스 강둑에서 화장되어 뼈와 재가 강물에 뿌려진다. 강둑에는 죽음의 순례자를 받는 집들이 많이 있는데 '해탈의 집', '휴식의 집' 등의 이름이 있다.

이곳에 온 중환자들은 조용히 2, 3주가 지나면 시체가 되어 갠지스강에 운반된다. 시체를 태우면서 그 불의 점화력이 혼의 행방을 정한다는 승천사상이 여기에서 생겼다.

한편 죽음의 인식에 대해 중요한 사실은 영과 육의 문제이다. 그리스의 플라톤주의와 오르페우스교는 육체와 혼을 속박하는 것으로 파악했고 그래서 영혼을 육체로부터 해방시켜야 한다고 설파했다. 그러나 그리스도교에서는 영과 육체의 일체화를 중시했다. 그리스도교의 믿음 중에 영혼은 육체를 가진 채 승천하는 것으로 믿고 있다. 신약성서에는 골고다에 있던 예수 그리스도의 묘는 예수 승천 후에 텅 비어 있었다고 기록되어 있다. 우주를 정복하고 있는 현대 과학 문명 속에 사는 우리가 과학적으로 전혀 근거를 찾을 수 없는 기록을 믿는 사람들이, 이렇게 많다는 것은 공자 말씀대로 불가지(不可知)한 일이 아닐 수 없다.

『좋은 사람 좋은 세상』 2015. 2. 5.

한국산이 최고

 오늘은 백화점과 시내 관광을 하기로 정했다. 아침 식사를 하기 위해 숙소를 떠났다. 아침은 호텔식이 보통인데 별식이 있다고 하여 외부로 나왔다. 식당으로 가는 길가에는 수백 년은 되어 보이는 이름도 모르는 늙은 나무 한 그루가 하늘을 찌를 듯이 서 있었다. 고목을 보면서 홍콩의 장구한 역사를 생각했다. 옛날 황무지에서 도시가 된 그 현실에서 이 고목에게도 어쩔 수 없이 굴레가 씌워지고 있는 것일까? 지금은 도시의 혼잡함에 밀려 그 빛이 퇴색해 가고 있는 듯한 고목을 뒤로하고 지정한 식당으로 갔다. 아침 거리는 모두 생기가 넘쳐흐르고 있었다.
 옛날부터 전쟁의 참화를 볼 수 없었던 축복의 땅 그러나 외지인에 빼앗긴 채 나름대로 발전을 계속하고 있는 아름다운 땅 홍콩!! 거리의 건축양식과 생활습관 그리고 모든 생활 풍습이나 양식들이 옛날과 지금을 넘나들며 공존하고 있음을 실감할 수 있었다. 식당에 도착하니 아침 8시였다. 염차(飮茶) 집이라는 중국 식당이었다. 홀이 2층에 있는데 굉장히 넓은 면적을 가지고 있는 큰 식당이다. 수백 명이 동시에 식사할 수 있는 홀이다. 이런 거대한 식당이 아침부터 만원이다. 일찍 간다고 갔는데 좌석이 없었다. 할 수 없이 1층 입구에 있는 홀에서 대기표를 받고 기다렸다. 순서가 되어 2층 식당으로 올라갔다.

홍콩은 모든 장사가 잘될 것 같았다. 홍콩 본토와 구룡 반도는 인구밀도가 대단히 높다. 어떤 곳을 가든지 사람이 홍수를 이루고 있다. 우선 유동 인구가 많으니 무슨 장사든지 잘되지 않으랴!!

낮에 비해 밤이 더더욱 북적거리는 곳이 바로 홍콩 같았다. 사방이 불빛으로 현란하게 반짝거리고 거리마다 네온 간판이 찬란하게 홍수를 이룬다. 도로는 그다지 넓지 않다. 그러나 사람들은 저마다 무슨 할 일이 그리 많은지 북새통을 이룬다. 늦은 밤의 거리는 차와 사람들이 뒤범벅되어서 아수라장을 만든다. 그래서인지 홍콩은 질서가 없는 것 같았다. 사람은 많고 땅은 좁은 까닭에 홍콩의 거리는 이제 하늘 높은 줄 모른다. 땅이란 땅은 거의 건물이 잠식해 버렸다. 땅이 부족한 까닭에 건물들은 대단히 높다. 지역에 따라 30층 이하의 건물은 정부에서 건축허가를 내주지 않는다고 한다. 그러니 한번 건물을 지으려면 적어도 30층 이상의 대형건물을 지어야 한다. 그래서 홍콩의 거리에서는 마치 연필을 깎아 세워놓은 것 같은 뾰족한 건물들을 많이 보게 된다. 30여 년 전에!!

엘리베이터에는 모든 부호나 안내문이 영어로 표기되어 있다. 홍콩도 우리나라 서울같이 차량의 홍수를 이루고 있다. 그래서 주차난이 상당히 심각하다고 한다. 주차장뿐만 아니라 공항도 포화 상태가 되었다. 이와 같은 승객과 화물 수요를 충족할 수 없어 새로운 비행장을 건설한 것이다. 신축한 책랍콕 비행장은 탑승 문이 80개가 넘는 대형 비행장으로 최첨단 현대 시설과 안전도에도 완벽하게 자동화했다고 한다.

홍콩의 또 하나의 특징은 빈부의 격차다. 부자와 가난한 사람의 차이가 너무 현격하다는 것이었다. 부자는 돈이 아주 많으나 가난한 사람은 날마다 끼니를 걱정할 정도란다. 그래서인지 홍콩의 도심은 최상급과 최하급이 공존한다. 세계에서 가장 비싼 물건도 있지만 가장 싼 물건도 있다. 참으로 희비가 엇갈리는 도시다.

오후에 홍콩 시내에 있는 대형백화점 몇 곳을 구경했다. 역시 세계 상가의 중심을 이루고 있는 홍콩답다는 말밖에는 할 말이 없었다. 세계 유명상표는 빠짐없이 진열되어 있었다. 세계 각국의 바이어들이 항상 붐비고 있었다. 백화점을 중국인이 직접 경영한다는 곳도 있다. 그 백화점에도 둘러보았다. 매장에는 늘씬한 아가씨가 손님을 향해 "이거 정력 좋다, 사라, 싸다"라며 서툰 한국말로 상품을 보여주는데 한국인삼이었다. 홍콩에서 가장 인기를 끌고 있는 것은 보약 종류 같았다. 인삼과 녹용은 어디를 가도 인기가 있다. 인삼은 한국산이 최고이고 녹용은 중국 지린성에서 나는 것이 가장 좋다고 설명한다. 홍콩 백화점은 어느 곳을 가든지 나름대로 특징이 있는 것 같다. 섬유제품 수준이 한국이 제일 높다는 백화점 안내원의 말을 듣고 모든 상품이 세계시장에서 일등만 하는 상품이기를 간절히 기원했다.

1992년 한중 국교 정상화 전후 여러 번 다니면서 보고 느낀 내용들이다. 지금은 많은 변화가 있을 것이다.

『월간문학』 2023. 10월호

비상

상하이를 가로질러 흐르는 황푸강의 동쪽 지역은 하루가 다르게 변모하고 있다고 한다. 보잘것없던 모래땅에 즐비하게 늘어선 고층 빌딩들은 푸둥 개발 10년의 산 증거로 볼 수 있다. 폭 100미터의 넓은 길은 21세기를 겨냥한 중국의 도전을 상징이나 하는 듯 이름도 스지 따아오, 즉 세기 대도라 부른다. 내가 30여 년 전 처음 갔을 때는 도로만 있고 주변은 허허벌판이었다. 먼발치에 드문드문 허름한 움막집이 전부였다. 지금은 길 양쪽에 빌딩 숲을 이루고 있고 끝에는 중국의 자본주의 실험실인 루자쭈이 금융 무역 회사들이 자리 잡은 변화가 되었다.

진마오 타워는 루자쭈이 금융 무역가 중심에 자리 잡고 있다. 6억여만 달러를 들여 지었다는 높이 421미터의 이 건물은 완공 이전부터 세계 각지에서 임대 문의가 잇따를 정도로 세계적 호재를 모았던 빌딩으로 알려져 있다. 월드트레이드센터 등 고층 빌딩들과 진마오 타워 주변에는 현대식 고층 빌딩이 즐비하다. 바로 옆 땅에는 일본 모리그룹이 101층짜리 상하이 환치우 금융센터빌딩을 준공했다. 공급 과잉을 우려한 당초의 생각과 달리 이 건물들에는 세계 유수 기업들이 앞다투어 입주했다고 자랑했다. 아시아의 새로운 금융 중심, 이것이 루자쭈이의 꿈이었다고 설명했다.

푸둥에는 다국적 기업들이 금융 시스템 기능을 완벽하게 갖추면서 많은 기업들이 이 금융 무역지구를 중국 및 아시아 진출의 교두보로 삼고 있다고 말했다. 한국도 포스코 개발이 투자해 지은 포스플라자는 스테인리스강을 외장으로 사용해 이곳에 새 명물이 되었다고 귀띔했다. 황푸강 건너에서 보면 미래에셋 건물 간판도 선명하게 보인다. 물론 푸둥의 미래를 내다보고 투자했을 것이다. 개발이 성공적인 곳으로 평가받으면서 최근에는 해외 자본 투자가 대형화 추세로 가고 있다고 한다.

WTO 가입 후 여건이 좋아지면 푸둥 지역은 외국 자본들이 더욱 많이 들어올 것으로 예상된다. 푸둥 개발이 완료되면 싱가포르 규모의 계획도시가 세워지게 된다고 설명했다. 루자쭈이 금융 무역구가 푸둥 개발의 현재라면, 외곽에 자리 잡은 첨단 기술 단지는 미래 중국의 희망의 땅이라고 자랑했다. 25제곱킬로미터의 엄청난 이 기술 단지는 개발을 시작한 지 20년이 못 되었지만 상하이시는 이 지역의 미래를 책임질 최고의 하이테크 단지로 키우기 위해 시설 투자를 많이 했음을 알 수 있다.

상하이의 외탄은 휘황찬란한 불빛이 눈을 어지럽게 하지만 그 이면에는 열강에게 땅을 빼앗겼던 조차지(租借地)라는 아픈 역사가 숨어 있는 곳이기도 하다. 그러나 중국은 이제 과거 비극의 역사를 딛고 세계에 우뚝 선 초강대국으로서의 비약을 준비하고 있음이 분명하다. 개혁 개방의 성공적인 20년, 눈앞에 보이는 경공업 제품의 세계 제패, 그리고 IT와 바이오산업 등의 분야에서 첨단 기술 개발로 미래에 던지는 승부수, 이것이 오늘의 중국 모습으로 보였다.

　신 개발지는 밝은 면만 있는 것이 아니고 어둡고 우려스러운 면도 함께하게 마련이다. 푸동 지구 건설은 중국 GDP의 40%가량 되는 양쯔강 유역 70여 개 도시의 성패와 연결된다고 설명했다. 총인구의 40% 가까이가 이 지역에 분포하고 있음도 성공과 실패의 중요성을 말해준다. 푸둥이 상하이의 일부이지만 상하이는 경제의 중심지다. 무역과 금융 하이테크 산업이 큰 비중을 차지하고 있기 때문이다. 푸둥의 성패는 국가 전체 산업의 사활이 달린 중요한 사업이 분명해 보였다.

　십여 년 전 특별 초청을 받아 상하이 엑스포를 구경했다. 현지 외교관의 도움으로 힘 안 들게 관람했다. 당시 내국인들도 인기 있는 관은 평균 5시간 이상을 기다려야 관람할 수 있었다. 여러 가지 미래 산업을 볼 수 있었다. 앞으로 상하이의 미래를 예측할 수도 있었다. 이 방대한 푸둥(浦東) 지역에 세계적 금융센터와 미래형 최첨단 시설이 들어와 중국의 미래 도약(跳躍)을 예약하고 있음도 확인했다. 몇 년 전 외탄강 건너 100여 층 빌딩에서 야경을 보았다. 불꽃놀이를 연상하게 하는 황홀한 네온야경은 발전하는 중국의 미래를 보는 것 같았다.

　자본주의 실험에 성공한 중국, 내일은 대국에서 강대국으로 변할 것이 분명해 보였다. 21세기를 맞아 세계 4위의 거대한 국토와 14억이 넘는 인구를 지렛대 삼아 초강대국으로 비상(飛翔)하려는 대국의 발걸음이 빨라지는 것을 보면서 이웃인 한국도 부러워만 해서는 안 되겠다는 생각을 강하게 했다.

『수필문학』 2022. 4월호

페냐 성당

페냐 성당은 마카오에 있다. 반도 남쪽 언덕에 있다. 남쪽을 바라보면 마카오 시내가 한눈에 보이고 중국 대륙도 잘 보인다. 성당을 찾아갔는데 근처가 한적하고 사람들의 내왕이 별로 없었다. 현장에서 성당에 얽힌 설명서도 보고 많은 이야기를 들었다. 성당 이웃에 사는 주민 중 평생 한 번도 성당 안을 들어가지 못하고 세상을 뜨는 사람도 많다고 한다. 백 년이 넘는 동안 성당 문을 잠가두고 있었으므로 들어가지 못했던 것이다.

1979년 10월 15일 이후 일 년에 딱 한 번 내부를 공개한다는 기록이 있다. 5월 13일 성모 마리아 탄생일 하루만 문을 연다는 설명문이 있다. 나는 운 좋게 이날 관광을 가서 내부를 볼 수 있는 행운을 얻은 것이다.

성당관리인이 큰 대문을 열어주며 들어가서 마음대로 관람하라며 안내를 해주었다. 성당 안으로 들어가면서 깜짝 놀랐다. 나무로 된 바닥인데 신을 신고 들어가시란다. 바닥이 기름기가 자르르 흐르고 너무 깨끗하여 신을 신고 들어가기가 미안했다. 바닥이 왜 이렇게 깨끗하냐고 물으니 일 년 내내 닫아 놓고 청소는 자주하니 깨끗할 수밖에 없다는 대답이다.

　들어가니 정면에 성모 마리아가 아기 예수를 안고서 있는 모습이 보였다. 도자기로 되어 있는데 본국에서 가져온 것이라고 설명했다. 마리아상 밑에 노란색 문이 있는데 그 안에 루비 20캐럿 짜리가 있다고 한다. 또 이 문을 성심의 문이라고도 부르며 안에는 마리아의 성서가 보관되어 있다고 한다. 라틴어로 되어 있는 이 성서는 세계에서 가장 오래된 성경책이라고 안내자가 설명했다. 이야기에 귀가 솔깃해진 것은 우리나라 최초의 신부였던 김대건 신부가 바로 이 성당 옆에서 공부를 하였다는 역사적인 사실이었다.

　연단을 바라보며 오른쪽 벽에는 어린 소녀상이 피 묻은 성경책을 들고 저주하는 모습으로 서 있다.

　소녀는 옛날 어느 집 머슴의 딸이었는데 성당에 다니고 있었다. 소녀의 집주인은 권력을 잡고 있는 당대의 유명한 장군이었다고 한다.

　어느 날 장군이 자기 집 머슴의 딸을 꾀어 못된 짓을 하려 했으나 소녀의 심한 반항으로 뜻을 이루지 못했던 것이다. 다시 여러 가지 방법으로 소녀를 꾀었으나 역시 마찬가지였다. 더 참을 수 없는 장군은 긴 칼을 빼 들어 소녀의 목을 쳤다. 이때 피가 흘러내려 소녀가 쥐고 있던 성경책까지 흘러내린 것이었다. 죽인 칼을 발밑에 놓아둔 까닭은 누구를 막론하고 장군의 말을 안 들으면 이와같이 단칼에 목이 잘린다는 실증을 보여줌으로써 거역을 못하게 함이었다. 그 후 장군도 얼마 못 가서 망하고 말았다고 안내자는 설명했다.

　정면 연단을 바라보며 왼쪽 벽에는 예수 그리스도 상이 있다. 십자가에 못 박혀 고개를 숙이고 괴로운 모습을 하고 있다. 발에는 피가 묻어 있다. 맨발로 십자가를 지고 골고다의 언덕을 오르다 흘린 피라고 한다. 옆에는 예수님의 고난사를 벽에 죽 붙여 놓았다. 예수님상 아래에는 상자가 있는데 그 속에도 성서가 들어있다고 설명했다.

　정면 좌측 중간지점에 사람이 올라가 연설할 수 있는 단이 있다. 무엇이냐고 물으니 신부님이 올라가 설교하는 곳이라고 설명해 주었다. 앞쪽에서 설교하면 뒤쪽 사람들이 안 들릴 것 같아 중간에 단을 만들었다고 한다. 성당 내부는 우리나라의 일반적인 교회와 비슷했다. 딱딱한 의자가 놓여 있고 성당 안에 소장되어 있는 그림이나 조각들은 모두 국보급에 속한다고 한다. 성당 주변에는 사제의 집과 수도원이 있고 총독의 관저도 있다. 공기도 맑고 깨끗이 정돈된 주변 환경 모두가 첫인상을 밝게 해 주었다.

　여행을 하다 보면 생각지 않은 행운이 올 때도 있다. 코로나19 이후에도 여행하면서 생각지도 않은 행운이 왔으면 하고 기대해 본다.

테마공원

제주도에 있는 '선녀와 나무꾼'으로 부르는 테마공원은 한국의 근세 70년 동안 서민들의 생활상을 모아놓은 곳이다. 민속박물관 농업박물관 등 동(棟)을 달리한 곳들을 들렀다. 어렵게 살았던 삶을 다시 보니 만감이 교차했다.

민속박물관에는 전쟁 이후 어려운 생활상을 있는 대로 되살려서 가슴 아픈 장면들이 너무도 많다. 엿장수에게 헌 고무신을 들고 가서 엿을 바꾸어 먹는 장면도 보인다. 조금은 더 신을 수 있는 까만 헌 고무신으로 몰래 엿을 사 먹고 부모님에게 혼이 나는 장면도 보여준다. 1950년대에는 고무신은 시골에서는 부잣집 아들이나 면장의 아들 정도 되어야 신을 수 있을 때다. 보통 집 아이들은 짚신이나 맨발로 다니던 시절이다.

망치로 두들겨 칼과 낫 도끼를 만드는 대장간의 옛 모습도 현장을 옛날과 똑같이 재현해 놓았다. 무거운 망치로 붉게 달구어진 쇳덩어리를 장단 맞추어 내려쳐서 농기구와 도끼나 칼도 만드는 장면이다.

국민학교 교실에서 공부하는데 떠들거나 장난치는 아이들을 불러내 조금 떠든 아이는 벽을 쳐다보고 서 있게 하고, 말을 많이 안 듣는 아이는 책을 들고 서 있게 하는 벌을 받는 장면도 보여주고 있다. 벌 받다가 오줌을 싸는 아이도 있다. 추억의 초등학교 교실 뒤쪽 학습 판에는 그림과 '낙엽 지는 가을바람' 같은 글씨도 보인다. 그전에는 책상과 걸상도 없는 맨바닥에서 공부했다. 나도 동시대로 직접 경험한 추억이 있다.
　'아들딸 구별 말고 둘만 낳아 잘 기르자'라는 1960년대 산아제한 표어가 눈길을 끈다. 미래를 예측하기가 어렵다는 사실에도 큰 교훈을 얻었다.
　단칸방에 헌 담요 한 장을 같이 덮은 세 명의 아이가 누워있고, 칭얼거리는 넷째 아이는 방 귀퉁이에 앉아 있다. 아이 엄마는 좁은 방에서 갓난아기를 안고 있다. 창문 옆 벽에는 개근상장과 우등상장을 세 장씩 붙여 놓았다. 남편을 기다리는 듯한 표정의 핏기가 없는 다섯 아이 엄마 모습도 보인다.
　길가 강냉이 튀기는 곳에 간 아이들이 꽝 소리 나기 직전 눈을 감고 귀를 막고 터지기를 기다리는 장면도 잘 묘사해 놓았다. 신발가게를 만들어 놓은 곳에서 70여 년간 신발의 변한 모습도 볼 수 있다. 달동네 마을 흙 담 벽에는 '마부(馬夫)' '맨발의 청춘' '쌔드 무비' '저 하늘에도 슬픔이' '하숙생' '별이 빛나는 밤에' 같은 50년이 넘은 추억의 영화광고 벽보도 반은 찢어진 채로 바람에 휘날리고 있는 모습도 볼 수 있다.
　농업관계 박물관과 민속 박물관에는 옛날 장터거리 어부들의 생활과 먹거리 장터가 있다. 가요 콩쿠르대회 무대와 민속놀이

마당 등 볼거리가 푸짐하다. 민속 박물관에 만들어 놓은 여러 생활상은 수백 가지가 넘어 보인다.

 6.25 이후 1980년대 말경까지 전 국민들이 힘들었던 삶의 현장을 실물 위주로 입체로 전시해 놓았다. 현재 70대 이상은 본인이 모두 직접 경험한 내용이 많아 추억이 새로울 것이다.

2019. 9. 24.

인도 타지마할

 인도 무굴제국, 제5대 황제 샤자한 부인의 묘를 타지마할(Tajmahal)이라 부른다. 한 왕비의 무덤이지만 지금도 인도의 대표적 건물이다. 마할이 붙지만, 궁전은 아니다. 아그라 신시가지 동쪽 야무나강 변에 있다. 먼 곳에서 보아도 아름답고 가까이서 봐도 아름답다.
 정문의 아치를 통과하면 몇 개의 계단이 있다. 여기서 건물 쪽 정중앙을 보면 정원과 분수가 있다. 정원 뒤쪽 200여 미터 근처에 완벽한 건축물이 찬란한 남향 햇빛을 받고서 있다. 좌우의 건물이 보조를 맞추고 있다. 완벽한 대칭에 놀라게 된다. 이와 같은 완벽한 건축물이 400년 전에 지어졌다니 감탄하지 않을 수 없다. 더욱 놀란 것은 이 건물이 왕궁이나 신에게 제사 지내기 위한 건물이 아니고 죽은 왕비의 무덤이란 사실이 더욱 놀라웠다. 주위를 살펴보니 뒤쪽은 야무나강이 유유히 흐르고 좌우 좀 떨어진 거리 양쪽에 같은 크기의 보조 건물이 있다.
 샤자한 황제가 한없이 뜨겁게 사랑한 왕비 아르주만드바노 베쿰(뭄타즈 마할)은 1631년에 사망했는데 그녀의 죽음을 몹시 슬퍼한 샤자한 황제는 제국의 국력을 낭비하면서까지 돈을 퍼부어 건설하였으며 이것으로 사랑을 표현하고자 했던 것 같다. 이 건축물을 짓기 위해 세계 각지에서 비싼 돌을 사 오고 기술자를 뽑아서 장장 22년 동안 천문학적인 자금을 들여서 1653년에 완성했다. 1만2천 명의 이란 기술자를 불러왔고 자국 대리석 80%에 나머지는 이태리 대리석으로 지었다. 내부공사도 12년이 걸렸고 담장 등 외곽공사도 10년이 걸렸다. 돔이 11개 있다. 대문의 조각 글씨는 재스민꽃 모양이다. 그런데 꽃의 무늬가 모두 달랐다. 여러 회사의 모형을 받고 택일하려고 했으나 입찰에 참여한 여러 회사들의 모형을 다 받아쓰기로 했다고 한다. 응모한 거래처의 손실을 감안해서…. 그래서 재스민꽃의 무늬가 각각 다르다고 말했다. 실지로 확인해 보니 꽃무늬가 다 달랐다. 안내자의 설명이다.

 황제 샤자한은 야무나강 건너 쪽 산기슭에 검은 대리석으로 타지마할과 같은 무덤 건축물을 건설하고 야무나강에 다리를 놓고 양쪽을 다니게 하는 계획도 세웠다고 전해진다. 이슬람 가르침에는 이 세상 종말이 오면 무덤에서 죽은 사람들이 모두 다시 살아나서 알라의 심판을 받을 때까지 자손 대대로 잘 살다가 잠든다고 한 말을 믿고 있었다. 황제도 죽은 왕비를 다시 만나 강 양쪽에서 살면서 낙원으로 갈 것을 믿었기 때문일 것이다. 그러나 세상은 권력자라고 해도 마음대로 되지 않는 것이 있다는 교훈을 남기려 했던 것이었던지, 또는 권력은 무상한 것인지, 황제는 아들 아우랑제브에 의해 유폐당하였고 아그라성 옥상 한 귀퉁이 므

삼만 버즈에 갇혀 살다가 그곳에서 쓸쓸히 세상을 떠났다고 한다. 방을 가 보았다. 아들 아우랑제브 황제는 아버지에게 마지막 효도(?)로 죽은 뒤 어머니 무덤인 타지마할에 안장해 주었다. 1층 중앙 원형 홀에는 중앙에 부인 묘 좌측에 남편(샤자한)묘가 관광객들에게 시달림(?)을 받고 있다. 부부는 하루에도 많은 구경꾼들의 시선을 받으며 외화는 벌겠지만, 안락하게 잠들지 못하고 아들과 세상의 변화를 한탄하면서 누워 있는지도 모를 일이다. 정면 좌측 지하로 내려가는 계단이 보인다. 지하에는 샤자한 부부의 실 묘가 있다고 했다. 휴대용 회전 등을 비치며 내려가 보았다. 컴컴한 지하에 불을 비춰 보니 대단히 화려하고 아름다웠다. 저절로 감탄사가 나왔다. 밤에는 무덤 안팎의 조명을 밝혀 더욱 아름답다. 건물 중앙 1층 묘소를 투조하는 실루엣이 내벽을 비쳐서 더욱 신비롭게 느껴진다. 묘 앞 입구를 지키는 경비원이 "알라 악바르(알라는 위대하다)"라고 크게 소리치면 머리 위쪽 돔 안쪽에 반응되어 소리가 울려 퍼진다고 설명했다.

　타지마할은 인도를 대표하는 건축물로 가장 완벽한 인도 모슬렘 예술의 진주이며 세계문화유산의 최고 걸작품이다. 앞마당에 인공호수를 파서 조경하고 장미공원도 만들었다. 매월 15일 만월에 호수에 비친 타지마할은 환상적이라고 한다. 총면적이 약 17만 제곱미터이다. 부속 건물 중 좌측 건물은 기도실 건물이고, 우측 건물은 스님 법대 건물이다. 부속 건물에는 많은 자료가 있다. 5대 황제 샤자한의 셋째 아들(후에 아우랑제브 황제)이 두 형을 죽이고 왕위를 찬탈하여 샤자한 아버지를 유배시키고 1685년에 왕위에 등극한 내용도 있다. 무굴제국은 7대 바하두르샤 2세 때

멸망하고 지구상에서 영원히 사라졌다.

타지마할 경내 기도실 앞쪽에 박물관이 있다. 입장료 5루피를 주고 들어갔다. 무굴제국의 정치 군사 생활 서적 등 많은 전시물을 볼 수 있다. 황제의 도장 사진 사인도 있다. 왕의 그림을 도자기에 입혀 영구 보존한 것도 있다. 각종 그림 중에는 왕의 회의 장면 코끼리 훈련 등 일상생활의 모습도 전시되어 있다. 왕의 대리석 사진도 있고 마할의 3개 건물 균형을 맞추어 실내조명도 잘해 놓았다. 샤자한 황제 22살, 타지마할 왕비 20세에 결혼해 자녀 14명을 낳고 39세에 죽었다는 설명과 그림이 있다. 그때 쓰던 은화 금화 동전도 전시되어 있다. 전 세계 대리석도 전시되어 있다. 인도에서 대리석 붙이는 기술은 고소득 기술이라 죽기 직전에 아들에게만 알려준다고 설명했다.

타지마할이 이렇게 좋으니 누군들 가 보고 싶지 않겠나?

2024. 6. 8.

재수 좋은 날

거제 도심에서 버스로 한 시간 거리에 있는 장사도를 구경했다. 대포 나루에서 배를 타려면 주민등록증을 준비하란다. 잠시 후 주민등록 번호만 써내면 된다고 안내자가 설명했다. 400여 명이 탈 수 있는 여객선에는 여러 곳에서 온 사람들로 복잡했다. 배를 타자마자 바로 방송이 나왔다. 주변에 있는 섬들을 설명했다. 소덕도 대덕도 가왕도 죽도 용초도 한산도 등의 역사적 사건과 섬들의 내력을 설명했다. 15분 만에 배는 선착장에 도착했다.

장사도는 30여만 제곱미터로 자그마한 섬이다. 낮은 산으로 해발 백여 미터는 되어 보였다. 이 지방에서는 누에섬이라고도 부른다. 섬은 동남쪽으로 길게 이어진 남쪽 끝이 누에머리에 해당된다. 한자로 잠사도라고도 부른다. 수십 년 전 한때는 십여 채 집에 80여 명이 살았고 초등학교 분교도 있었다고 한다. 섬을 돌다 보니 괜찮은 기와집에 문패도 있는 남향집과 교회도 있다. 섬 전체를 한 바퀴 돌아보았다. 여기저기서 새들의 울음소리가 들린다. 이곳에는 천연기념물 팔색조와 동박새가 살고 있다. 식물 중에는 석란과 풍란이 유명하단다. 십여만 그루의 동백나무가 울창한 숲을 이루고 있고, 후박나무 구실 잣 밤나무도 자라고 있다. 출발은 거제에서 했는데 섬 남쪽은 경남 통영시 한산면 한려해상공원이란다. 두어 시간 동안 섬 전체를 구경했다. 선착장에서 꼬불꼬불 비탈길을 올라가면 산마루에 해당되는 곳에 중앙광장이 있다. 남쪽의 푸른 바다가 한눈에 들어온다. 한산도 추봉도 용초도 죽도도 보인다. 그림으로 섬의 위치를 설명해 놓아서 알 수 있었다. 남쪽 약간 비탈진 곳에 천여 명은 앉을 수 있는 계단식 야외 공연장이 있다. 다양한 볼거리와 축제 때 공연을 할 수 있는 곳이다. 여기서도 넓은 바다를 볼 수 있다. 서쪽 끝에 있는 승리 전망대에는 역사적인 기록이 있다. 임진왜란 때 최초로 승리한 옥포 해전의 내용이다.

'1592년 6월 13일 이순신 장군이 판목선 24척 협선 15척 포작선 46척을 이끌고 여수를 출발하여 역사적인 제1차 출정을 감행했다. 비진도와 용초도 근처를 지나 장사도 가왕도 병대도를 경유하여 거족도 방향으로 북상하여 약탈 중인 30여 척의 해군 선단을 포위하고 총통과 화살로 26척을 격침 시켰다. 이것이 임진왜란 해전 최초의 승리를 거둔 옥포 해전이다.'

전망대에서는 통영의 서남쪽이 멀리 보였다. 광장 남쪽 온실에는 잘 아는 꽃도 있고 잘 모르는 꽃들도 많이 보였다. 몇 가지 꽃을 적어본다. 목마가렛, 트리안, 가자니아, 용설란, 파초일엽, 금새우난, 군자란, 재스민, 백년초, 배롱나무 등 수없이 많은 식물이 살고 있다. 남쪽에는 옻칠미술관이 있다. 동남쪽 끝에는 정남향을 볼 수 있는 전망대가 있다. 날씨가 좋을 때는 이순신 장군의 한산대첩으로 유명한 한산도가 멀리 보인단다. 오늘 날씨가 좋아서 멀리 보이는 섬들을 많이 보는 행운도 맛보았다.

드문드문 안내소가 있고 화장실도 현대식으로 깨끗했다. 카페테리아 커피점이 있는 곳에는 탁 트인 하우스가 있고 옆에는 동백나무 그늘이 좋아 노천의자에서 휴식하기도 좋은 장소가 있어 한참 쉬었다. 더위를 식히려고 냉커피도 마셨다. 옆에는 간단한 식당도 있다. 바다의 특산물인 멍게를 젓갈로 만들어 놓은 멍게비빔밥은 바다의 향취를 그대로 느낄 수 있게 했다. 충무 김밥도 먹어보고 숙성된 김치 맛도 좋았다.

일행 30명이 누에섬 관광을 마치고 출발지인 대포항으로 배를 타고 나와 점심을 먹기로 되어 있었다. 배에서 내려 선착장 근처 버스로 가는 중이었다. 일행 중 절친한 이 장로가 뒤에 오면서 윤 박사 무어 잊은 것 없느냐고 부지런히 내 옆으로 다가왔다. 해변이라 바람이 심해 말소리를 잘 알아듣지 못했다. 농담으로 하는 말로 알고 웃으며 잊은 것 없다고 답했다.

그런데 진짜 없느냐고 재차 물어왔다. 나는 없다고 자신 있게 말했다. 이 장로는 환하게 웃으며 이것 윤 박사 것 아니냐고 하며 나에게 증명서 두 장을 주었다. 받고 보니 내 주민등록증과 운전면허증이었다. 어떻게 된 일이냐고 물었더니 이 장로가 내리는데 누가 "여기 윤백중이란 사람 있느냐"라고 소리를 질러서 왜 그러느냐며 '내가 잘 안다' 하니까 분실물을 본인에게 전해달라며 주민증과 면허증을 주었다고 했다. 배에 탔을 때 조찬모임에 항상 옆에 앉는 단짝들이 또 같이 타고 있었는데 내릴 때 일행인 황 회장에게 할 이야기가 있어 먼저 배에서 내렸다. 그때 나를 아는 사람이 모두 배에서 내렸으면 큰 낭패를 볼 수도 있었다. 친한 친구 몇 명이 함께 오면서 분실물을 바로 전해주지 말고 선착장 지나서 식당 근처에서 웃기는 말투로 말하면서 공짜는 안 되고 한턱내라는 말을 하고 돌려주기로 합의했단다. 이날은 참으로 재수 좋은 날이었다.

2018. 6. 10.

안개 속의 나이아가라

　세계적으로 유명한 나이아가라 폭포는 캐나다와 미국 국경 사이에 있다. 오대호 중의 이리호(Lake Erie)와 온타리오호(Lake Ontario)로 통하는 나이아가라강에 있다. 폭포는 중간에 있는 코트 섬 때문에 크게 두 줄기로 갈라진다. 코트 섬과 캐나다의 온타리오주와의 사이에 있는 폭포는 말발굽 폭포, 또는 캐나다 폭포라고 한다. 높이 48미터 폭 900미터에 이르는 거대한 것으로 중앙을 국경선이 통과하고 있다.
　코트 섬 북동쪽의 미국 폭포는 높이 51미터 폭 320미터에 이르며 나이아가라 강물의 94%는 말발굽 폭포로 흘러내린다. 나이아가라 폭포는 나이아가라 케스타(cuesta)에 걸려 있으며 예로부터 인디언들에게는 잘 알려져 있었으나 백인에게 처음 발견된 것은 1678년 프랑스 선교사 헤네핑에 의해서였다고 안내원이 설명했다. 그 후 신대륙의 대자연을 상징하는 것으로 선전이 되어 세계적으로 알려지게 된 것이다. 한때는 세계 제일의 폭포라고 하였으나 이과수 폭포와 빅토리아 폭포가 알려지게 되어 지금은 북미

제일의 폭포로 일컬어지고 있다.
 이 폭포가 걸려 있는 케스타 벼랑의 상부는 굳은 석회암으로 되어 있고 하단부는 연한 이판암과 사암으로 구성되어 있다. 폭포의 떨어지는 물은 하단부의 연 층을 후벼내듯 침식하기 때문에 돌출한 듯 남아있는 상부의 석회층도 허물어져 떨어지고 있다. 벼랑은 해마다 0.7~1.1미터 정도씩 뒤로 후퇴하고 있으나 거대한 발전소를 건설하여 수량을 조절하는 방법으로 폭포의 붕괴를 완화 시키고 있다. 폭포의 주변은 경치가 아름다워 공원화되어 있고 교통과 관광시설이 정비되어 있어서 세계 각국의 관광객이 많이 찾아온다고 설명했다. 양쪽에는 나이아가라 폴스라고 하는 같은 이름의 2개 도시가 서로 마주 대하고 있다. 거대한 폭포에서 떨어지는 물의 양은 매초 8500입방미터에 이르고 있어서 그 소리가 옆 사람의 말이 들리지 않을 정도로 우렁차다. 게다가 자욱한 안개비와 같은 물보라는 먼 곳에서도 볼 수 있다.
 나이아가라 폴스는 공업 관광의 도시로 나이아가라 폭포의 수력발전을 이용하여 화학 제지 펄프 식품 가공 기계 등의 공업이 발달하였고 폭포를 찾는 관광객을 유치하기 위한 호텔 토산품 점 박물관 공원 등의 관광시설이 완비되어 있다.
 캐나다의 나이아가라 폴스와 서로 다리를 두고 마주 보고 있는데 두 다리를 연결하는 다리로 유명한 것은 폭포의 바로 밑에 있는 레인보우 다리로 1941년에 건설된 것이다. 폭포의 위쪽에는 세 개의 섬이 나란히 있는데 오누이 섬이라고 부르며 둥근 것은 고구마 섬, 긴 것은 옥수수 섬 등의 이름으로 부르고 있다. 이 오누이 섬은 각각을 연결하는 다리가 있어서 이곳에 가면 이리호수의 수평선을 볼 수가 있으며 강 건너의 캐나다 풍경까지도 볼 수 있다.

　주변 경관이 뛰어나서 관광지의 휴식공간으로 관광객의 발길이 끊어지지 않는 곳이다. 일행은 '안개 속으로 사라진 여행'이라는 긴 이름을 가진 배를 타고 폭포 근처까지 가 보았다. 우리가 탄 배의 이름이 하도 이상해서 안내원에게 물었더니, 그것은 나이아가라 폭포에 담겨있는 한 전설에서 따온 이름이라고 말했다.

　전설이란 예전에는 이 폭포에 해마다 마을의 처녀 중의 한 명을 뽑아 제물로 바치는 관습이 있었는데 그때 제물이 된 처녀들이 마치 안개 속으로 사라지는 것과 같았기 때문이라고 한다. 지금도 말발굽 폭포까지 가면 그때의 울음소리가 들린다고 한다. 일행은 배를 타고 가면서 안내원이 가리키는 곳을 보며 계속 설명을 들었다.

　캐나다 국경을 바라볼 수 있는 곳에 이르자 이곳에서는 캐나다에 자유롭게 드나들 수 있다고 말했다. 미국인이면 영주권이나 시민권만 있으면 되고, 외국 관광객일 경우에는 캐나다 방문비자 아니면 우리의 경우에는 주민등록증만 있어도 캐나다에 갈 수 있다는 것이다.

　나이아가라강에서 흘러내리는 강물은 오대호 중에서 제일 작은 온타리오 호수까지 흘러간다고 한다. 이곳에 있는 섬은 미국 국토 안에 있는 민물 섬으로는 이보다 더 큰 섬이 없다고 하여 이 섬을 그랜드 아일랜드라고 부르며 이 섬에 사는 사람은 상류층에 속한 대접을 받았다고 한다. 그 이유는 주변의 강변 배경을 아름답게 갖고 있기 때문이라고 하니 이곳 섬의 경관이 얼마나 수려

한지 보지 않아도 짐작할 수 있을 것 같다.

　1945년에 많은 유럽 사람이 미국으로 이주해 올 때 그중 유대인이 이 섬이 탐이 나서 흥정을 했다고 한다. 그 후 1948년 이 섬을 소유할 수 있게 되었는데, 마침 그해에 그들의 조국이 독립하게 되어, 섬을 사려던 돈을 조국에 희사함으로써 이 섬을 포기할 수밖에 없었다는 것이다. 그러나 지금까지도 근처의 많은 땅의 소유자가 유대인이라고 설명했다. 나이아가라 폭포가 생기게 된 유래를 보면 약 12,000년 전에는 이곳이 전부 빙하로 이루어졌을 것이라는 추측이다. 빙하 시절이 끝나고 얼음이 녹아내리기 시작하면서 지금과 같은 폭포가 생기게 되었을 것이라는 말이다. 나이아가라의 원뜻은 천둥이라는 말에서 나온 것이라고 하는데 그 말 그대로 천둥이 울리는 듯한 소리로 귀가 먹먹해질 때도 있다. 이곳에 겨울 경치가 볼만하다고 하는데 그 이유는 단풍나무가 많아서 그런 것이 아닐까 싶다. 문득 캐나다 국기에 단풍잎이 들어있는 것이 생각났다.

　나이아가라 폭포는 연세를 많이 잡수신 어른들이 와서 구경하시면 젊어진다고 안내원이 설명한다. 이유를 물으니 "나이아가라 20년만" 하면서 나이를 떼어 폭포로 던지면 20년이 젊어진다는 것이다. 어느 노인이 그런 말을 했을까?

2024. 7. 17

국제학교

베트남 하노이에는 한국 학생만 다니는 국제학교가 있다. 세계 여러 나라에 한국인 학교가 있으나, 하노이의 한국국제학교는 특별한 인연이 있다. 학교 재단 이사장을 내 모교 이십여 년 후배가 맡고 있기 때문이다. 하노이에서 수십 년 사업을 해서 좋은 일을 많이 하고 있는 훌륭한 후배이다. 초대이사장도 처음 초등학교와 중등학교를 세우고 교육인적자원부의 인가를 필한 능력 있는 십여 년 후배이다. 초대이사장은 2대 3대까지 이사장을 지냈다. 4대 이사장은 2018년 5월 7일 취임했다.

2006년에 처음 초등학교 인가를 받고, 다음 해에 중등학교 설립인가를 받았다.

해가 갈수록 학생 수가 급격히 늘어 2012년 3월에 김 이사장의 노력과 하노이 정부의 협조로 신축교사를 증축하여 이전했다. 2012년 430명이 재학했는데 3년 후에는 845명으로 배 가까이 급증했다. 몇 년 사이 하노이 근교에 한국 대기업이 들어와 핸드폰 공장과 부품을 생산하는 기업들이 많아졌다. 학교에서 한 시간 거리 정도 안에 있어 현지 주재원들의 학생들도 많이 입학한 원인도 한몫을 했다고 선생님이 귀띔해 주었다.

신축교사는 16,000여 평방미터 부지에 연건평도 15,000제곱미터에 이른다. 2018년 3월에 방문했을 때는 학생 수가 1,783명으로 2015년에 갔을 때 보다 배 이상 많이 늘었다.

5년 전에 갔을 때는 초등학교 선생님 21명 중등학교 선생님 22명 행정직원 11명으로 총 54여 명이 근무하고 있었다. 2018년 봄에 갔을 때는 먼저 근무하셨던 교장 선생님이 전근하시고 2015년 8월에 새로 김현진 교장 선생님이 부임하셨다.

새로 오신 교장 선생님과 여러 가지 대화를 했다. 교장 선생님은 대학 후배 이재은 재단 이사장과 함께 교내 여러 시설을 안내해 주셨다. 도서관을 들렀다. 많은 책이 잘 정돈되어 있었다. 넓은 도서관 한쪽에 책꽂이만 있고 책이 없었다. 교장 선생님께서 도서관이 신축한 지 얼마 안 되어 책을 다 못 채웠다고 설명했다. 서울에서 '책을 조금 보내드려도 되겠느냐' 의견을 드리니 보내주시면 고맙겠다고 하셨다. 돌아와서 항공우편으로 제가 쓴 책과 아내가 출간한 책을 포함하여 40여 권을 보냈다. 얼마 후 김 교장 선생님이 책을 잘 받았다는 메일을 보내주셨다.

성균관대학교 출신들이 학교의 재단을 맡고 있으나 국가도 많은 지원을 하는 것으로 생각한다. 초중고 교사의 현지 발령은 최고의 우수 교사들이란다. 2018년 하노이에서 고교 졸업 후 한국 대학에 많은 학생이 유학을 온다고 설명했다. 서울대학교를 비롯하여 연세대학교 고려대학교 등 많은 학생이 유학하고 있다. 성균관대학교도 8명이나 입학했다며 20여 대학 입학자 명단을 보여주었다.

  2019년 11월 성균관대학교 동남아연합동문회 대회를 인도네시아 발리에서 개최하였다. 모교에서 동문 30여 명이 갔다 동남아 여러 나라에서 50여 명이 모여 행사를 했다. 여기에서 이재은 이사장도 만나고 김정인 전 이사장도 만났다. 행사 후 친선 골프대회도 있었다. 경기장에 나가니 생각지도 않은 김정인 전 이사장과 한 팀이 되어 즐거운 시간을 보냈다.

  지금 하노이 한국 외국인학교는 학생이 너무 많아 즐거움을 만끽한다고 전 이사장이 자랑을 했다. 모교 후배들이 외국에서 활발한 기업 활동과 국가를 위해 통 큰 봉사를 하고 있음을 보면서 선배로서 마음이 흐뭇했다.

2020. 2. 11

1,500년 전 보물

낮은 산, 남쪽 경사진 곳에서 북쪽으로 뚫린 길을 따라 들어갔다. 꽤 넓은 광장이 있고 바로 왼쪽 벽 앞에 묘광이 있다. 관을 들고 안으로 들어가는 길은 왼쪽으로 치우쳐 있다. 사방이 일 미터 정도 되는 구멍으로 허리를 굽혀야 들어갈 수 있다. 공주 송산리에 있는 백제시대 5호 고분이다.

굴식 돌방무덤이라고 해석한 이 무덤의 원이름은 횡혈식석실분(橫穴式石室墳)이다. 관이 놓였던 방은 크기가 남북 길이와 동서의 너비가 3.5미터 정도 되는 정사각형에 가깝다. 높이도 1.3미터까지는 수직으로 쌓고, 그 위부터는 안쪽으로 기울게 쌓은 후 정상 부근에서는 판석 한 장을 올려 천장을 돔 형태로 반원을 만들었다. 바닥에는 자연석을 깔았고 나무 관을 올려놓는 관 받침대 두 개가 동서로 나란히 깔려 있다. 분묘의 방은 모두 벽돌을 쌓아 만들었다. 벽과 천장에는 백색 회를 발랐다.

1호에서 4호까지 무덤에는 강돌을 깔았다는데 이곳은 벽돌을 이용했다. 앞에서 보아 서쪽은 길이가 2미터가 넘게 긴 것으로 보아 남자이고, 동쪽은 2미터가 안 되어 여자로 추정된다. 이 고분은 이미 도굴을 당해 내부 장치물은 거의 남아 있지 않았다. 금 은제 장식물 조금 하고 철제유물이 조금 있었다는데 어디로 옮겨 놓았는지 보이지 않는다. 이 고분(무덤)도 서기 500년대 웅진시대 5명의 왕 중 한 왕의 부부이거나 왕족의 무덤으로 추정하지만 도굴된 후라 확인할 수 있는 방법이 없다고 설명했다.

바로 옆에 6호로 이름 붙인 무덤은 80여 년 전에 우연히 발굴했으나, 역시 도굴당해서 내부 장식물은 없다. 이 고분도 벽돌로 쌓은 무덤이다. 입구는 사람 혼자 기어들어 갈 정도의 좁은 굴이다. 역시 머리를 숙이고 3미터 정도 굴을 엎드려 들어가게 되어 있다. 내부의 크기는 남북 길이가 장정의 팔로 두 발이 넘고 동서의 너비가 2미터가 좀 더 되었다.

널을 놓는 방은 사방이 동전 무늬를 새긴 벽돌로 쌓았으며 사방 직선 벽에만 쌓은 벽돌은 눕혀서 4장, 세워서 3장으로 아름다운 모양새를 갖추었다. 벽면 동서 북쪽 세 곳에는 등잔을 올려 놓을 수 있는 자리를, 동쪽과 서쪽에는 3개씩 만들어 놓았고, 북쪽에는 한 곳에만 만들어 놓았다. 등잔 놓는 자리 위쪽에는 작은 창문 같은 모양의 창이 있어 관방(棺房) 안에 있으면 보통 사는 사람의 방 안에 있는 느낌을 주게 했다.

내부 위쪽 천장 벽에는 회를 바르고 사방을 지키는 상상의 동물들을 그려 놓았다. 좌측은 용을 상징하는 청용, 우측에는 호랑이를 상징하는 백호, 북쪽에는 뱀과 거북을 같이 그린 현무, 남쪽에는 봉황의 형상을 한 주작(朱雀)을 그렸다. 남쪽 벽 주작 좌우 뒤에는 해와 달, 그리고 구름을 묘사했다. 이 사신도(四神圖)는

6호분에만 있어 웅진시대의 유일한 벽화이자, 백제시대 대표적인 고분 벽화로 귀중한 자료라고 한다. 관을 올려 놓았던 받침대가 하나인 것을 보면 한 사람만 묻혔던 것으로 보인다.

무령왕과 관계가 깊은 사람으로 무령왕의 전 왕비이거나 직전 선대 동성왕으로 추측할 수도 있다. 벽돌에 쓰여 있는 글씨를 판독해서 보니 양관와위사의(梁官瓦爲師矣)라고 새겨진 명문 내용이 확인되었다. 당시 무령왕이 나라를 튼튼히 하고, 지금 중국 땅인 양나라와 외교 관계를 맺고 벽돌 제작에도 중국 양나라 선진문화의 영향을 받았음도 짐작이 가는 글이다.

실제 크기의 무령왕릉을 보았다. 구조를 보면 관을 집어넣는 관 길과 안쪽에 왕 부부의 관방으로 나눌 수 있다. 이 왕릉은 유일하게 원상이 보존된 고분이다. 널(관) 길은 남북의 길이가 3미터는 되어 보이고, 동서의 너비는 일 미터가 조금 넘을 것 같다. 바닥에서 천장까지 높이는 1.5미터쯤 되어 보였다. 천장의 모양은 6호 분과 같은 반원형의 돔 같은 아치형이다. 터널의 총길이는 4미터는 되어 보이고 너비도 3미터는 되는 것 같다.

부부가 모셔진 관대에서 천장까지는 대강 3미터는 되어 보였다. 여기도 6호분과 같이 북벽과 동서 양쪽에 모두 5개의 등잔 놓는 받침이 설치되어 있다. 등잔받침 위에는 등잔이 놓여 있고, 등잔 꼭지에는 심지 자국이 남아 있다. 무덤 안에 등잔불 시설을 해 놓았던 증거가 확실하다.

무령왕릉의 내부를 사실 크기로 재현한 모형을 보았다. 입구 오른쪽에 능의 모든 내용을 기록한 사방 40센티 크기의 묘지석이 부부 따로 두 개가 있다. 조금 들어가면 현관 턱이 있다. 그 앞 가운데는 돌로 된 해태축소형이나 고슴도치와도 비슷해 보이는 돌로 된 '진묘수'라는 험상궂은 동물이 있는데, 무덤 지킴이라고 한다. 널을 운반하는 널길과 널을 안치하는 방을 구분하는 턱이 있다. 모양은 현대 주택같이 현관 입구와 마루와의 구분을 두고 옆 너비도 일 미터가 조금 더 되고 문턱의 높이는 15센티 정도로 보였다.

조금 들어가면 부부의 관이 안치된 자리가 있다. 시신을 안치한 방과 주변 근처에서 4,600여 점의 국보급 유물과 보물이 쏟아져 나왔단다. 베개를 비롯하여 발을 얹어놓은 기구, 보석 목걸이 등 어마어마한 양이 출토된 것이다. 공주 박물관에 가면 여러 가지를 볼 수 있다.

백제는 5대 64년의 도읍지였던 공주에, 도굴된 무덤만 있다고 생각했었다. 전에는 도굴된 묘의 주인이 누구이며 언제 사망했고 왕릉에 어떻게 안치되었는지 알 수가 없었다. 그런데 송산리 고분에서 무령왕(武寧王)릉을 발견(1971년)한 이후부터 백제문화는 많은 사실관계의 변화를 가져오게 되었다. 누구의 묘이며 언제 돌아가셨고 어떻게 안치되었다는 기록이 적힌 묘지석과 여러 가지 유물들이 나왔기 때문이다. 어림짐작했을 뿐 눈으로 직접 확인할 수 없었던 각종 유물들이 만천하에 빛을 보게 된 것이다.

이러한 왕릉의 형태는 1,500년 전 백제 상 중기 건축 수준과 예술적 감각이나 사상적 배경을 이해할 수 있고, 사회상과 장묘 문화와 풍습도 알 수 있는 중요한 보물을 찾은 것이다.

역사의 현장을 보는 순간, 눈을 의심하며 감탄하지 않을 수가 없었다.

2019. 2. 17.

만족

"얼굴이 왜 반쪽이 되었어?" 갑상선암 수술하고 반년 만에 찾은 나에게 이발소 주인이 한 말이다. 55년 경력으로 40여 년을 큰 병원 구내 이발소를 운영하는 김 소장은 70대 후반인데 아직도 현역이다. 수십 년 전 사업이 잘 될 때는 이발사 면도사를 두고 규모 있게 영업을 했었다고 자랑도 했다. 요즘은 시대가 변해서 남녀노소 구별 없이 미용실을 찾아가니까 이발소 영업이 잘 안된다면서 조금은 걱정이 되지만 병원의 환자들도 오고 주변 빌딩에서도 찾아준단다. 몇 년 전에는 병원장님도 단골손님이었다고 자랑도 했다. 처음 친구의 소개로 개원했을 때는 명의들이 진료한다는 소문 때문에 환자가 많아 입원실 구하기가 어려워 이발소에 와서 입원실 구할 수 있느냐고 묻기도 했단다. 지금은 큰 병원이 많아 손님도 전만 못하고 국가가 관리하니 어려움도 있다며 쓸쓸한 표정을 지었다.

병원에 입원했을 때 구내 이발소를 찾은 것이 인연이 되어 근 20년 단골이 되어 지금도 다니고 있다. 비슷한 연령대라 서로 말을 놓고 지내는 사이가 되었다. 한 번은 이발을 하는데 머리를 깎는 둥 마는 둥 해서 며칠만 지나면 또 이발을 해야 되겠다 했더니, 젊었을 때는 머리도 잘 자라고 모발에 힘도 있는데 나이가 들면 머리가 많이 빠지고 자라는 것도 시원치 않아 너무 짧게 자르면 안 된다고 설명을 해준 때도 있었다.

이발 후 시간이 좀 날 때면 차를 한 잔 타 주며 50여 년간 이발을 하며 아들딸 출가 잘 시키고 면도해 주던 아내도 건강하고 살만한 내 집을 가지고 산다고 자랑도 했다.

얼마 전 이발소를 찾았는데 전화를 하고 있었다. 한참 후에 전화를 끊으며 미안하다고 했다. 무슨 전화인데 거의 싸우다시피 긴 전화를 하냐고 했더니, 장사도 안 되는데 임대료를 많이 올려달라고 해서 목소리가 커졌단다. 수십 년 이곳에서 영업을 했는데 하필 이 불경기에 임대료를 많이 올리겠다고 해서 못 드리겠다며 항의하다 보니 전화가 길어졌노라고 설명했다.

요즘은 몇 년 전 메르스 사태로 병원이 불경기를 맞으며 그때부터 어려움이 시작되었는데 대형병원이 아니어서 아직도 여파가 남아 계속 힘들게 하루하루를 지낸단다. 그러면서도 하루 손님이 열 명만 오면 한 달 수입이 16.4% 인상된 최저임금 시간당 7,530원 정도의 벌이는 된다며 이만하면 두 식구 살기는 어려움이 없다고 환하게 웃는다.

어떤 때는 대출을 받거나 친구나 동창 친지에게 돈을 빌려 크게 한번 벌이고 싶은 생각도 있었겠지만 욕심은 한이 없고 한 번 실패하면 재기가 어려움을 알고 분수에 맞는 생활을 하는 사람으로 보였다. 이발은 제조업과 비슷해서 한 번에 많은 손님을 받을 수가 없는 어려운 직종이다. 그래도 자기가 배운 기술로 매일 일하니 건강도 유지하고 생에 보람을 느끼면서 사니 이것이 행복이 아니겠는가? 부자나 재벌들의 사는 방법과는 천지 차이가 나겠지만 검소한 생활로 자식들한테 의지하지 않고 수입에 걸맞은 생활로 만족을 찾는 생활이 아름답게 보였다.

오랜 세월 일하면서 보람도 있었고 사고 없이 무난하게 일하고 있는 것이 감사하다며, 기회 있을 때마다 이 나이까지 일할 수 있는 기회를 준 사회와 건강을 주신 부모님께 감사를 드린단다. 이발을 하러 가서 얼굴을 볼 때마다 즐거운 마음으로 하루하루를 만족하게 사는 모습이 참 보기 좋았다.

며칠 전 이발을 하고 나오면서 농담으로 "많이 벌어" 하니 고맙다면서 "한 달 후에 보겠네" 하고 순진한 표정으로 싱긋 웃었다.

『계간문예』 2017. 가을

인왕산과 서촌

한 해를 마무리할 즈음, 등산모임에 참석했다. 등산을 평소에 안 하던 터라 몇 년 동안 한 번도 참석 안 했던 모임이다. 서울 둘레길을 걷는 수준이라 해서 용기를 냈다.

한양성 성곽 옆길을 향해 올라가는데 오른쪽에 등과정지(登科亭址)가 있다. 조선시대 무사들이 활쏘기 연습장으로 쓰던 유명한 사정(射亭)이다. 사정은 활터에 있는 정자를 의미하는데 등과정은 궁궐 서쪽에 있는 연습장 중에 하나다. 지금은 궁술이 폐지되어 터만 있는데 그곳에서 남녀 궁사들이 열심히 활쏘기 연습을 하고 있었다.

성곽 옆 등산길로 접어들었다. 앞쪽 위를 쳐다보니 돌계단이 높이 보이고, 계단도 수천 개는 되어 보였다. 한양도성을 왼쪽에 끼고 앞만 보고 계속 올라갔다. 중간에 다리가 아파서 몇 번 쉬면서 도성에 올라서서 성의 모양과 쌓은 돌의 색깔과 희미하게 쓰여 있는 글씨도 보았다. 성 밖은 천야만야한 낭떠러지로 성곽 위에서 있기가 무서웠다. 가파른 인왕산 정상을 향해서 땀을 흘리며 계단만 보고 걸었다. 도성은 조선왕조의 도읍지인 한성부의 경계를 표시하고, 왕조의 권위를 지켰으며 외부에서 오는 침략자를 막기 위한 울타리로 쌓은 돌성임을 확인했다. 조선 건국 초기에 북악산, 낙산, 남산, 인왕산의 능선을 따라 돌 혹은 흙으로 쌓은 도성임을 알 수 있었다. 돌의 색깔을 보면 중간에 여러 번 고친 흔적이 보였다. 바깥쪽에서 보면 높이가 7~8미터는 됨직하다. 전체 길이도 40리가 넘는다고 한다. 500여 년의 세월을 지나면서 낡거나 부서진 곳을 고친 흔적들이 긴 역사를 말해주고 있다. 성벽 돌에 새겨진 희미한 글자들과 선명한 글자들이 보였다. 이 돌들의 글씨를 보면 시대별로 돌의 모양도 다르고, 색깔도 달라 축성 시기와 시대마다 돌 쌓는 기술의 발달 과정도 짐작할 수 있었다.

국사에서 공부한 4대문과 4소문이 있다. 4대문은 동대문, 돈의문, 남대문, 숙정문이다. 4소문은 혜화문, 소의문, 광희문, 창의문을 말한다. 인왕산 구간에는 도성 주변 길 근처에 기차바위, 치마바위, 범바위 등 잘생긴 바위들이 보인다. 정상 근처에 오르니 아름다운 서울 강북 사대문 안의 전경을 볼 수 있다. 광화문, 경복궁, 청와대가 바로 눈 아래 있는 것 같다.

둘레길 수준이라며 같이 가자던 후배는 미안해서인지 옆에서 지키며 도와주기도 했다. 330미터의 산마루턱, 정상이 코앞인데 바위를 비스듬히 깎은 계단이 보인다. 옆에 잡을 끈이 멀어 의지하기가 힘들어 보였다. 정상을 20미터 남기고 오르기를 포기했다. 등산회 회장과 올라간 길을 다시 내려와서 팔각정 가는 도로로 접어드니 이곳이 둘레길이었다. 윤동주 문학관에서 일행과 합류했다. 문학관 2층, 무거운 다리를 쉬면서 마시는 차 한 잔은 생명수 같았다. 다음은 단풍이 절경이고 볼거리 많다는 서촌으로 향했다.

인왕산 자락 겸재 정선이 사랑했다는 수성동 계곡과 별을 노래한 시인 윤동주의 언덕과 문학관이 있다. 아기자기한 계단을 오르락내리락하는데 어렸을 적 고향에서 같이 놀던 참새와 박새들이 머리 위로 날고 있었다. 늦가을 붉은 단풍잎이 발아래 깔려 밟히고, 아직 남아 있는 잎들이 눈 내릴 때를 기다리며 바람에 날리고 있었다. 산꼭대기 치마바위를 타고 내려오는 신선한 바람이 땀을 씻어주었다. 여름에는 진초록색의 무성한 잎들이 수성동 계곡을 덮고 물소리도 시원하겠지! 겨울에는 눈 내린 아침 풍경이 겸재의 그림과 잘 어울릴 것 같았다.

　겸재 정선의 그림이 있는 곳에 와서 쉬었다. 그림은 조금 퇴색해 있었다. 가까이서 자세히 보았다. 작품 이름은 겸재 정선의 「인왕제색도」이다. 종이에 검은 묵으로 그린 그림이다. 비 온 뒤에 안개가 낀 인왕산의 큰 바위들을 꽉 차게 배치한 것도 특이하다. 아래쪽의 안개와 나무와 풀이 있는 모습을 조화롭게 그려서 산 아래서 보고 그린 것으로 보인다. 산을 멀리 올려다보는 것과 산 아래는 굽어 내려다보는 점을 착안해서 인왕산을 바로 눈앞에서 보는 듯한 현장 감각을 살렸다. 안개와 능선은 엷게 보이게 했고 바위와 나무는 짙은 색으로 처리했다. 먹색의 강렬한 획은 흑백의 대비를 선명히 보이게 했다. 굴곡과 산의 습진계곡을 아주 효과적으로 나타내면서 화면의 변화와 활력을 불어넣었다.

　그림 왼쪽 바위에는 '송석원(松石園)'이라는 한문이 쓰여 있다. 중앙 비스듬한 바위에 크고 작은 소나무 열두 그루가 있고, 뒤에는 바위산을 배경으로 처리했다. 한시가 조금은 퇴색이 되었고 초서에 가까워서 읽기가 어려웠다. 화면을 꽉 채운 구도로 한 색을 내는데 여러 차례 반복한 붓의 지나감이 화가의 개성을 잘 드러낸 작품으로 보였다. 그림 오른쪽 위쪽 여백에는 '인왕제색 신미윤월하완(仁王霽色辛未閏月下浣)'이라고 먹색으로 썼다. 그 밑에 정선

(鄭澂)이라는 백문(白文)방인이 있다.

　그림을 감상하고 산꼭대기 쪽을 보니 산 정상 바로 밑에 이빨바위와 전설의 바위가 보인다. 비운의 왕비 단경왕후(端敬王后)의 전설이 전해오는 치마바위에 대한 애절한 사연이다. 조선 11대 임금 중종의 첫 부인이었던 신 씨는 중전이 된 지 7일 만에 중전의 자리를 박탈당하고 서인이 되어 인왕산 아래에 살게 되었다. 폐비가 된 이유는 친정이 반정에 연루되었기 때문이다. 연산군의 확실한 신임을 받고 권력 중심부에 있던 친정아버지 신수근이 연산군의 매부이고 고모가 연산군의 부인이었다. 중종반정으로 연산군이 폐위당하면서 그쪽 편에 속해있던 사람들이 모두 숙청을 당하면서 친정도 몰락했다. 이때 단경왕후도 사형은 면했으나 졸지에 죄인의 딸이 된 것이다.

　그때 중종이 경회루에 나와 한숨을 쉬며 단경왕후를 그리워한다는 소식을 듣고 경회루에서 잘 보이는 인왕산 치마바위에 올랐다. 신 씨가 궁궐에 있을 때 왕이 좋아해서 즐겨 입었던 분홍색치마를 펼쳐놓고 중종이 다시 찾기를 기다리며 세월을 보냈다고 한다. 이 소문이 장안에 퍼져 바위 이름도 치마바위라고 불렀다고 전해오고 있다. 단경왕후는 71살에 세상을 떠났으니 그때는 장수한 왕비였다.

　한 정권이 몰락하여 적폐세력이 되면 한 인생은 재기하기가 어렵다는 교훈도 얻었다. 지금 부르는 단경왕후의 이름도 폐위된 지 230여 년 지난 영조 때 복권되었다니, 지금 돌아가는 세태를 보면 머리가 복잡해진다.

『생활문학』 2019. 여름호

신선놀음에 도낏자루 썩는 줄 모른다

중국의 쑤저우(蘇州)는 높은 산이 없고 사방이 끝이 보이지 않는 평야다. 이곳에 있는 호구는 시내에서 북서쪽 5킬로미터 지점에 있는 쑤저우에서 제일 높은 산이다. 높이는 36미터, 넓이는 약 20만 제곱미터라고 한다.

춘추시대 쑤저우를 수도로 정한 오(吳)나라 왕 부차가 그의 아버지 합려의 능으로 조성한 곳이라고 알려져 있다. 기원전 496년까지는 해통산(海通山)으로 불렸으나 합려를 매장한 지 3일 후 능 앞에 흰 호랑이가 웅크리고 있었다는 설과 천하를 통일한 진나라 시황이 합려의 능 속에 명검이 묻혀 있다는 소문을 듣고 큰 칼을 캐려고 와서 3일을 작업하는 중 호랑이가 나타나서 작업을 중단한 후 붙여진 이름이라는 설이 있다. 이는 후세인들이 무덤을 파지 말라는 경고로 해석할 수 있다. 또 다른 설명은 36미터 높이 언덕 전체가 먼 거리에서 보면 호랑이같이 보인다 하여 호구란 이름이 지어졌다는 설도 있다.

산속에는 금은보화가 꽉 찬 창고라고 전해 왔다. 장검 3,000자루가 묘 속에 묻었다는 설도 있다. 황제들의 무덤을 아직 찾지 못하고, 태조 황제 능만 2,500년 만에 찾았다는 것이다. 몇몇 학자들은 큰 돌 여섯 개가 산을 덮고 있는데 400년이 지나면 칼 등 보화를 원형대로 캐낼 수 있을 것이라고 예언했다고 안내자가 말했다.

대부분 고적이 그렇듯이 이곳도 역사적 의미를 부여하며 무조건 믿으며 음미하고 설명을 믿어야 실감이 나지, 겉으로 보면 아무것도 아닌 것 같다.

북송대의 정치가며 문인인 소동파(蘇東坡:1036~1101)는 '쑤저우에 가 호구에서 놀고 오지 않으면 유감'이라 했다고 하며 구석구석 볼 것도 설명도 많지만 허무맹랑해 보이는 것도 많다. 고사성어도 양산한 곳이 쑤저우와 항저우 같다.

매표소에서 작은 다리 호성하(滬城河)를 건너면 정문격인 큰 대문이 나온다. 이 대문은 명나라 때 지은 건물로 500년이 지난 지금도 기둥이나 석가래가 조금도 썩지 않았다. 또 한 건물 전체에 못을 한 개도 쓰지 않았다고 한다. 건물의 역사를 설명해 놓은 비석이 왼쪽에 있다.

이곳을 지나 언덕을 계단 없이 올라가면 15미터 정도 좌측에 우물이 있는데 뚜껑을 덮어놓아 설명을 안 하면 모른다. 이름은 감감천(憨憨泉), 양나라의 중 감감이 만들었다고 한다. 산 중턱쯤 되는 곳인데 지금도 샘물이 나온다. 돌에 쓴 비석이 있는데 비문은 송나라 여승향(呂升鄕)의 글씨란다.

옛날 산 위에 맹인이 살았는데 아래 동네에서 물을 길러다 먹었다. 어느 날 물을 길으러 가다가 넘어졌다. 산 중턱에 넘어져서 땅을 짚으니 땅이 촉촉이 젖어있는 것을 발견하고, 그곳을 파니 물이 나와서 오늘의 우물이 생기게 되었다고 한다. 맹인의 어려움을 헤아려 준 것일까? 우물 옆에 개구리같이 생긴 돌이 있는데 그것도 눈먼 개구리 상이란다. 돌에 눈이 있을 리 없지만!

　감감 천에서 20미터 올라가 우측 길옆에 시검석(試檢石)이라 쓴 한자 글씨가 돌에 음각된 것이 보인다. 글씨 아래 큰 바위가 있는데 단칼에 베어낸 듯 두 조각이 난 큰 돌, 오 왕 합려는 칼을 좋아해 명검을 수집하고 있었는데 그는 간장(干將), 막사(莫邪)라는 두 칼을 얻자, 이 바위에 그 칼을 시험해 보았다고 한다. 큰 바위가 칼로 잘린 흔적이 선명하게 보인다.

　시검석 있는 곳에서 10미터 올라가면 왼쪽에 침석(寢石), 잠자는 돌이 있다. 제공 스님과 신선 스님이 술을 마시며 놀고 침대 삼아 잠도잔 돌이라고 한다. 애가 없는 부인이 스님이 누워 잔 바위에다 돌을 던지고 기도할 때 돌이 침석 위에 놓이면 아들이고 떨어지면 딸을 낳는다는 전설이 있다. 돌을 던지고 기도만 하면 아들이나 딸 중 틀림없이 아이를 낳을 수 있다는 것이다. 현재는 돌이 없어 동전을 던지는데, 모이는 동전은 정부 관리가 가져간다고 한다. 누군가가 수입을 잡으려고 아이디어를 낸 것 같다.

　언덕마루 우측에는 고진양(古眞孃)의 묘(墓)가 있다. 고진양은 명창이고 중국 미인에 속했다고 한다. 중국의 손꼽는 미인은 서시, 양귀비 등이다. 이 무덤은 합려의 무덤과는 무관하다. 연구해도 연결이 안 되는 것 같다.

　천인석(千人石)은 고진 양 묘 조금 지나 내리막으로 조금 경사진 평평한 바위가 약 천 평방미터 크기의 마당같이 정사각형이다. 여기에도 몇 가지 설이 있다. 진나라 중 생공(生公)이 설법할 때 돌 위에 앉은 사람이 천명이었다는 설과 오 왕의 무덤(능)이 완성되자 능을 작업한 관리와 인부는 능의 비밀을 알기 때문에 비밀을 지키기 위하여 관리와 인부를 전부 죽였는데 그 수가 천 명이라는 설도 있다.

또 다른 설은 오(吳) 왕의 제사를 지낼 때 1,000명을 불러 제사를 지내고 위치에 비밀 유지를 위하여 참석자를 모두 죽였다는 믿기 어려운 설도 있다.

천인 석 옆으로 둥근 원형 문을 통과하면 길옆에 이선당(二仙堂)이라는 정자가 있다. 옛날 신선들이 앉아 바둑을 두던 정자라 한다. 이선 당에 얽힌 전설 한 토막이다. 아래 동네 두 노인이 천인 석 옆에서 장작을 패다가 쉬는 시간에 이 이선당에서 바둑을 두었는데 경치 좋고 풍요로움에 세월 가는 줄 모르고 계속 바둑만 두었다. 얼마나 지났는지 모르는 이 노인들이 일을 다시 하려고 보니 도낏자루(나무)가 다 썩고 쇠만 남았다. 신선의 일 년은 인간 세상 세월 100년에 해당 덴다나? 하도 이상하여 집에 내려와서 보니 처자식은 간데없고 모르는 사람들이 자기 집에 살고 있었다. 연유를 물으니 자기 선대 할아버지가 집을 나간 후 100년이 넘었는데 돌아오지 않는다고 말하므로, 이제야 이 노인들이 세월이 많이 지났음을 알았다고 한다. 이때 '신선놀음에 도낏자루 썩는 줄 모른다'라는 말이 생겼다고 한다. 참으로 황당한 전설이다.

2024. 10. 20.

4.
영웅의 삶

페론 전 대통령의 부인 에비타

한국과 정반대의 기후를 가지고 있는 아르헨티나는 여름은 무더우나 찌는 더위는 없고 겨울도 영하로 내려가는 날이 거의 없다고 한다. 수도 부에노스아이레스는 미술관과 극장, 박물관, 연주회장이 많은 문화의 중심지로 사람들은 멋있는 항구 사람이라는 자부심을 가지고 살고 있었다. 탱고 춤이 유명하여 여러 나라에 수출하는 탱고 춤의 선진국이라고 자랑도 했다.

저녁 시간에 탱고 쇼가 있는 대형 홀을 방문했다. 식사와 음료를 동반한 만찬을 들면서 세계 최고 수준의 탱고 쇼를 관람했다. 역동적인 남녀의 춤과 날렵한 미녀는 눈 깜작할 사이에 남자 무릎이나 가슴에 안기는데 진기명기 수준이다. 처음 보는 대단한 실력에 계속 감탄했다. 월드컵 준결승전에서 네덜란드와 승부차기로 이기고 독일과 결승전을 치른 축구 강국이기도 하다. 90% 이상 백인의 나라가 축구 초강국이다.

수도 부에노스아이레스 시내 한복판에 있는 레콜레타 지구에는 묘지와 성당이 있다. 이 지구는 산마르틴 광장 근처에 있다. 계속되는 가난과 원주민 인디언들의 침입으로 초기 정착인들은 어려움을 겪기도 했다고 한다. 수십 년이 지난 후 제대로 된 도시의 모습을 만들게 되었단다. 자연 상태의 대초원에 인간의 손길이 닿은 지 반세기 만에 유럽 이민이 만든 거리는 '남미의 파리'로 불리는 대도시로 바뀌었다. 프랑스의 유명한 건축가는 "욕망의 힘이 넘치는 거대한 도시"라고 찬사를 보냈다고 한다.

이곳은 수도에서 손꼽는 고급 상업지역이다. 고층 빌딩이 섞여 있고 1층에 고급 식당과 멋있는 카페, 감각적인 매장이 있다. 길 가는 행인도 세련미가 넘쳐 보였다. 도시 한복판인데도 나무들이 많고 녹음이 조화를 이룬 거리 풍경은 볼만했다. 근처에 레콜레타 묘지가 있는 큰 공원이 있다. 수백 년 된 고무나무가 공원 정문의 위치를 알려주고 있다. 우리나라 같으면 상상도 못 할 공동묘지가 압구정동 로데오거리 근처나 시청 옆에 있는 것과 같은 모습이다. 문화의 다름을 실감했다. 이곳 사람들은 이곳을 일컬어 '귀신과 태양의 도시'라고 말한다. 이 묘지는 이 나라에서 가장 유서 깊은 곳이다. 묘지가 있는 장소에 따라 계급을 평가받는다는 이 묘지는 영원히 잠든 아르헨티나인들의 최고급 유택이라 할 수 있다. 사통팔달로 도로를 내고 각각의 묘지마다 조각과 전통적인 장식으로 꾸민 납골당은 묘지라는 생각이 들지 않을 정도로 조각품들이 예술적이며 고급스러워 보였다.

총 6천여 기의 납골당이 있으며 묘 중에 역대 대통령 13명의 묘도 이곳에 있다고 설명했다. 몇 곳을 가 보았다. 묘지 앞 대리석에 음각된 비문이나 철로 치장한 묘 중에는 유명 인사도 많다고 한다. 「에비타」로 알려진 페론 전 대통령의 부인도 이곳에 안장되어 있다. 30대에 사망한 에비타 에바 페론 묘지에 새겨진 비문에는 살아서는 '신데렐라' 죽어서는 '잠자는 미녀'라는 글이 있다. 사생아로 태어나 어린 시절을 불우하게 보낸 에비타는 배우가 되었고 후에 대통령 부인이 되었다. 영부인은 페론 대통령 시절에는 페로니스타당을 조직하는 등 정치에도 관여했다고 설명했다. 뛰어난 미모로 인기가 높았지만 33세에 요절했다는 문패를 보았다. 뮤지컬 「에비타」는 사생아에서 여배우 성우 대통령 부인이 된 그녀의 인생행로를 모두 담은 것이다. 에비타 묘도 코너도 아닌 그리 좋지 않은 자리에 있다. 내가 골목 안을 돌아 찾아 간 그녀의 납골당에는 생화가 여러 송이 꽂혀 있었다. 조금은 허무함과 쓸쓸함을 느꼈다.

성모 필라르 성당은 레콜레타 묘지 입구 바로 오른쪽에 있다. 종루가 있는 높은 탑은, 예전에는 라플라타강을 가는 배들의 등대 역할을 했다고 한다. 지금은 주변에 고층 건물이 많아 강이 보이지도 않았다.

성당 문안 입구 양쪽에는 많은 장식품이 있고 그 안에 있는 산 페드로 알칸타르 상은 볼만했다. 6시가 넘은 시간에 성당을 찾았는데 성당 안에서 음악회가 열리고 있었다. 경건한 성당에서 찬송가가 아닌 일반 노래를 부르는 것이 신기하게 생각되었다. 도시 한복판에 냄새나는 납골 공원이 자리 잡고 그 옆에는 성당이 있고 앞에는 넓은 공원, 그 앞에는 고급 식당을 비롯한 번화가가 한데 어우러진 도시이다. 그래서 귀신과 밤낮으로 함께 생활하는 도시가 바로 부에노스아이레스라고 어느 작가가 말했다고 한다. 생활상은 우리와 비슷해 보였는데 깨끗한 도시는 보기가 좋았다.

도시 한복판에 공동묘지? 별로 좋지 않은 자리에 대통령 부인의 묘, 우리나라 풍습과 비교되는 도시라 많은 생각을 했다.

2023. 11. 9.

아쉬움

포천시 영중면에 있는 골프장에 갔다. 올해 초에 문을 열었다는 처음 가 보는 곳이다. 38교를 건너기 조금 전에 좌회전하여 5분 정도 가는 거리이다. 단체팀이라, 배정받은 동창들과 운동하며 재미있는 시간을 가졌다. 청명한 가을 날씨에 선후배가 어울려 농담도 하며 긴 시간을 즐겼다. 브리즈 코스 8번 홀에서 버디도 했다.

"영평초등학교가 여기서 얼마나 되느냐"고 코스 매니저에게 물어보니까 북쪽으로 멀지 않은 곳에 있다며 손가락으로 방향을 가리켰다. 학교 전경이 보이지는 않았다. 이 초등학교는 일제 강점기에 개교한 교육기관으로 개교 115년이 된 오래된 학교다. 내가 1960년대 몇 년 교사로 근무했던 곳이다. 열심히 근무했던 생각이 났다. 재직시 경기도 교육위원회가 발행한 『경기 장학』 제14호 학술지에 '고학년 학생의 곱셈 구구법 조사'라는 제목의 간이 논문이 게재되기도 했었다. 초등학교에서 연중 최대의 체육행사인 가을 운동회도 주관했다. 어려웠지만 성황리에 끝내고 교장 선생님의 칭찬을 받았던 생각도 났다.

　몇 년 전 후배가 살던 고향에 행사가 있어 아내와 함께 갔었다. 가서 보니 내가 근무했던 학교와 멀지 않은 곳이었다. 아내는 "당신이 옛날에 근무했던 학교를 가 보고 싶네요" 해서 방문했었다. 승용차로 교문을 통과하여 본관 앞에 주차하고 교장실을 찾아 들어갔다. 예약도 안 했는데 운 좋게 교장 선생님을 만났다.

　옛날, 1960년대에 교사로 근무했다고 말씀드리니까 그러냐고 반갑게 맞으면서 손수 차를 대접해 주셨다. 조금 후 학교에 대한 설명을 길게 해 주었다. 본교는 학생들이 계속 줄어서 폐교하게 되었다면서 많이 아쉬워했다. 계속해서 설명했다. 그나마도 다행인 것은 이 학교가 포천시에서 제일 오래된 학교라 학생 감소로 학교는 폐쇄되지만, 다른 교육기관이 올 것이라며 현직 교장으로 조금은 위안이 된다는 설명을 했다. 순간 코끝이 찡하며 눈시울이 약간 붉어졌다.

　몇 년 전 공주에 유명한 문학관이 있다고 해서 가 보았다. 현역 시인으로 유명한 분이다. 강의 시작 전 자신의 과거를 설명했다. 공주에서 평생 교육공무원으로 봉직했는데 교장이 되어서는 항상 벽지학교를 지원했다고 한다. 5개 학교 교장으로 근무했는데 지금은 모두 학생이 줄어서 폐교되었다는 설명이다. 그럴 수도 있겠구나 하고 편히 들었는데 몇 년 후 내가 근무했던 학교가 폐쇄된다는 말을 들으니 공주 교장 선생님 말씀이 가슴에 와 닿는 느낌을 지울 수가 없었다.

　영평초등학교는 일반적인 초등학교보다 역사 변화에 많은 시련을 겪은 학교이다. 1907년 일제 강점기에 개교하여 일본식 교육을 받았다. 1945년 해방이 되어 대한민국 초등학교 교육을 받았고, 얼마 안 되어 6·25전쟁으로 38선이 갈리면서 포천군 일부가 이북 땅으로 들어갔다. 영중면에 있는 38교를 중심으로 영평천 남쪽은 남한이고 북쪽은 이북 땅이 되어 인민학교 교육을 받게 된 것이다. 1953년 휴전 협정이 체결되면서 남과 북의 경계선이 북쪽으로 올라가면서 다시 대한민국 땅이 되었다. 이렇게 몇 번의 우여곡절 끝에 다시 대한민국 땅이 되어 우리나라 교육기관으로 바뀐 역사적 서러움을 받은 학교이다.

선진국들의 현실적 난제인 인구 감소는 국가적인 문제이다. 교육적 측면만 보아도 초등학교가 계속 없어지고 선생님들의 일자리도 줄어든다. 노동문제 등 경제 전반의 심각성을 실감하게 된다. 세상에 변하지 않는 것은 없다고 하지만…. 2022년 영평, 영중, 금주 3개 학교를 통합해서 영중면에 개교했다는 초등학교가 계속 번영하기를 바란다. 개인으로는 많은 아쉬움이 남지만!!

운동을 끝내고 영평교 쪽을 한참 바라보다가 눈을 돌렸다.

산 중턱에서 바라보는 지는 해는 서쪽 하늘을 붉게 물들이고 있었다.

『문학생활』 2023. 12. 제14호(겨울호)

영웅의 삶

공산당이여 영원하라. 호치민이여 영원하라.

호치민 광장에 붉은 글씨로 크게 쓴 현수막의 옆 길이가 100여 미터는 되어 보였다. 넓은 광장 전면 두 현수막 사이에 반듯한 큰 건물이 호치민 시신이 안치된 건물이다.

해마다 러시아에서 큰돈을 주고 방부 처리를 해 온다고 한다. 매일 오전 10시부터 두 시간 동안 누구나 호치민의 시신을 볼 수 있다는데 매일 수만 명의 자국민이 줄을 서서 기다리는 형국이라 외국 관광객은 볼 엄두도 못 낸다고 설명했다. 100만 명을 수용할 수 있는 광장을 중심으로 뒤쪽에는 호치민의 여러 유적이 있다. 1954년부터 15년간 살던 관계되는 유적들이다. 공산주의 나라지만 주석궁을 비롯한 여러 시설과 유적들을 자유롭게 보고 촬영도 마음대로 할 수 있었다.

시신을 안치한 건물 뒤쪽에는 물 반, 고기 반의 큰 연못이 있다. 이곳을 중심으로 오른쪽 약간 뒤쪽에 정무를 보던 주석궁(主席宮)이 있다. 노란색의 궁은 3층 건물로 프랑스식 건축물이다.

해마다 수백만 명의 내외국인이 민족 해방 영웅의 발자취를 보러 온다고 설명했다. 호 주석은 이곳에서 외국인들을 접견하고 정사를 총괄했다. 주석부 건물 뒤쪽에는 꽃 발판이라는 정원이 있다. 호 주석이 손님을 접대할 때 쓰는 정원으로 아주 호화롭다.

그는 이 건물이 너무 사치하다고 3개월 만에 이사했다. 새로운 청사는 궁 서쪽 근처에 있는 공관 전공이 살던 집이라고 소개하는데 대단히 초라하게 보였다. 여기서 14년간 정치부 회의를 하거나 국빈을 접대하던 장소라는 팻말이 보였다. 옆에는 숙소가 있다. 여기서 사무도 보고 독서도 하고 쉬기도 하는 공간이다. 낡은 의자가 있고 5단 책장에는 책이 꽂혀 있다. 창문도 초라한 구형이다. 옆에는 침실이 있다. 딱딱한 다다미방 같다. 침대 옆에는 낮은 책상 전등이 있고 누워서도 독서를 할 수 있는 구조다. 옆에는 작은 의자가 있다. 얇은 이불은 벽장에 두어 안 보였다.

침대 방 옆에는 그가 쓰던 철모가 있고 옆에는 1950년대 쓰던 검은색 전화기가 두 대 있고 다른 한 전화기는 1970년대 쓰던 백색 전화기가 있다. 모두 호 주석이 쓰던 것이란다. 검소의 표상이다. 근처에는 낡은 승용차 세 대가 전시되어 있다. 낡고 초라하고 볼품이 없이 보였다. 근무실 옆에 방공호가 있다. 집무실에서 방공호로 내려가는 길이 보였다. 안에는 못 들어가 보았는데 방공호 위쪽에는 잔디밭으로 봉분을 높게 만들어 왕묘의 형태를 이루고 있다.

1960년대 베트남 전쟁 때 미군의 폭격이 심해서 자주 방공호에 숨기도 했다는데 150밀리 포탄이 방공호 위에 떨어지면 완전히 파괴될 것 같다. 더구나 하노이시는 중심에서 차로 한 시간 거리 안에는 산이 없다. 하노이 한 중심에 호치민 방공호는 큰 나무 숲속에 가려 있지만 평야 지대라 폭격하기가 쉽고 정밀 타격도 할 수 있는 지역이다. 방공호가 효과가 있었는지는 의문이다. 월남전 때 하노이 폭격은 2차 세계대전 때 포격 이상이었다는데 호치민이 숨어 있던 방공호가 어떻게 무사했었는지 이해가 안 되었다.

호화로운 프랑스식 궁전 앞에는 수백 미터 거리 양옆에 망고나무가 울창하다. 100년은 됨직한 망고나무는 지금도 많이 열린다고 안내인이 설명했다. 호수 옆에는 but 나무라는 수백 년 된 나무가 있는데 뿌리가 땅 위로 올라와 일 미터 이상 자란 특이한 나무였다. 조금 지나가면 상가가 널려 있고 오른쪽으로 가니 점포가 있는 상가가 있다. 앞에 작은 연못이 있고 연못 가운데 한 개의 기둥으로 된 정자 같은 집이 있다. 10여 계단을 올라가니 보통 집 현관만 한 작은 방에 작은 불상이 있고 앞에 촛불을 피워 놓고 각종 꽃을 장식해 놓았다. 몇 명이 계단을 올라가서 무병장수를 기도하는 곳이란다. 많은 관광객이 줄을 서서 순서를 기다리고 있었다. 호기심이 생겨 줄을 서서 기다렸다가 올라가 보았다.

옛날에는 결혼 후 아들을 못 낳는 여인들이 이곳에 와서 빌면 아들을 낳는다는 소문이 나서 많은 여인이 모여 서서 빌었다는 전설이 있는 암자라고 한다. 민속신앙과 불교 신앙이 합쳐진 모양새다. 연못 앞 넓은 마당에 토막의자가 있어 10여 명이 몽키바나나를 사서 먹으며 잠시 쉬었다. 순간 직업 여자 사진사들이 얼굴을 찍어 바로 인화해서 사진을 사라고 권했다. 한 장에 천

원이라고 한국말로 말하며 사라고 강요했다. 숫자대로 모두 사서 나누어 갖기도 했다.

　50여 년 전 한국군이 적군으로 싸우던 공산주의 베트남이지만 지금은 자유롭게 관광을 즐기는 평화로운 세상이 되었다. 전쟁 후 한동안 영어를 못 쓰게 한 적이 있었는데 이유는 패한 나라의 언어를 왜 쓰느냐는 여론이 있었기 때문이었단다. 시대가 변해서 지금은 자국어 다음으로 영어를 우선하여 표기하고 있다. 베트남 참전 한국 용사가 현장을 보면서 금석지감을 느끼고 있었다.

　하노이 관광에는 호치민 궁이 필수 코스로 보였다. 국내외 많은 사람들이 구름같이 모여들고 있었다. 금년 4월에 4년 만에 가본 호치민 광장은 여전히 사람 천지인데 반 이상이 한국 사람들 같았다. 광장 북쪽에 크게 가로로 쓰여있는 '호치민이여 영원하라'를 확인하는 순간이었다. 지금도 호치민은 베트남 인민들의 영웅임이 틀림없음을 실감했다.

황제 덕에 산다

사마천의 『사기』를 보면 진시황의 성은 영, 이름은 정이고 기원전 259년에 태어나 기원전 210년에 영면했다고 기록되어 있다. 그가 태어난 시대는 중국 역사에서 군웅할거하던 때로 제, 초, 연, 한, 조, 위, 진의 7제후국이 패권을 다투고 전쟁이 끊임없던 전국 시대 말기였다. 그의 아버지는 이름이 자초로 진소왕의 손자이며 진안국군 아들이다.

당시 변화무쌍한 전쟁의 와중에서 각 제후국 간에는 상호 제약과 외교 전략의 필요로 자기의 아들 또는 손자를 타국의 인질로 보내어 상대방의 신임을 꾀하기도 했다. 안국군에게는 자녀가 많았는데 그중 자초는 적자도 아니고 장남도 아니었으므로 진나라 궁중에서 별로 중요한 아들이 아니었다. 그래서 진나라와 조나라가 관계가 악화되자, 자초는 조나라에 인질로 파견되었다. 이때부터 그는 외국 땅에서 고달프고 가난한 생활을 하면서 살았다. 그때 조나라 하단에서 장사하고 있던 대상인 여부위는 정치적 두뇌와 전략적인 안목을 가진 사람이었다.

자초의 가정 배경과 처지를 간파한 그는 '진귀한 물건은 취할 필요가 있다'라는 것을 깨닫고 자초를 한 차례 정치적 위기에 이용하려 했다. 여부위는 자기의 애첩 중에서 용모가 뛰어나고 노래와 춤도 잘 추는 한란의 조희를 자초의 아내로 만들었다. 얼마 후 조희는 아들을 낳았다. 그가 바로 영정이다. 조희는 자초의 아내가 되기 전에 아비 여부위와 동거하여 태기가 있었으므로 영정의 생부가 누구인지는 알 수가 없다. 어떤 사람은 진시 황제를 여부위의 사생아라고 하면서, 영정을 여정이라 부르기도 했다는데 이것은 확실하지도 않고 중요하지도 않다. 그가 후대에 이룩한 역사적 기여와 행적이 중요하다. 자초는 귀국 후 진나라의 왕위를 계승하여 장양왕이 되었고 영정을 태자로 삼았다. 기원전 246년 장양왕이 병으로 별세하자 나이 어린 영정은 진나라 왕의 자리에 오르게 되었다. 그때 영정 즉 시황의 나이 13세였다.

연합과 분열의 변화가 심했던 정치 상황에서 어린 그로서는 정사를 감당하기 어려워 국가 대사는 태후와 대신들이 맡아서 하였다. 한때 여부위와 태후의 총신인 노독이 국정을 담당했다. 기원전 238년 영정이 22세가 되자 기년궁에서 대관식을 치르고 이때부터 손수 국정을 처리했다. 그는 국정을 맡으며 노독을 극살하고 태후를 연금했으며 여부위의 상방 직무를 파면했다. 그리고 어진 사람을 선발하고 문신과 무장들을 기용했다. 문신으로는 이사와 왕관이 있었고 무장으로는 왕전, 위료, 몽괄 등이 있었다. 그는 또 선황의 변법 혁신을 시행하고 경전을 권장하는 진보 정책을 펴서 진나라의 국력을 강화시켰고 이를 바탕으로 통일에 필요한 여건을 만들었다.

기원전 230년부터 221년에 이르기까지 진나라는 원교 근정 분심 이간 각개격파의 정책으로 십여 년간의 처절한 전쟁을 거쳐 제, 한, 조, 연, 위, 초 6개 제후국을 모두 제압하고 중국을 통일함으로써 춘추전국 시대 이래 5백 년 동안 분열 전란 불휴의 종지부를 찍고 사상 처음으로 다민족 중앙 집권의 봉건 제국을 창건하였다. 진시황이 외국인을 추방하자 재상을 지낸 이사가 외국인 추방을 해서는 안 된다며 시황에게 글을 올렸는데 이 글을 보고 시황이 크게 깨달아 추방령을 취소했다는 기록이 있다. 글의 내용은 시로 되어 있다.

태산은 모든 땅을 버리지 않기에 큰 산이 될 수 있고, 강과 바다는 작은 시냇물을 차별하지 않기에 그처럼 깊을 수 있으며, 제왕은 백성을 가리지 않기에 그 덕을 꽃피울 수 있는 것이오

　　태산불양토양 고능성기대(泰山不讓土壤 故 能成其大)
　　하해불택세류 고능취기심(河海不擇細流 故 能取其深)
　　왕자불각중서 고능명기덕(王者不却衆庶 故 能明其德)

통일을 이룩한 영정은 국가 최고 통치자의 칭호에 대하여 의논하도록 명령했다. 동시에 자기의 덕성이 삼황오제보다 높고 크므로 삼황오제를 겸한 뜻으로 황제라 했다. 그리고 자기를 시황제라 부르게 했다. 이렇게 하여 탄생한 황제라는 말은 19세기 초 마지막 황제인 선통 황제 부의에 이르기까지 2천 년의 역사를 잇게 된다. 진시황제는 3대 통일을 단행했다. 즉 최초의 통일 국가를 형성하고 둘째는 모든 제도와 도량형의 통일이고 셋째는 승

상 이사와 중차부령 조고 등에 영을 내려 문자를 정리해서 진나라 소전으로 전국의 문자를 통일한 것이다.

　패망한 6개국의 낡은 화폐를 폐지하고 진나라의 반량전을 기본적 유통 화폐로 통일했다. 그는 또 영을 내려 치도와 직도를 정비하고 전국 시대에 각국이 축조했던 장성을 한데 이어 놓아 서쪽의 임도에서 동쪽의 산해관에 이르는 만리장성을 축성했다. 실질적인 집권 17년의 진시황제를 '천고의 제일 황제'로 칭송하는 것도 결코 과장이 아니다. 그의 일생은 기적 창출의 연속이라 할 수 있다. 통일 대업을 완성했을 때 그의 나이 불과 39세였다.

　천하를 통일하고 군림하던 진(秦) 왕조도 전국을 휩쓴 진승, 오광 등 농민 봉기에 물먹은 토담처럼 하루아침에 무너지고 말았다. 진왕조는 창건에서 멸망에 이르기까지 17년의 단명으로 중국 왕조 사상 최단명이라는 기록도 세웠다. 막강했던 제국이 단명으로 끝난 이유는 무엇일까?

　첫째 지나치게 가혹한 형벌과 법률 혹형의 남용을 들 수 있다. 사형과 육형만도 수십 종에 달했고 대부분 참혹한 형벌이었다. 그리고 법망이 치밀하여 고관대작에서 평민들에 이르기까지 조금만 방심하면 법망에 걸렸다. 한나라 육가가 지은 『신어(新語)』에 '폭언을 조처하는 데 지나친 극형으로 다스렸다'라는 말이 있다.

　둘째는 대규모 토목공사와 국민 착취였다. 통계에 의하면 진시황은 통일 후 10년 동안에 오령 수비에 50만 명, 만리장성 축조에 50만 명, 북방 흉노 방어에 30만 명, 아방궁과 능묘 건축에 70만 명, 기타 잡역까지 합치면 당시 전국 인구의 10%가 되는 200여 만 명의 인부를 징발했는데 이들 대부분이 청장년 노동자들이었다. 이는 생산 활동 저해로 발전의 장애 요인이었으며 백성들에게 감당하기 어려운 고통과 재난을 초래했다. 그는 전국을 다섯 번이나 순시했다.

기원전 210년 7월 진시황제는 지방 순행 도중 화베이 광종 현 경내에서 병으로 별세했다. 향년 50세였다. 관을 함양 서울로 옮기는데 여름이라 부패로 악취가 심해 얼음 상자 속에 넣어 운반했다고 기록되어 있다. 그의 사망 후 아들 호해 교소가 형 부소를 모살하고 왕위를 계승했는데 그가 진나라 2세이다.

진 2세인 호해는 우매하고 무능하여 왕조를 유지할 능력이 없는 인물이었다. 진 2세의 우둔함을 비유한 말에는 '사슴을 보고 말이라 한다'라는 말도 전해지고 있다. 진나라가 최단명으로 멸망한 후, 후세 사학자들은 진왕조의 흥망성쇠 경험과 교훈을 여러 각도로 검토했다고 한다.

반백 년 진시황제의 생애는 후세 사람들에게 천년 불휴의 논쟁을 만들었다. 시황제의 평가도 비난과 칭찬이 반반으로 엇갈려 일치된 결론을 도출하지 못하고 있다. 이런 논쟁은 앞으로도 계속될 것 같다. 최초의 통일 국가 건설의 큰 공이 있는가 하면, 분서갱유 때문에 폭군의 대명사로 지탄받기도 했기 때문이다.

나는 진시황릉에 올라가 사방을 둘러보면서 많은 생각을 했다. 지금 시안에 사는 후손들은 2천2백여 년 전에 죽은 진시황제 때문에 먹고산다는 말에 실감했다. 진시황제릉, 병마용, 만리장성 등의 많은 유적을 남겨 관광객이 사철 줄을 서기 때문에.

세계 역사를 바꾸어 놓은 진주만

　와이키키 해변에서 서쪽 16㎞ 지점이며 하와이 시내에서 서남쪽으로 20여 분 거리에 있는 진주만은, 원래 이곳에서 천연 진주가 많이 나와서 붙여진 이름이다. 그러나 정작 이 만이 유명해진 이유는 진주 때문이 아니다. 100여 년 전 한 군인 중령이 이 만의 위치를 보고는 태평양 연안 지역의 항구로 제일 적합할 것 같다고 판단하여 연방 정부에 신청을 낸 것이 항구의 시작이다. 그리고 1872년 정부의 승인을 얻게 되자 본격적인 항만 시설을 갖추게 된 것이다.

　그 후 이곳은 작은 만으로 사용되어 오다가 1940년 많은 함대가 주둔하게 되면서 진주만은 전략상 중요한 요충지대로 변하기 시작했다. 1941년 12월 6일 미국의 엔터플라이즈호가 입항할 예정으로 되어 있었으나 당일 기상 조건이 좋지 않다는 기상예보 때문에 입항을 연기하고 있었다. 하와이 날짜로 1941년 12월 7일 일요일이었다. 이날 일본의 전투기 350대가 아무 예고도 없이 진주만 상공으로 날아 왔다. 이 전투기들은 10시에서 12시 사이에 미국 전함 96척 중 18척을 침몰시켰다. 그러나 다행히도 엔터플라이즈호는 남쪽 250마일 지점에 있어서 공격을 피할 수 있었다. 갑작스러운 일본 전투기의 공격에 깜짝 놀란 미국의 루즈벨트 대통령은 대일본 선전 포고를 하고, 일본 본토를 공격하게 된 것이다.

 당시의 일본군의 기습공격은 진주만에서만 사상자 2,400여 명을 내고 1,177명이 타고 있는 애리조나호를 침몰시켜 1,102명을 수장시켰다. 당시 침몰 된 애리조나호는 지금까지도 바다 깊숙이 가라앉아 역사를 증명하고 있다. 그 외에도 유타호 오클라호마호 등도 가라앉은 자리에 그대로 있으면서 과거의 역사를 상기 시켜 주고 있다. 애로조나호는 워낙 배가 컸던 탓으로 가라앉지 않은 부분이 수면 밖으로 나와 있는데 이 부분에 애리조나호에 타고 있다가 전사한 전사자의 명단을 새긴 묘비를 만들어 놓고 해마다 이들을 위한 추도식을 하고 있다.

 태평양 전쟁 당시 일본은 물자의 부족으로 항공모함에 350여 대의 비행기를 싣고 주위의 눈을 피해 가며 항해하여 진주만을 폭격할 수 있는 사정거리까지 다가갔었다. 그러한 노력에도 불구하고 전략 자체가 무모한 전투였던 까닭에 그들의 노력은 허위로 돌아가고 만 것이다. 미국의 루즈벨트 대통령이 일본의 진주만 공격을 계기로 일본에 원자탄을 투하하여 항복을 받아내고 전쟁으로 뺏은 땅은 어느 나라든 모두 되돌려 주는 조치를 취하게 압력을 넣어, 그때 우리나라도 일본에 빼앗겼던 땅을 다시 찾았고, 선조들의 독립운동이 가세하여 일본의 식민지에서 독립하게 된 것이다.

결과적으로 진주만은 일본군 폭격 사건으로 세계 평화의 진원지가 되었다고도 할 수 있는 곳이다. 당시 진주만 폭격에 가담했던 일본군으로는 사까모도라는 사람이 엔터플라이즈호를 공격할 10명의 특공대 중의 한 사람으로 역사의 산증인으로 몇 년 전까지 살아 있었다.

진주만 공격 당시 5정의 잠수함에 나누어 탄 10명의 특공대는 인간 어뢰로 엔터플라이즈호에 돌진할 예정이었으나 이 사까모도가 탄 잠수함은 고장을 일으켜 중간에 표류하게 되었다. 그는 미군의 포로가 되어 일본의 항복 조인식이 끝난 후 포로 교환 때 풀려나 일본으로 돌아갔다.

일본에서는 전범 사까모도를 따뜻하게 맞이하였고 후에 도요다 회사의 사장직을 맡고 있다가 정년퇴직하였다고 한다. 전쟁 이후 80년이 지난 지금, 노인이 살아 있다면 현재의 진주만에 대해서 어떤 소감을 갖고 있을지 궁금한 일이다. 진주만은 현재도 해군 기지가 있는 곳으로 기지가 있는 곳은 출입이 통제되고 있다. 주차장 남쪽에 관광객을 위하여 지은 것으로 보이는 기념관이 있다.

이곳에는 선물 센터와 역사적 사실을 기록한 자료들이 많이 진열되어 있다. 나도 간단한 기념품을 샀다. 기념관 남쪽 바다 쪽에는 굵은 석가래만 한 야자나무가 많이 있다. 그 야자나무 사이의 길을 따라 바닷가로 나가서 보니 1미터 높이의 돌 위에 동판으로 된 진주만의 간단한 지도가 있고 지도 옆에는 배의 침몰 위치와 진주만의 역사를 적어 놓았다. 동판 맨 위쪽에는 굵은 글씨로 'Sunday morning 12월 7일 일요일 아침'이라는 제목이 쓰여 있다. 우리나라는 1941년 12월 8일. 우리나라와도 관계가 깊은 역사의 현장을 직접 가서 보니 가슴에 그 무엇이 와닿는 느낌을 받았다. 그런데 역사는 알 수가 없어서 지금은 미국과 일본이 과거의 적과 동침하고 있다고나 할까? 우리나라도 같은 입장이다. 공산주의자들과 맞서 싸워야 하니까. 1941년의 하와이 진주만의 역사를 생각하면서….

왕희지의 비석을 보다

 시안시 산시성 박물관 내에 있는 석각 진열소는 원래는 문묘(文廟) 뒤쪽에 있었는데 지금은 문묘 전체가 박물관이 되어 비림도 확장되었다. 문묘가 남문 옆인 현 위치에 정해진 것은 당나라 말기 때 지방 장관인 한건(韓建)이 난리로 황폐화된 장안성을 축조 복구하면서부터다. 당나라의 국립대학인 국자감(國子監)에 있던 개성석경(開城石經) 유교경전(儒敎經典)의 석각(石刻)을 보전할 목적으로 이곳에 비림을 설치했다고 전한다. 원래 한건(韓建)이 문묘를 세운 곳은 딴 곳이었으며 송나라 때 현 위치로 옮기고 정비했다는 설이 있다.
 제1관람실인 개성 석경은 114개의 비석이 있고 석대효경(石臺孝經)을 비롯한 많은 석 비가 이곳에 모여 있다. 회인(懷仁)의 집왕성교서비(集王聖敎序碑), 안진경(顔眞卿)의 다보탑 감응비(多寶塔感應碑), 안씨가묘비(顔氏家廟碑), 유공권의 현비탑비(玄秘塔碑), 왕희지의 필체 비석과 서예사상의 명품 대진경교유행중국비(大秦景敎流行中國碑), 우적도(禹蹟圖), 화이도(華夷圖), 기타 전체 비석 중 최고로 꼽는 관제시죽 등 역사, 지리, 정치상의 중요한 자료가 많다. 관제시죽(關帝詩竹)은 관우(關羽)가 대나무에 시를 쓴 그림 글씨를 말하는데, 관우는 중국 삼국시대 촉한(蜀漢)의 명장이었다. 그를 신격화해서 관제(關帝)라고 불렀다. 관왕(關王) 또는 관성제군(關聖帝君)이라고도 했다. 관제 신앙은 당나라 때부터 시작되어 궁중과 민간 사이에서 성행했다. 그의 사당은 지방마다 거의 다 있었고 우리나라에서도 임진왜란 때 그들 무신(武神)으로 모신 사당이 경북 성주와 안동지방에 남아 있다. 그 외에도 서울 동대문 밖 숭인동에 있는 동묘는 조선 선조 때 명나라 신종이 칙령으로 만든 대표적인 관제묘(關帝廟)이다. 동관왕묘(東關王廟)라고도 부른다.

비림을 찾았다. 시안 시내 남문 옆 시안 최대의 인력 시장을 지나 남문 근처에 비림이 있다. 비림은 2,500년 전 공자의 유적지다. 정문 바로 안에는 큰 돌무늬에 조각품이 2개 있는데 이것은 공자가 붓으로 글씨를 쓰고 붓을 빨던 큰 벼루란다. 비림유적지 입구는 문이 남쪽과 동쪽에 있는데 남문은 공자만 다니는 길이다. 일반인은 동문으로 드나들었다. 대문 안으로 들어가 오른쪽 길로 들어가면 길 양쪽에 12간지 같은 모양의 얼굴이 있는 말뚝 같은 돌기둥이 양쪽에 수십 개 서 있다. 이 기둥은 옛날에 말의 고삐를 매는 말말뚝이라고 전해온다.

비림에는 총 3천 개의 비석이 있다. 청나라 건국 전에는 비석이 없었다. 청나라 때 각 지역의 비석을 모두 모았다. 비림의 정문 격인 비림 문 입구에 1층 머리 위 비림이라고 한문으로 쓴 '비림(碑林)'은 임측서의 필체다. 쓰다 보니 비자의 점이 하나 빠졌는데 그는 영국과 아편전쟁을 할 때 중국을 대표하여 일한 사람이다. 급히 글씨를 써서 붙이고 보니 점이 하나 빠진 것을 발견했다. 그때 그는 전쟁에 이기고 난 후 와서 글자를 고치겠다고 약속하고 전쟁터로 갔는데 아편전쟁은 영국의 승리로 끝났다. 그래서 임측서는 전쟁 패배의 책임을 지고 벌을 받았다. 그는 오늘까지 글씨를 고치러 이곳에 오지 못하여 잘못된 글씨가 그대로 남아 있다. 비림, 간판 아래 안쪽에 큰 비석이 있다. 높이 3미터로 한문으로 '석대효경'이라 쓰여 있다. 이 글씨는 당나라 현종황제의 친필이다. '효로 나라를 다스린다'라는 뜻의 글이다. 현종은 양귀비의 남편으로서 친필대로 나라를 다스렸는지 궁금하다.

안쪽으로 첫 문을 들어가면 제1전시실이 나온다. 이곳에는 4서 3경과 13경에 관한 내용이 적혀 있다. 글씨를 비석에 새겨 놓고 한문 공부를 한 곳이다. 제1전시실에 있는 비석은 모두 114개이며 그 안에 있는 글씨는 모두 65만 자나 된다고 설명했다. 1967년 문화혁명 때 홍위병이 모두 때려 부수려 했는데 이곳에도 저우언라이 총리가 특명으로 문을 봉해서 위험을 피할 수 있었다. 비석들은 제1전시실에서 시작하여 제2, 3, 4 전시실로 차례로 계속 보았다. '대진경교'라는 비석 글씨는 유명하다. 입구 왼쪽 앞에 있는 이 비석은 대진경교유행중국비(大秦景敎流行中國碑)로 비석의 받침이 돌거북이다. 이 거북의 머리를 만지면 힘이 세고 장수한다고 하여 보는 사람마다 모두 만져서 거북 머리가 매끈매끈하다. 한번 만져 보았다.

제1전시실을 지나 10미터 쯤 가서 문 하나를 지나면 제2전시실이 나온다. 이곳에는 중국에 널리 알려져있는 안진경(顔眞卿) 필체의 비석과 왕희지(王羲之) 필체 비석이 있다. 또 장욱(張旭)이 쓴 광초(狂草) 비문이 있어 읽어보고 뜻도 음미해 보았다. 안진경은 당나라 때 정치가와 서예가로 초서의 명인 장욱(張旭)으로부터 필법을 배우기도 했으나 해·행·초(楷行草) 각체에 다육다골(多肉多骨)의 성품을 창시한 사람이다. 굵은 선과 몸통을 부풀린 구성, 그리고 육중한 양감(量感)은 안진경의 전 인간성 표출로 보였다. 그는 원나라 초기에 양식을 확립한 인물이다. 당나라 초기에 왕성했던 왕희지 풍과는 전혀 다른 서품이다. 주요 작품 중에는 다보탑비(多寶碑塔), 제질문고(祭姪文稿), 마고선단기(麻姑仙壇記), 쟁좌위고(爭座位稿), 안씨가묘비(顔氏家廟碑)가 있다. 대대로 학자와 서예가를 배출한 명문 가문이다.

비석의 내용을 보면 안사의 난 때는 평원태수(平原太守)를 지냈다. 허난성(河南省)에서 이희열(李希烈)의 모반을 수습하려다 살해당했다. 왕희지는 동진(東晋) 시대 서예가다. 어려서부터 글씨를 잘 썼으며 위부인(衛夫人)과 숙부 왕에게서 필법을 배웠다. 한위(漢魏)의 유풍을 통해 공부했다. 한나라 때 싹튼 해행초(楷行草)의 실용 서체를 예술적 서체로 완성시켰다. 그의 글씨는 그가 살았을 때부터 존중되었으며 역대 왕조 황후와 귀족들이 사랑했고 극찬했다. 당 태종이 그를 존중하여 그의 글씨를 널리 수집하면서부터 그의 필법이 유행했다. 후세에 그의 글씨는 한국과 일본에도 큰 영향을 주었다. 현재 왕희지의 진본은 남아 있는 것이 없으나 쌍구전묵(雙鉤塡墨)에 의한 상란첩(喪亂帖) 등의 탁본이 전해진다.

동양에서 서성(書聖)으로 존경받고 있다. 우군 장군 내사(內史)에 부임했고 노년에는 난정(蘭亭)에서 지내며 시를 지었는데 이때 지은 곡수(曲水)의 연(宴)이 전해오고 있다. 만년에는 속세를 피해 숨어서 글씨로 세월을 보냈다.

비림에 있는 비석에 쓰인 명필들은 내가 한문 공부할 때 배운 낯익은 필체도 있어 몇 번을 보아도 또 보고 싶은 비석들이 많았다.

피카소의 세계

파블로 피카소는 20세기 최대의 화가로 꼽는 세기의 거장이다. 그는 현대미술에 큰 영향을 끼쳤다. 초기에서 만년까지 독자적인 양식과 미학을 제시했고 무수한 명작을 남겼다. 수채 소묘(素描) 판화 무대장치 벽화 등 놀라울 정도로 다양한 활동을 하였으며 사는 동안 팔만 점이 넘는 많은 작품을 남겼다. 미술 공예학교 교사의 아들로 태어난 그는 어려서부터 그림을 좋아하여 여덟 살에 첫 유화를 그렸다. 그리고 아버지를 따라 바르셀로나에서 공부하였다. 그곳에서 그는 인간 형성의 큰 틀이 결정되었다.

그의 초기 작품은 푸른색을 주제로 하여 가난한 사람들의 생활상을 그렸다. '청색시대'가 대표적이다. 그가 20세 때 스페인에서 파리로 이사하여 그린 그림이 「압생트를 좋아하는 여인」이다. 이런 그림이 당시 프랑스 화가들 사이에서 유행했지만, 그의 작품에서는 이 시기의 프랑스 회화적 특징과는 다른 예리한 심리적 반향을 보이고 있었다. 그것은 무엇보다도 스페인 태생 작가들의 작품에서 잘 알 수 있다. 피카소는 초기에는 생 라자르 감옥, 병원 벽 옆을 배경으로 하여 수녀와 창녀가 된 두 자매의 만남을 그리려 했다. 그런데 작업이 진행되어 가면서 화가의 의도가 바뀌어 이 작품의 시간적 공간적 특징은 차차 다른 성격을 띠게 된다. 결국 그는 나이를 짐작할 수 없는 시간을 초월한 차가운 청록색 공간에 푸른색 계열의 옷을 입은 거의 유사한 여인의 형상만을 남겼을 뿐이다. 여기서 겪은 인간적인 고독의 비극은 그의 미래에 중요한 테마 중의 하나가 된다.

1900년경에는 조용하고 부드러움과 사랑이 테마가 된 '장미색 시대'가 작품으로 등장한다. 그는 벌써 자신만의 세계를 구축하여 기하학과 논리학의 이론을 바탕으로 세워진 큐비즘으로 접어들었다. 그의 또 다른 생각으로는 기하학적인 단순화라고 생각할 수도 있으며 또는 인간 본성에 잘 나타나는 인간 내면의 깊은 곳으로부터 표출되는 자연스러운 감정의 표현이라고 본 것이다. 다음 해에 큐비즘 최초의 봉화인 「아비뇽의 여인들」로 시작하여 제2차 세계대전 전후까지 그의 큐비즘은 계속되었다. 제1차 세계대전 후인 1919년부터 5년 사이에는 '신고전주의 시대'로 불리는 작품을 그렸다. 남프랑스에서의 생활, 올가와의 사랑, 1921년 장남 포르의 탄생, 대전 후 인간성 회복을 추구하는 일반 인심 등이 새로운 작품의 배경이 되었다.

그가 그린 「부채를 들고 있는 여인」을 보면 여인의 신체와 얼굴의 모든 형태가 궁형(弓形)이나 장방형 모양의 배합을 통해 단순화된 형태로 보인다. 어떤 딱딱한 물체를 난도질해 놓은 듯이 보이는 이 기하학적인 형태는 자신의 감정을 상실하지 않으면서 포즈나 제스처 그리고 숙어진 머리를 통해 주인공의 지친 상태를 전달하고 있다. 마치 어떤 곳에 집중하고 있는 것 같은 느낌을 준다. 그의 작품은 당당한 양감(量感)을 자랑하는 육체, 명확한 앵글 풍의 윤곽, 선 밝은 색채와 표정, 약동감 등이 특징이다.

　1928년에는 조각가 프리오 곤잘레스를 만나 조각에 흥미를 갖게 된다. 나부상(裸婦像)에 동물적 형태를 접합시킨 일련의 「메타모르포즈」라는 제명의 조각을 제작하였다.

　2년 후부터는 '투우'(鬪牛)와 '미노타우로스' 양자를 접합시킨 '미노타우로스키아' 등의 테마가 많이 다루어졌다. 1936년 인민전선이 승리한 후 피카소는 스페인 마드리드의 프라도 미술관 관장으로 임명되었다. 이 무렵 「프랑코의 꿈과 거짓말」의 판화 연작도 그렸다.

　제2차 대전 중에는 반 연금(軟禁)에 가까운 어두운 생활을 하였다. 1944년 파리 해방 후 공산당에 입당한 그는 정치적 계절을 맞아 「전쟁과 평화」「전쟁과 학살」을 그렸으며 8년 후에는 바로리스 예배당의 벽화 「전쟁과 평화」를 그렸다. 계속해서 그린 그의 작품에는 자유롭고 맑은 유희성(遊戱性)이 나타났으며 만년에 이르러서는 여러 작품을 다산(多産)했다. 판화와 도예에도 열중해 대량의 조형(造型)이 탄생했다.

　그의 작품은 세계 각지에 미술관과 개인이 소장하고 있는데 바르셀로나와 파리 피카소 미술관에 집중되어 있다. 제1차 세계대전 이전에 러시아 수집가 푸슈킨이 피카소의 초기 창작기의 여러 작품을 수집하였다. '청색시대'의 초기 작품은 모스크바 푸슈킨 미술관에 있고, 에르미타주 박물관에도 청색시대와 장밋빛 시대의 「소년과 개」「압생트를 좋아하는 여인」의 작품 등 30여 점이 전시되어 있다. 나도 에르미타주 박물관에 전시된 여러 작품들을 보았다. 오른손도 이상해 보이는 「압생트를 좋아하는 여인」은 피카소가 스페인에서 프랑스로 옮긴 이후에 그렸다. 이 모티브는 당시 프랑스 화가들 사이에서 유행했던 것이긴 하지만 그의 작품에서는 이 시기에 프랑스 회화적 특징과는 거리가 있는 심리적인 성향을 보이고 있었음을 알 수 있었다.

피카소의 독특한 성격은 청색시대의 작품들에서 더욱 강하게 나타나고 있다. 푸른색에 대한 남다른 애착은 그의 작품에 고독과 애절, 슬픔, 연민의 감정을 표현하는 하나의 방법이었고 이 강점들은 청색시대의 작품에서 더욱더 강하게 나타나고 있다. 한없는 비극적인 감정은 청색시대의 가장 중요한 작품이라 할 수 있는 「만남」에서 강렬하게 보인다.

작품 창작의 역사는 피카소가 어떤 식으로 고대 대가들의 예술과 자신 것을 대조시키면서 그린 그림에, 실제적이고 자연적인 감정을 표현하였는가 하는 것을 이해하도록 도와준 것에서 찾아볼 수 있다.

그는 사망 후에 더 유명한 작가가 되었다.

양곤과 아웅산 테러

몇 년 전까지 미얀마의 수도였던 양곤은 현재 전국에서 제일 큰 도시이다. 한때 어촌이었던 양곤은 '갈등의 끝'이라는 의미가 있다고 한다. 1755년 알라우페야 왕이 몬족과 싸워 승리한 후부터 양곤으로 부르기 시작하였다. 1885년 영국과 전쟁에서 패한 뒤부터 영국화 되기 시작하였다. 영국이 지배할 때는 도시 이름도 양곤을 랑군으로 불렀다. 양곤은 영국이 지배하면서 많은 변화를 가져왔다.

도시 전체의 약 40%가 아름다운 호수와 공원 파고다(사원+탑)로 만들어진 양곤시는 동방의 정원으로 불릴 정도로 아름다운 도시가 되었다. 숲속의 도시 같은 이 도시는 영국 런던시를 모델로 하여 만들었다고 한다. 1960년대와 2000년대가 공존하는 도시의 풍물들은 옛것과 새것이 섞이는 조화를 볼 수 있다. 수많은 파고다 양곤항구, 독립 기념탑, 차이나타운, 야시장, 깐도지 호수, 열대 수목원, 깐도지 국립공원 등 볼거리도 많다.

이곳에는 세계에 자랑할 만한 쉐다곤 파고다가 있다. 2,500여 년 전 미얀마의 무역상이 붓다에게 공양을 올린 후 8개의 부처님 머리카락을 모셔 불탑을 짓고 불발을 모시게 된 것이 시작이다. 처음 건립 당시는 탑의 높이가 낮았으나 15세기까지 몬 왕국의 왕들에 의해 97m까지 높아졌다. 탑 전체가 금으로 덮여 있고 불탑의 맨 꼭대기에 있는 보석으로 장식된 흐티(hti)라고 불리는 우산은, 수차례 바뀌었으며 여기에는 다이아몬드, 루비, 사파이어, 에메랄드 등 수많은 보석이 들어있다고 설명했다.

또한 상단에는 총 1,800캐럿인 4,351개의 금강석이 박힌 구체와 76캐럿 솔리테르로 덮인 탑으로 되어있다. 지금은 높이 99m의 황금빛 대탑으로 미얀마 역사와 문화의 상징이 되고 있다. 15년 전에 파고다 전체를 수리했다. 수리한 탑을 보면서 불자들은 생각한다. 모든 꽃들은 시들며 이 세상에 영원한 것은 아무것도 없다는 것, 오직 부처님의 가르침에 감사하고 불교사원에 바친 보석들, 이 모든 것은 인생의 불확실성과 내세의 평온 그리고 평정을 기대하는 불교철학이 녹아 있는 내세를 보는 불자들의 관점이다. 수많은 파고다를 모두 볼 수 없어 유명하다는 몇 개를 보았다.

슐레 파고다는 힌두교에서 유래되었다는데 이 파고다는 미얀마의 정령신앙인 정통 낫과 결합되고 다시 상좌부 불교가 수용하여 새로운 불교문화로 정립되었다. 시청 우측에 있는 이 파고다는 양곤의 모든 주소의 시점으로 우리나라 광화문 사거리에 있는 기념 비전과 같다고 볼 수 있다. 차욱탓지 파고다는 누워계신 부처님으로 높이가 8m 길이가 6m이며 1917년 일반 신도들의 보시로 10년에 걸쳐 건립하였다. 와불로 규모가 큰 것이 특징이다.

아웅산 마켓은 백 년 역사를 지니고 있는 큰 시장이다. 영국 식민지 시절인 1926년 처음 지었을 때는 당시 시 위원인 그린스콧의 이름을 따서 스콧마켓으로 불렀다. 영국 시민지 시절에 이름은 독립 후 지금의 이름으로 바뀌었다. 보석, 가구, 신발, 음식, 의류, 공예품, 목기, 칠기, 잡화 등의 종합시장으로 미얀마 최대의 쇼핑 단지이다. 우리나라의 남대문시장과 인사동 시장이 합쳐진 시장으로 보면 된다.

깐도지 호수공원도 볼만하다. 이 공원은 2,500년 전에 쉐다곤 파고다를 건립하기 위해 높은 언덕을 만들려고 흙을 파낸 자리가 호수가 되었다고 전해진다. 양곤의 대표적 호수이며 쉐다곤 파고다와 함께 도심 속의 휴식 공간으로 젊은 연인들의 낙원이 되고 있다. 차로 시내 관광을 했다. 먼저 양곤시청을 보았다. 좋은 위치에 넓은 면적을 가지고 있으며 정면 길 건너 아래쪽에는 독립기념비가 우뚝 서 있다. 시청 왼쪽에는 불교국가에서 잘 볼 수 없는 옥상에 큰 십자가가 있는 교회가 보인다.

한참 달려 큰 도로 우측에도 아웅산 수치의 자택이 보인다. 정남향의 좋은 저택으로 보인다. 길 따라 조금 더 가니 왼쪽에 미얀마 주재 한국대사관이 보인다. 여기서 얼마 안 가서 우측에 미얀마 주재 미국대사관이 나왔다. 주변에 경계가 삼엄하다. 다른 도로에 접어드니 백악관같이 보이는 두 채의 저택이 나란히 있다. 이 저택들은 미얀마 실력자의 두 아들 집이라고 안내자가 귀띔한다. 한낮에는 햇볕이 따갑고 대단히 덥다. 그러나 그늘로 들어가면 시원하다. 시내 관광을 마치고 저녁 식사는 고급 뷔페식당을 갔다. 식당에서 대형 연극을 보았다. 외국인 관광객이 홀을 꽉 채웠다. 분위기가 태국이나 말레이시아와 비슷하게 느껴졌다.
　어느 나라나 있는 국립묘지가 관광의 명소가 된 것은 아웅산 테러사건 때문이다. 미얀마의 독립영웅인 보족 아웅산이 묻혀 있는 미얀마 독립유공자의 묘지로서 우리나라 서울 국립현충원같이 시내에 있다. 아웅산 테러는 북한의 테러로 전두환 대통령을 수행한 한국의 장차관급 17명이 산화한 비극의 현장이 되었다. 묘지는 봉분이 없고 나지막한 산에 나무들이 무성하다. 이 나라는 전사자를 모두 화장하여 재를 뿌린다고 한다. 각자의 비석이나 자리는 특별한 사람만 만들어 놓는다고 한다. 나는 잠긴 정문 앞에서 안쪽을 들여다보고 잠시 묵념하고 차로 주위를 한 바퀴 돌아보았다.
　2014년 6월에 한국 외교부 장관 등이 현지에서 화사한 17명의 묘비 제막식을 가졌다고 설명했다. 숙연한 분위기로 역사의 현장을 먼발치에서 합판 틈 사이로 보았다.
　참으로 참으로 우연이지만 내가 투숙한 호텔 방이 한국 외무부 장관이 투숙했던 방이라고 호텔 안내인이 귀띔해 주어 잠을 설치기도 했다.

대국을 이긴 나라

　베트남 북부 통킹만 북서부에는 하롱베이가 있다. 수천 개의 기암괴석과 섬들이 모여 있다. 유명한 조각품을 진열한 것 같은 섬들이 물 위에 떠 있고 햇빛의 위치에 따라 물색이 변한다. 비가 오거나 안개가 낄 때는 또 다른 느낌이다. 지질학적으로 보면 계림의 남쪽은 광대한 석회암 지대란다. 석회암이 오랜 세월 풍화작용으로 부딪치고 깎이고 닳고 닳아 현재의 모습으로 변했을 것이다. 앞으로 수십억 년 수백억 년 지나면 또 다른 모습으로 변하겠지?
　옛날 중국이 쳐들어왔을 때 용이 내려와 중국군을 물리치고 입으로 여의주 보석을 토해낸 것이 모두 섬이 되었다고 한다. 지금은 사람이 살지 않는 무인도인데 신석기 시대에는 사람이 살았다는 말이 전해오고 있다.
　하롱베이는 120km의 긴 해안선이 있고 면적은 1,553㎢이다. 이천여 개의 작은 섬들로 되어 있다. 기후는 고온 다습한 여름과 춥고 건조한 겨울 두 계절을 가지고 있다. 열대우림 기후를 가진 해안지역이며 평균 기온이 15도에서 25도 사이이고 한 해 오는 비는 2,200밀리 정도로 많다. 전형적인 조수의 간만 차이가 있다. 파도는 3~4미터로 잔잔한 편이다. 하롱베이가 있는 베트남은 북쪽으로 중국 서쪽은 라오스 캄보디아와 국경을 접하고 있다. 남서쪽으로는 타이만 남쪽과 동쪽으로는 남중국해와 통킹만에 접해 있다.

하롱베이는 세계의 명승지이다. 서울의 두 배 되는 바다 위에 돌섬이 각각 다른 모양으로 절경을 이루고 있다. 이 바다는 파도가 없고 물비린내가 나지 않고 갈매기가 없는 곳이다.

남북 월남전쟁 때 베트콩들이 이 바다 섬 속에 숨어서 밤이면 나타나서 미군을 공격하므로 조종사에게 폭탄 투하를 명령했으나 조종사가 명령을 듣지 않았다고 한다. 이유는 세계의 절경을 폭파하면 평화가 찾아왔을 때 세계인들의 비난을 감당할 자신이 없었다는 것이다. 가서 직접 보니 정말 절경이다. 계림이 강 옆에 산재한 산들과 비슷한데 계림은 육지의 산이고 하롱베이는 바다에 있는 섬이다. 하롱은 하롱(下龍)으로 용이 하늘에서 내려왔다는 뜻이다. 전설은 한 무리 용들이 외세의 침략으로부터 구했고 침략자들과 싸우기 위해 내뱉은 보석들이 모두 작은 섬들이 되었다고 한다.

이곳의 많은 섬들은 오랜 세월 파도와 바람을 이기면서 빛을 발하였다. 자연이 만든 최고의 걸작이다. 작은 섬이 많아 파도가 없는 이만은 전통배 탠난을 타고 경관을 즐길 수 있다. 내가 갔을 때는 약간의 안개가 끼어 먼 곳을 볼 수 없었다. 다행히 돌아올 때는 멀리 보이는 풍경을 볼 수 있었다. 약간의 안개 풍경은 수묵화 같은 느낌을 받았다. 섬 이름도 많다. 두꺼비 섬, 용 섬, 수탉 섬, 도자기 섬, 말 안장 섬 등 많다. 하롱베이에는 석회암으로 된 많은 종류의 동굴이 있다.

최근 발견한 천궁(天宮) 동굴은 세계에서도 희귀한 천연 종유석 동굴이다. 배를 타고 키스 섬을 지나, 한 시간가량 가서 동굴 근처에서 도착해 순서대로 대기하고 있다가 한 시간 후쯤 차례가 되어서 들어갔다. 계단을 150여 개 올라가서 다시 내려가는 10여 미터 계단이 있고 안쪽에는 넓은 공간이 있다. 사람들이 붙인 여러 가지 이름이 많다.

관광지로 지정하여 여러 색의 조명을 설치했다. 천장은 수십 미터는 되어 보이는 천연 동굴이라 하늘도 보인다. 비가 와도 빗물이 들어오지 않는 구조로 되어 있다. 수많은 종유석과 석화가 가득 찬 공간이다

전설 한 토막

옛날 하롱베이에는 해적들의 침입이 자주 있었단다. 어느 날 해적이 침입해 오는데 하늘에서 용이 내려와 바다 위에 폭풍우와 높은 파도를 일으켜 해적들이 침입 못하고 도망치게 했다. 그때 그들이 가지고 있던 보석들을 빼앗아 바다에 뿌렸다고. 그런데 보석들이 바다에 떨어지면서 기암괴석으로 변해 해적을 방어하는 역할을 하게 되었다는 것이다. 실지로 1288년 짠흥다오 장군이 하롱베이의 기암 지형을 이용해서 몽고군을 물리쳤다는 말이 전해오고 있다. 믿거나 말거나의 황당한 이야기다.

기원전 3세기 중국이 남쪽으로 영토 확장을 하면서 베트남족이 사는 곳까지 이르렀을 때 홍강 삼각주에 거주하는 베트남족이 역사에 등장했다. 그때부터 베트남 역사의 주요 흐름은 베트남 고급문화의 원천이 되어 온 중국과의 상호작용이었다. 베트남은 938년 중국 통치에서 벗어난 뒤 조공을 바치는 국가로서 중국 황제에게 칠기, 상아, 열대 산물을 바쳤다. 그리고 대가로 철학, 행정, 문학 등의 서적들을 받았다. 중국문화는 베트남 사회 깊숙이 침투했으나 그것은 하층민들보다는 귀족과 고위 지배층에 더 많은 영향을 주었다. 농촌의 하층민들은 베트남의 독특한 습관과 신념, 언어생활 습관이 따로 있었다.

베트남은 중국의 한 개 성과 비슷하다. 면적이 큰 나라는 아니다. 대나무 울타리에 둘러싸인 농촌 공동체에 대한 통치의 어려움을 비유하는 말로 '황제의 칙령은 마을 입구에서 멈춘다'라는 격언이 있다. 베트남은 지배 문명과 연계를 갖고 오랫동안 자국의 목적에 맞게 중국 문명, 사상 및 제도와 기술을 변경시켜 왔다. 전통을 거부하고 식민지하에 싸우는 공산주의를 채택한 것에서는 중국문화의 영향을 많이 받는 것이 확인된다. 또 다른 대응양식은 사회적 개혁을 촉진하기 위해 서양의 제도를 적극적으로 수용했던 20세기에 명백하게 나타났다. 그리고 1980년 이후 베트남 공산당이 자유경제 체제를 받아들이고 세계 경제로 통합하는 원동력이 되었다. 이러한 전략적 흡수와 적절한 변화는 베트남이 세계 최대 인구과밀 국가 중 가장 빠른 성장을 이루어 낸 시장경제 국가가 되게 했다. 현재 세계 3위 경제 세력으로 부상하고 있다.

베트남은 약 15%가 종교를 가지고 있다. 그중 불교가 43.5%, 가톨릭 36.6%, 기타 유교, 도교 등 혼합종교가 있다. 불교는 소승 불교를 믿는 사람이 많다. 소승 불교는 다양한 신을 모시는 종교이다. 불교권으로 주고받는 문화가 관습이다. 종교의 자유는 있어도 선교의 자유는 없다. 50년 전 월남전 때 수만 명이 전사하고 6만 명이 실종되었다고 한다. 그 대가로 1975년 전쟁에 승리하고 독립 국가가 되었다. 베트남 사회주의 공화국은 14명이 국가를 이끌고 있다. 공용어로는 베트남어가 있다. 언어는 한자에서 유래했다. 중국권이다. 간판은 모두 베트남어이고 드문드문 영어 간판도 보인다. 농경문화 국가로 달력은 음력을 쓴다. 가족은 부모 형제 중심으로 대가족 제도이다.

북쪽에 위치한 수도 하노이는 제2의 도시이고 베트남 최대 도시인 호치민시티는 남쪽에 있다. 20세기 중반 길고 지루한 전쟁의 결과 1954~1975년까지 분단을 겪었다.

북쪽인 하노이는 베트남 사회주의 공화국이고, 남베트남은 베트남 공화국으로 분단되었다. 처음에는 군사적 성격이 강했으나 이후에는 정치적인 의미로 굳어졌다. 1975년 베트남 공화국이 전쟁에 패하고 남쪽과 북쪽이 통일되었고 다음 해 7월 베트남 사회주의 공화국이 탄생했다.

한국군도 몇만 명이 참전했던 특별한 관계가 있는 나라이다. 베트남 사회주의 공화국과는 반대 입장에서 싸웠으나 지금 우리를 대하는 베트남 사람들의 말과 행동은 대단히 우호적임을 느낄 수 있었다. 대국을 이긴 나라답게.

말레이시아의 박달재

　말레이시아의 시내는 매우 깨끗한 인상을 주었다. 잘 정돈된 거리는 인도네시아에서 보았던 무질서의 거리와는 완전히 달랐다. 우선 거리가 잘 정돈되어 있으니, 관광객의 마음도 산뜻해지는 것 같았다.
　라만 컵 대회가 열렸던 체육관을 지나서 중국인촌을 구경했다. 중국인촌에는 2층 건물이 여러 채가 있었는데 모두 1886년경에 지은 것이라고 설명한다. 중국인 거리의 특색은 노점상이 많다는 것이다. 거리거리마다 노점상들이 쭉 늘어서 있었다. 노점에는 별의별 물건들이 다 집합되어 있었다. 그림을 파는 사람에서부터 구두를 수선하는 사람에 이르기까지 파는 물건도 다양했고 손님을 끄는 방법도 가지각색이었다. 중국인 거리 약 1km에 해당하는 거리의 양편으로는 온통 노점상이었다. 그리고 그 거리의 모든 상가는 중국인 상가다. 마치 대만의 야시장과도 같다는 생각이 들었다. 세계 어느 곳이든지 사람 사는 곳에는 중국인이 있다는 말이 실감이 났다. 그리고 중국인은 세계 어느 곳에서나 대체로 경제권을 쥐고 있는 것을 확인했다.

저녁때가 되어서 우리는 뷔페식당으로 갔다. 상당히 큰 식당이었다. 우리나라로 말하면 춤과 음악을 동시에 감상하면서 식사를 즐길 수 있는 곳과 같았다. 우리는 말레이시아식 뷔페를 들면서 재미있는 시간을 가졌다. 식당의 앞쪽에는 화려하게 장식된 무대가 있었고, 그 무대 위에서는 말레이시아의 민속춤을 추고 있었다. 말레이시아의 민속춤은 역시 독특하다는 생각이 들었다.

처음에는 말을 타고 경주하는 형태를 춤으로 형상화하고 있었다. 종이로 만든 말을 들고 여섯 명의 댄서가 세 명씩 두 줄로 서서 춤을 추는 것이었다. 그런 다음에는 말레이시아 풍습의 결혼식 장면을 춤으로 재현시키고 있었는데, 신랑과 신부는 무대 가운데에 앉아있고 그 앞에는 춤추는 남녀가 여덟 명이 나와서 신랑 신부를 축복해 주는 춤을 추고 있었다. 춤을 추는 댄서들은 중간에 신랑 신부에게 물 같은 것을 뿌리기도 하고 곡식 같은 것도 뿌리면서 두 사람의 앞날을 축하해 주는 춤을 계속 추었다. 이 춤이 계속된 때에는 손님도 앞으로 나가서 신랑 신부에게 곡식 등을 뿌리면서 축복해 줄 수가 있다고 한다. 우리 일행 중에서도 몇 사람이 앞으로 나가서 신랑 신부의 머리에다가 곡식을 뿌려주고 들어왔다.

이곳에서 양주는 외국인에게만 판다고 한다. 주위를 둘러보니 정말로 외국인에게는 양주만을 팔고 있었고, 말레이시아인에게는 다른 술을 팔고 있었다. 술값이 상당히 비싼 것 같았다. 작은 양주잔으로 한 잔에 우리나라 돈으로 5천 원씩이나 받았다. 음식 뷔페는 중국식과 유사한 것이 많았다. 우리는 세계 각국으로부터 여행 온 각양각색의 사람들과 함께 어울려 재미있는 식사 시간을 가졌다. 뷔페식당에서 즐거운 식사 시간을 보낸 우리 일행은 아직 술기운이 가시지 않은 채로 숙소인 호텔로 돌아왔다.

그런데 숙소인 호텔 안에서 웬 밴드 소리가 요란하게 울려 퍼지고 있었다. 웬일인가 하고 안내인에게 물으니 세계적인 악단이 마침 호텔 공연을 하는 중이라고 한다. 동남아시아에서도 상위권에 드는 유명한 7인조 클럽 악단의 초청공연이었다.

일행은 마침 여독도 풀 겸 해서 공연장으로 들어갔다. 상당히 고급스러운 큰 홀 안에는 여러 나라의 손님들이 가득 들어차서 음악을 감상하고 있었다. 우리 일행도 테이블을 잡고 앉아서 음료수를 마시면서 7인조 클럽의 춤과 노래를 감상하였다. 그런데 무대 위에서 한참 신나게 노래를 부르며 춤을 추던 여자 가수 한 명이 갑자기 무대 아래로 뛰어왔다. 그녀는 아래로 내려와서는 손님 자리 쪽으로 걸어오는가 싶더니 내 앞에 와서 걸음을 멈추는 것이었다. 그러고는 갑자기 내 손을 꼭 붙들어 잡으며 일어나라고 했다.

나는 너무나도 졸지에 당한 일이라 엉겁결에 자리에서 벌떡 일어났다. 그리고 그녀에게 이끌려서 무대 위로 올라갔다. 나는 너무나 짧은 순간에 당한 일이라 계속 당황한 채로 무대 위에 멍하니 서 있었다. 그랬더니 그 여자 가수는 나에게 노래를 부르겠느냐고 물었다. 이때 우리 일행 중 한 사람이 그 여자 가수의 질문에 무조건 "오케 오케!" 하고 소리를 질렀다. 물론 우리 일행 중의 한 사람은 이 여가수가 무슨 말을 하는지도 잘 알아듣지 못하고 무조건 "오케 오케!"라고 소리를 질렀을 것이다.

그러자 여가수는 그만 나의 손을 잡아 이끌더니 스테이지로 안내했다. 나는 꼼짝없이 마이크 앞에 서게 된 것이다. 그녀는 나에게 자꾸만 노래를 부르라고 독촉하는 것이었다. 노래를 부르겠느냐고 아까 물었을 때 오케이를 연발했으니, 물론 다른 사람이 그렇게 말했지만 이제 와서 노래를 안 부르겠다고 발뺌할 수도 없는 노릇이었다.

나는 처음에는 상당히 당황하였으나 그렇다고 이제는 물러설 수도 없고 하여 목청을 가다듬고는 우리나라의 대중가요인「울고 넘는 박달재」를 우리말로 불렀다. 1절과 2절을 모두 부르면서 몸동작까지 연출하며 가수를 흉내 내어 보았다. 여러 나라에서 구경 온 사람들에게는 나의 노래가 상당히 흥미로웠던 모양이다. 나의 노래가 끝나자마자 참석인들은 모두들 자리에서 일어나 우레와 같은 박수를 보냈다. 박수 소리가 크게 울리는 것이 대단히 기분 좋았다.

나는 이 순간처럼 가슴이 뿌듯한 적이 또 있을까 하고 생각했다. 동남아시아 국제무대에서, 그것도 세계적인 7인조 클럽이 지켜보는 말레이시아의 호화스러운 호텔에서, 세계 여러 나라에서 구경 온 관람객들 앞에서 우리나라의 향수가 물씬 풍기는 노래를 불렀다는 사실과 그 많은 관중들로부터 우레와 같은 박수갈채를 받았다는 점은 나의 일생에 다시없는 행운처럼 여겨졌다. 그날 밤에 우리 일행은 참으로 즐거운 시간을 만끽했다. 말레이시아 호텔의 밤은 여흥을 돋우면서 즐겁게 계속 깊어만 갔다.

노르웨이 피오르드와 만년 빙하

노르웨이 북부는 산과 바다와 초원이 어우러진 멋진 곳이 많다. 6만여 개의 크고 작은 호수가 있고 천 킬로가 넘는 곳에 낚시터가 널려 있다고 한다. 연안에는 연어와 송어가 많이 잡힌단다. 내륙에서 내려오는 물은 유리 위를 구르고 있는 구슬 같은 맑은 물이다. 겨울 낚시는 국제행사도 하는 이름있는 곳도 있다. 또한 세계에서도 알아주는 풍부한 자원을 가지고 있는 어장도 보았다. 바이킹 시대에는 루후톤이 권력의 중심지였던 때도 있었고 지금도 제일 큰 바이킹 건물이 이곳에 있다.

북부지방에서 만난 사람들은 대체로 개방적이다. 험악한 자연 지형과는 다르게 아주 우호적이다. 젊은이들은 대화와 토론으로 밤을 새우기도 한다. 북부에는 해안이나 시골이나 시간을 보낼 수 있는 운동이나 고기를 잡을 수 있는 낚시터와 취미활동을 할 수 있는 경치 좋은 곳이 많이 있다고 안내인이 설명했다. 여름에는 24시간 햇빛을 볼 수 있고 겨울에는 희미한 별빛과 달빛을 길게 볼 수 있는 북극의 밤을 만날 수 있다. 스발바르 로드는 북극의 백야로 밤과 낮의 황홀함과 계곡의 만년 빙하를 즐길 수 있는 곳이다. 북극해의 풍경은 지형과 동식물로 대표되는데 주변 환경을 철저히 보호한다는 전제에서 구경할 수 있다.

피오르드로 가는 입구에 작은 도시 베르겐(bergen)이 있다. 서부 노르웨이의 수도로서 많은 사람들이 이곳을 통해 피오르드로 간다. 스칸디나비아반도 전체에서 가장 멋있는 관광의 명소이기도 하다. 이곳은 너무나 유명하여 세계 사람들이 베르겐에서 하루 쉬고 피오르드로 관광을 떠난다. 안내인의 설명이다.

베르겐 주민들은 별도의 주로 생각하고 만나는 사람마다 웃음을 선사한다. 이곳에 오는 외국인들은 노르웨이 왔다고 하지 않고 베르겐에 왔다고 할 정도이다. 낮은 곳은 호수, 높은 곳은 산으로 둘러싸인 지역임에도 이곳 사람들은 개방적이고 우호적인 성품을 지니고 있다. 낯선 사람을 만나도 미소 지으며 먼저 말을 건다. 참 잘 오셨다고 인사도 한다. 나도 사람들과 인사했다. 이곳은 북해에 연결된 자연 항구로 유럽과 북구 러시아 사이에 통로 무역을 하는 중요한 국제 항구도시이다.

서부 노르웨이에 있는 피오르드 사진은 노르웨이의 자연을 대표하는 풍광으로 재외 공관 홍보실에도 많이 걸리는 대표적 작품이라고 한다. 우리나라 국립중앙의료원에도 몇 년 전까지 구내식당에 스칸디나비아 3국의 왕 부부 사진과 함께 걸려 있었다. 피오르드의 장관을 음미하며 계속하여 100여 미터 넓이의 투명 물 위를 달렸다. 물 아래 산이 있고 산 위를 배가 간다. 전 세계에 알려진 거대한 피오르드는 높이 솟은 먼 곳 산봉우리를 배경 삼아 물 위를 갈 때 배가 가는지 산이 오는지 분간이 안 된다. 천여 미터 이상 되는 높은 산에서 사정없이 떨어지는 프리아르(Friar) 폭포는 배가 가고 있는 위치를 알려준다.

게이랑에르 피오르드는 깊은 물 속에서 위로 일곱 자매 무지개가 솟아오르기도 한다. 피오르드는 노르웨이 서부 내륙으로 200여 킬로 이상 길게 뻗어 있는 청정 대형 호수를 말한다. 호수 양쪽에는 높고 낮은 산들이 아름답게 물과 어울려 나그네를 황홀경에 빠지게 한다. 호수의 입구는 어떤 데는 물의 깊이가 얕아 10~20미터밖에 안 되어 보이는 곳이 있다.

그러나 제일 깊은 곳은 1,300미터까지 된다는 기록이 있다. 이 호수는 강의 침식작용으로 인해 계곡이 생겼는데 연속되는 빙하시대가 지나면서 거대한 빙하들로 계곡이 넓고 깊어져 현재와 같이 변한 것이란다. 빙하는 계곡 표면에 큰 구덩이를 남기고 빙하로 인해 밀려 떨어진 표석들과 거대한 바위들이 빙하와 바다가 만나는 지점에 퇴적되어 형성된 것이란 설명이다. 대략 1~2만 년 전에 이 빙하들이 움푹 파인 것으로 추정한다.

개척자들은 인접 해안을 따라오다가 새로운 에덴동산을 우연히 발견한 것이다. 멕시코 난류로 인하여 살찌우는 노르웨이 해안과 피오르드는 같은 위도상의 다른 지역보다 기후가 온화하다. 강 주변에는 과수원도 보이고 전경이 매우 아름답다. 헛간과 통나무 교회도 지나간다. 베르겐에 있는 오래된 부둣가에는 18세기 초기 활발히 거래된 한사(hanseatic)무역의 화려한 추억 거리도 보인다. 타즈 기름 종류가 발라진 통나무 교회는 세계에서 유일한 건축물이라고 설명했다. 금세기 건축된 스위스형의 호텔들은 관광객을 기다리고 있었다.

여러 곳의 절경을 구경하면서 빙하를 손으로 만질 수 있는 종

착점에서 내렸다. 허기진 배를 채우려고 예약된 식당으로 갔다. 노르웨이는 연어가 많이 나서 식당 어느 곳을 가도 연어요리가 많다. 연어국, 연어찜, 연어회, 연어 볶음 등 연어 일색이다. 며칠 동안 연어를 먹었더니 물려서 지금도 연어요리는 피하고 있다.

　식후에 몇백만 년 된 빙하의 아래쪽에서 설레는 마음을 고정하고 만년설과 얼음을 만지러 산 위로 향했다. 처음 일정한 지점까지는 말 마차를 타고 이동했다. 말이 더 갈 수 없는 지점부터 걸어서 올라갔다. 가는 중간에 1800년, 1900년의 만년 얼음이 있던 자리 표시를 보았다.

　100년간의 빙하가 녹은 거리가 400여 미터쯤 되었다. 더 올라가니 1950년의 빙하 지점 팻말 표시가 보였다. 근세의 얼음 녹는 거리가 더 멀었다. 즉, 빙하는 계속 녹고 있으며 근세의 녹는 속도가 더 빠름을 확인할 수 있었다. 계속 올라가니 드디어 만년설과 빙하가 손에 잡혔다. 오랜 세월 녹고 있는 거대한 얼음산은 청, 흑색 얼음덩어리가 계속 녹아서 아래 호수인 피오르드를 향해 밑으로 계속 내려간다. 웅장한 물 폭포는 소리도 요란하다. 빙하 밖으로 내려오는 물의 온도는 2도란다. 빙하의 갈라진 틈 사이에서 조금 지저분한 먼지 물과 섞여 계속 아래로 흐르고 있었다.

　만년 얼음을 돌로 깨서 들고 1900년대 얼음이 쌓였던 표시가 있는 곳까지 들고 내려오다가 손이 시려서 버렸다. 어느 얼음이나 같은데 만년 빙하에서 깬 얼음이라 천 미터를 들고 내려온 것이다. 자주 체험할 수 없는 노르웨이 피오르드를 보고 감탄하면서, '지구에는 알 수 없는 곳이 참 많다'는 생각을 하니 묘한 감정이 머리를 스쳤다.

　평생에 한 번은 꼭 가 볼 만한 관광지로 추천한다.

1988.『동남아로 가는 길』에서

독일 선제후의 고성

독일 하이델베르크에는 아테네 신전과 베르사유 궁전이 있는 고성이 있다. 네카강 건너 쪽 철학자의 산책로에서 바라보는 고성은 참으로 아름답다. 에텐불산 중턱에 자리한 고성은 성벽의 두께가 7미터나 된다는 견고한 성이다.

성벽을 올라가는 입구 길옆에는 2개의 유명한 학사주점도 있다. 한 집은 남자 이름 요셉의 '춤제풀'이고 다른 한 집은 황소집 '춤 로덴 옥션'이다. 이 층에는 붉은 황소 머리 간판이 보인다. 학사주점 쪽에서 120여 계단을 걸어서 올라가는 길과 등산전차를 이용할 수도 있다. 2년 간격으로 두 번을 갔는데 두 번째 갔을 때는 고성 우측 우회 도로가 생겨 버스로 정문까지 가서 쉽게 들어갔다. 공교롭게도 두 번 똑같은 안내자를 만났다. 성의 있는 안내가 기대되었다.

서기 1400년부터 이백여 년간 건축한 궁전과 부속 건물들은 당시의 건축양식을 볼 수 있었다. 성벽은 몇 차례 큰 피해를 보았다고 설명했다. 프리드리히 5세는 30년 전쟁인 백산 전투에서 패하여 왕권을 상실했다. 이 전투로 성의 대부분이 파괴되었으며 1693년에는 왕위 계승 전쟁으로 두 번이나 피해를 보았다. 1764년에는 벼락을 맞아 피해를 더 키웠다. 지금 남아 있는 건축물들은 신구건축 양식이 혼재한 상태로 보였다. 팔각 탑, 성문 탑, 화약 탑, 감옥 탑 등 여러 개의 탑을 보고, 루프레히트 궁을 비롯한 도서관, 궁녀 관, 술통관, 프리드리히 궁, 오토 하인리히 궁, 루트비히 궁을 구경했다. 지나갈 때 보이는 분수대 우물 건물인 포정 궁성 정원도 보았다.

서쪽과 남쪽은 고딕식 건축물이고 동북쪽은 르네상스식 궁전의 석조 건축물이다. 석문 탑 우측의 건물은 선제후 루프레히트 3세가 독일 로마 왕이 되면서 건축을 시작한 것이다. 벽화를 그렸고 두 개의 석판(石板)으로 된 조각품도 있다. 아치의 종석(宗石)은 장인 정신이 깃든 고딕식 조각품이다.

팔츠 공국 왕위 계승 전쟁이 한창일 때, 프랑스 군은 하이델베르크를 점령했다. 그 후 퇴각하면서 파괴했다. 루이 14세 군도 또 쳐들어와 요새를 폭파하고 불을 질렀다. 팔츠 공국 제8 선제후 국카알 루트비히가 궁성을 짓도록 했다. 천연 석재로 된 오른쪽에 있는 석판은 루프레히트가 왕을 상징하는 제국의 독수리상이다. 이 독수리상은 선제후 왕실의 방패 문장인 팔츠 공국의 사자와 바이언제국의 특수 문양을 발로 잡고 있다. 방패 문장인 르네상스식 석판에는 고성의 건축주였던 선제후 루트비히 5세 왕실이 재탄생했다는 비문이 있다.

궁녀 관은 루프레히트 궁의 일부로 지상층만 남아 있다. 1534년 완공한 이 궁녀 관은 한때 연회실로 사용하다가 마상 무예(馬

上武藝) 경기장으로 쓰기도 했다. 지금은 축제가 있거나 공연이 있을 때 사용하는 공연장으로 변했다고 설명했다. 궁녀들이 살았다고 궁녀 관으로 불렀단다.

도서관은 루프레히트 궁과 궁녀 관 사이에 있다. 최초로 건축된 도서관은 선제후의 개인 책들을 보관하기 위함이었다. 도서관의 벽이 3미터나 되는 옹벽을 보면 선제후의 금은보화와 미술품의 보관 장소로 추측하고 있다.

프리드리히 궁은 정문을 들어가면 보이는 건물로, 고풍스럽다. 4층 궁정 쪽 전면에는 예술적 가치가 있어 보이는 선제후 16명의 입상 조각품들을 장식하고, 지상층에는 궁성 예배당이 있다. 앞에는 라틴어로 된 건물 헌정 비명(碑銘)이 있다. 팔츠의 선제후인 프리드리히 5세는 30년 전쟁 당시 신교 측 중심인물 중의 한 명이었다. 30년 전쟁(1618~1648)은 조용히 전쟁을 끝낼 수도 있었는데 지나치게 권리와 정당성을 주장하다가 기회를 놓친 전쟁이었다.

그는 어려서 이모부인 부용 공작에 의해 궁정으로 보내져서 살았다. 14살 때인 1610년 아버지가 돌아가시자 팔츠의 선제후 자리를 물려받았다. 그는 1613년 엘리자베스 스튜어트와 정략결혼을 했다. 스튜어트는 신교도로 신교 국가인 잉글랜드 공주였다. 1614년 18살 때 친정을 시작했다. 프리드리히 5세는 보헤미아 전투에서 패배했으며 팔츠 선제후령은 제국군에 점령당했다. 네덜란드로 망명한 5세는 1632년 그곳에서 사망했다. 부인 엘리자베스 스튜어트는 잉글랜드와 스코틀랜드 군주의 딸로 여러 사람에게 자신과 남편의 지위를 찾아 달라고 애원했다. 프리드리히 4

세는 집권 때 건축 공간이 부족하여 과거 1세 때 지은 예배당을 헐어 버리고 성탑도 허물어 진입로를 넓혔다. 그리고 궁정 낮은 지역에 작지만 품위 있는 건물을 지었다. 이것이 지금의 궁중 예배당이다.

건물 헌정 비문에는, '라인강 변의 팔츠 궁중백 겸 신성 로마 제국 선제후 바이언 공작 프리드리히는 하나님께 기도드리고, 그리고 조상님들의 조각상을 윤색하게 모셔 놓고 편안한 거소가 되도록 하고자 이 건물을 중수토록 하도다. 주후, 1607년'이라고 쓰여 있다.

건물의 상하좌우 조화는 50년 전에 완공된 오토 하인리히 궁을 모방했지만 낮은 지역에 공간이 좁아 오토 하인리히 같은 선명한 효과를 나타내지 못하고 있다. 하지만 웅장한 군주들의 입상이 건물의 외부로부터 불멸의 기념비같이 불쑥 솟아나 있기 때문에 더욱 화려하게 보인다. 4층에는 팔츠 왕가의 군왕 4명의 사진이 있다.

프리드리히 궁은 궁정 쪽 화려한 전면과 시내 쪽을 향한 벽면도 화려하게 꾸며져 있다. 양옆은 연회 관과 궁녀 관의 외벽과 닿아 있다. 전설에 따르면 무장한 기사가 궁성에 불이 나자, 창문을 넘어 뛰어내렸는데 다행히 다치지 않고 발자국만 남았다고 전해온다. 지금도 장화 자국처럼 모래 바위 바닥에 움푹 파인 곳이 보인다.

근처에는 요한 카시미어가 지은 대형 포도주 통 건물이 있다. 안에 있는 대형 포도주 통도 볼거리다. 지구상에서 가장 큰 술통으로, 꼭 보아야 하는 곳이다. 선제후 요한 카시미어는 궁중식

천장으로 된 지하실에 12만 5천 리터의 포도주를 넣을 수 있는 큰 통을 만들었다. 그 후 카 알 루트비히가 19만 5천 리터가 들어가는 더 큰 술통을 만들었다. 1751년에는 칼 알 테어도어가 22만 1천726리터가 들어가는 대형 포도주 술통을 만들었다. 술통 앞에 창시자 카 알 테어도어 이름이 새겨져 있다.

 옆에는 술통 지기 겸 익살꾼 어릿광대 난쟁이 페어 케오가 서서, 술을 권하는 익살을 떨고 있다. 페어 케오는 의미 있는 전설로 하이델베르크 카니발의 상징으로 자리하고 있다. 내용은 쾌락으로 인생을 즐기던 팔츠 선제후 일가의 모습을 상징적으로 묘사하고 있다. 페어 케오는 시계도 발명해서 당시 사람들이 이 시계를 즐겨 찼다고 한다.

 대형 포도주 통에는 영국 훈장이 보인다. 이 훈장은 선제후 요한 카시미어와 훗날 프리드리히 5세에게만 수여되었다고 안내인은 설명했다. 페어 케오가 쓰던 도구 중에는 낡은 파이프 관이 보인다. 포도주 통에서 위층 음주 실로 흘러가도록 펌프 장치의 남은 일부이다. 얼마 후 음주 실과 같은 높이로 술통을 높여서 주객들이 마시는 술을 펌프질할 필요가 없게 되었다. 술통에는 70만 리터의 술이 있고 스위치만 틀면 술이 계속 나오게 설계되었다. 당시 술을 즐기던 왕족과 귀족들은 하루에 이천 리터나 마셨다는 기록이 있다.

 선제후와 귀족들의 전쟁과 호화판의 생활상을 볼 수가 있었다.

이태리 폼페이의 지금은

폼페이는 그리 멀지 않은 곳에 나폴리 바다가 보이는 남향의 편안한 경사지로 전망이 좋은 지역이다. 정문같이 느껴지는 완만한 언덕을 올라갔다. 오른쪽에는 비너스 신전을 위해 세운 것으로 추정하는 육중한 기둥이 있다. 왼쪽에는 부자촌으로 느껴지는 집터를 보면서 계속 가니 아래쪽에 공동묘지로 추정되는 길게 뻗은 언덕이 보인다. 앞에는 포장된 조금 넓은 길 2개가 홍예문 쪽으로 연결되어 있다. 왼쪽 길은 보행자용이고, 오른쪽 길은 바다에서 소금이나 생선을 실어 오는 수레나 동물들의 길로 추측된다. 지금은 박물관으로 들어가는 길이다. 안쪽으로 들어가 아래를 보면 기원전 4세기로 거슬러 올라가 오래된 산니트 족이 세운 벽의 울퉁불퉁한 돌덩어리를 보게 된다. 폼페이는 어느 날 갑자기 베수비오 화산이 폭발하여 화산재가 한 도시를 덮친 비극의 도시이다.

여러 곳을 순서 없이 보았다. 회랑으로 가는 길과 낮은 언덕과 바다 쪽으로 펼쳐지는 멋진 광경을 지금도 볼 수 있다. 긴 회랑으로 둘려진 널찍한 정원과 각종 시설물과 거실이 있다.

폼페이에서 가장 큰 식당으로 추정되는 곳도 보았다. 식당의 벽들은 폼페이 양식으로 잘 장식되어 있고, 남은 벽에는 패널화들이 꽤 선명하게 보였다. 또 다른 문을 지나니 비너스 신전 자리가 있다. 비너스는 로마 정복 이후 행복의 비너스로 불린 폼페이의 수호 여신이다. 로마 공화정 시대 신전이 첫 지진으로 파괴되었고 후에 시민들은 전보다 더 큰 신전을 지어서 여신의 보호를 받고자 했으나, 두 번째 재앙으로 영원히 중단되었다고 안내인이 설명했다.

마리나의 길을 따라가다 보면 왼쪽에 로물루스와 레모의 집이라는 표시가 있다. 조금 더 가면 트리톨레모의 집터가 있다. 근처에 선거 관계 업무를 보던 공회장이 있다. 유권자들이 집정관 앞에서 투표했던 장소라고 말했다. 제우스 신전으로 추정한 장소 왼쪽에 공회장의 공동 화장실 흔적이 있다. 곡물 판매에 쓰였던 넓은 창고도 있고, 회랑의 옆 조금 들어간 곳에 도량 측량소도 볼 수 있다. 시장에서 사용하던 계량기들을 단속하는 로마 계량 단위의 표본이 있던 곳도 보았다. 공회장의 북쪽 중앙에 우뚝 서 있는 제우스 신전도 있다. 고대 이탈리아의 고유 양식으로 정면의 2단이 층계가 있는 단상에 세워졌다. 신전의 입구는 5개의 기둥이 있고 내부에는 사제만이 출입할 수 있는 통로가 있다.

내부는 2중의 기둥으로 되어 있고, 건물 끝에는 로마 3주 신의 석상이 세워질 세 개의 벽감이 조금 들어가 있다. 나폴리 국립 박물관에 보관되어 있다는 제우스의 두상과 미네르바가 있던 자리도 확인했다. 지하에는 공공의 보물과 신전의 값진 물건들이 보전되어 있었던 것 같다.

　에트루스크 신전이 있던 자리에 세워진 이 신전은 로마 공화정 시대가 열리면서 폼페이의 가장 중요한 신전으로 추앙받게 되었던 곳이라고 안내했다. 아폴로 신전도 보았다. 건물의 배치와 문이 공회장과는 완전히 다른 방향에 있다. 기원전 5세기에 산니타족에 의해 건설된 것으로 추측한다. 현재 남아 있는 흔적들은 이천 년 전의 모습을 상상할 수 있게 한다. 비록 부분만 볼 수 있지만 화랑의 성역과 신전을 보면 당시 장면들을 추측할 수 있다.

　신전 왼쪽에는 신전을 지켰던 사제의 방도 있다. 계단 앞에는 공화정 시대 제단이 보인다. 왼쪽에는 해시계를 받치기 위해 집정관이 세운 이오니아식 돌기둥이 있다. 네로 황제 시대에는 대부분의 건축물들이 회반죽으로 찍어낸 장식재로 되어있었으나 지금은 흔적을 거의 볼 수가 없다.

　로마제국 시대에는 도시의 성벽과 문을 방위용으로 만들 필요가 없는 시대였다. 남아 있는 에르콜라노 문은 개선문처럼 생겨, 가운데 아치가 뚫린 곳으로 중앙에는 수레들이, 양쪽 측변에는 보행자의 통로로 사용했었다. 오른쪽 성벽에는 요새 꼭대기에 오를 수 있게 해주는 응회암으로 만든 계단이 보인다. 제방 안쪽에는 기원전 5세기에 그리스인들이 세운 벽의 흔적도 보였다.

　에르콜라노 문을 지나면 공동묘지 길이 있다. 묘지들은 별장과 상업용 건물과 섞여 있다. 북쪽에 아름다운 분수가 있다. 모자이크로 된 기둥이 있는 별장으로 무덤의 흔적이 있다. 기원전 3세기로 추정했다. 길가에 있는 점포들 위층에 식당 달린 작은 주거지가 있다. 선술집들과 화랑도 있다. 끝자락에는 도기 제조공의 가마가 있다. 남쪽으로는 1763년 발굴했다가 다시 땅속에 묻혔다고 설명했다. 별장이라고 불리는 큰 건물이 있는데 안에 있던 그림과 모자이크는 나폴리에 있다고 한다.

신비의 별장도 있다. 별장에는 벽화가 있는데 이 벽화는 고대 중요한 유적이 되었다. AD 62년의 지진으로 별장의 새 주인들이 저택을 농장으로 바꾸어 경작한 흔적이 있다. 지금은 바다를 바라보는 방에서 별장 자리로 들어갈 수 있다. 원래 입구는 반대편에 있었고 수레가 다닐 수 있을 정도로 넓었다. 아래층에 남은 여러 장식들은 이집트풍으로 검은 바탕에 매혹적인 세밀화가 들어간 응접실 장식으로 되어 있다. 현관 남쪽에 있는 거실에는 꽃줄띠가 둘린 근사한 기둥들과 문틀도 볼 수 있다.

첫 방의 벽에는 사람 형상으로 잘 그려진 7개의 패널을 보게 된다. 가장 큰 두 번째 방에서는 특이한 광경을 볼 수 있다. 성인만 볼 수 있는 신비로운 장면이 나온다. 적막하고 엄숙하고 오묘한 신비로 가득한 장면에 30명의 남녀 배우들이 연출하고 있는 것 같으며, 인물과 상징들과 물건들이 모두 본질화되어 천천히 감각적으로 남녀의 혼합세계를 지나 새로운 생명을 창조하는 장면처럼 보인다.

디오니소스의 신비는 로마 원로원에서 강력하게 금지시켰으나 이탈리아 전역에서 걷잡을 수 없이 퍼져 나갔다. 신비 의식은 좋은 말로 신부의 성인 입문을 말한다. 대기 방의 그림들은 감탄할 만큼 선정적이다. 이 그림은 기원전 일세기 귀부인 초상에 그려진 의식의 사제요, 대 전수자였던 별장의 여주인에 의해 유명한 화가가 그린 것으로 추정한다. 그려진 인물들은 실제로 존재했던 사람들의 초상화로 여길 정도로 특색을 가지고 있다. 이천 년이 지난 지금도 상징주의 속에 담긴 숨은 모습을 볼 수 있다.

폼페이의 지금은 처참했던 화산재 속 아비규환의 어두웠던 역사를 뒤로하고, 예나 지금이나 조용하고 잔잔한 물결이 눈부시게 아름다운 세계 3대 미항인 나폴리 항구를 말없이 바라보고 있다. 30여 년 전 현장이니 지금은 많이 변했을 것으로 추정한다.

비극의 역사 현장을 찾는 세계 많은 여행인들과 함께!

프랑스 모나리자

중세 시대 그림은 성경에서 인용한 것이 많다. 그래서 종교화를 이해하려면 기독교의 지식이 필요하다. 또한 중세인의 삶도 알아야 이해가 쉽다. 중세는 종교가 정치도 지배하던 시대가 있었다. 대부분 중세인은 교육을 못 받았으므로 성경의 내용을 이해하는 데는 종교화가 큰 역할을 했다. 그림을 보면 종교를 이해하고 종교를 이해하면 사회를 알게 되기 때문이다.

성당에도 많은 그림이 등장한다. 박물관 전시에는 머리를 깨우치는 그림이 좋은 장소에 자리 잡게 되었다. 현재 박물관에 전시한 상태와는 다르다. 공부 못한 아들딸들은 아버지의 그림을 본받아 그리게 된다. 그래서 화가는 사회적으로 큰 대접을 못 받는 직업이었다. 당시 화가는 의뢰인 주문에 의한 그림만 그렸다. 의뢰인이 주문한 그림이 마음에 안 들면 반품하거나 대금을 지급하지 않았.

중세 화가들은 교회에 그림을 그려 봉사하기도 하고 왕실에도 그림으로 충성을 표시했다. 이때 유명한 그림으로는 아기 예수를 팔에 안고 있는 성모 마리아 '십자가 위의 그리스도'가 주가 되었다. 교회의 규격에 맞게 크기, 주제, 생각 등 수요자인 교회의 입맛에 맞는 그림을 그린 때도 있었다. 교회는 그림을 주문하고 납품받을 때 마음에 들지 않으면 상품 인수를 거부해도 되던 시대였다. 그래서 화가들은 고객의 마음에 들게 하려고 원근법 등 혁신적 기술과 기법을 동원하여 마음에 들게 그리려 애를 썼다. 그 후 계속해서 세상과 다른 천상의 세계를 표현하려고 금박 물을 동원하기도 했다. 15세기 들어와 회화에 사용한 금박 기술은 원근법 발견 이후 평면 위에 금박을 입히는 것보다 더 좋은 원근법을 선호하게 되었다.

예나 지금이나 금은 부의 상징이다. 종교화에 금박을 입히는 것은 신(神)에게 아름답고 귀중한 보물을 바친다는 의미가 있다. 그들이 후세에 천국으로 가고 싶다는 욕구를 표시하는 의미도 있다. 당시 금은 천국에서도 최고의 보물로 생각하는 사람들이 많다고 생각했다. 현재 기독교인들이 생각하는 천국의 뜻과는 확연히 달랐.

화가들은 현실적인 표현을 위해 밝은색으로 콧날과 광대뼈 그리고 이마를 표현했다. 다음에 눈꺼풀과 뺨 아래, 그리고 머리 뒤쪽은 그늘지게 그렸다. 그렇게 해서 빛과 그림자를 묘사했다.

'화가는 자연의 제자이지, 인간의 제자가 아니다'라는 말을 지오토가 주장했다. 그는 한 장의 그림 속에 두 인물과 두 성당의 전부, 그리고 산 전체를 넣고 싶었다. 지오토가 살던 14세기에는 공간을 완벽하게 구성하지 못했던 시기이다. 구체적인 이미지와 일상생활에서 볼 수 있는 하늘 등을 작품에 구체화하려고 노력한 흔적이 보였다. 화가들이 종교화에 전념하다 보니 초상화는 관심이 별로 없었다. 사람을 그릴 때 기도하는 모습이나 십자가 아래

그리스도 옆에서 무릎을 꿇고 있는 모습을 그리는 것이 대부분이었다. 혹 얼굴을 정면으로 그려도 아주 작게 표현했다. 대상이 왕이나 왕자일지라도…. 왜냐하면 아무리 위대한 인간도 신(神)보다 위대할 수 없기 때문이다. 큰 화폭에 한 사람만을 그린다는 것은, 당시에는 상상도 못 할 때였다.

시대가 많이 지나면서 왕과 귀족들은 자신의 초상화를 주문하기 시작했다. 고대 동전이나 메달에 새겨진 옆모습도 그리게 되었다. 이후 색채의 발달과 입체감을 부여하는 기법이 발달하면서 전면과 옆면을 자유자재로 그리게 된다. 다음으로 포즈를 취하거나 화려한 옷을 입은 상반신이 등장한다. 이때부터 초상화는 대중화되어 돈이 조금만 있어도 그릴 수 있게 되었다. 초상화의 대중화는 화가들의 생계유지 수단이 되었다.

17세기가 되면서 화가들은 여러 모습의 초상화와 익살스러운 모습도 그리기 시작했다. 그 후 단체초상화 시대가 왔다. 한 장에 여러 사람을 그리고 그림값도 나누어 내니 가격도 저렴하게 되면서 사람들이 그림을 그려서 나누어 갖는 시대로 발전하게 되었다. 대표적인 초상화는 1806년 나폴레옹이 주문한 유명한 다비드의 「나폴레옹의 대관식」이다. 그림에는 많은 사람이 등장했다. 루브르 박물관에는 이 대관식 그림이 긴 벽 하나를 거의 다 차지하고 있다. 그는 이 역사적인 장면을 프랑스 전 국민에게 알리고 싶었다. 170여 년이 지난 이후에는 TV가 도맡아 전 세계에 알리고 있다. 또한 관광객들이 눈도장을 찍어 자기 나라에 알리고 자랑했다.

이 박물관에서 「모나리자」는 가장 귀중한 작품으로 방탄유리로 잘 보호받고 있다. 매일 수천 명의 구경꾼들이 박물관에 들어와서는 모두 이곳을 보고 간다. 내가 갔을 때는 사진 촬영이 금지되어 있었다. 인파에 쓸려가다가 얼떨결에 셔터를 눌러본 기억이난다. 여러 곳에서 플래시 빛이 번쩍였다. 그림 모나리자가 왜 유명한가? 이 그림은 1550년부터 유명세를 탔다. 그림이 완성된 지 50년 뒤의 일이다. 이유를 알아보았다.

화가 다빈치는 젊은 여자의 상반신을 정면에서 3/4 정도 비스듬한 자세로 그렸다. 모델의 등 뒤쪽은 시골 풍경이다. 모나리자는 유명한 미소가 있고 포즈도 자연스럽다. 그릴 때 얼굴은 명랑하지 않은 표정이다. 그릴 때 광대들과 음악가들을 동원해 모델을 즐겁게 해주었다고 한다. 이렇게 하여 그림은 구경꾼을 쳐다보고 있다. 촬영 시 렌즈를 보면 간단하지만 그때는 어려운 작업이었다고 말한다. 눈은 살아있는 눈을 만들었다. 그리고 중앙을 응시하고 있다. 돋보기로 보아도 붓 자국이나 연필 등의 선의 흔적이나 윤곽선 등을 볼 수 없다. 그림의 구도는 단순해 보이지만 피라미드 구조 속에 완벽한 균형과 안정된 자세로 앉아있다.

초상화의 배경은 여러 가지 의미가 있다. 아래쪽 부분은 땅의 색깔을 하고, 왼쪽의 길, 오른쪽의 다리 등 인간의 존재를 의미하는 풍경이다. 시골길과 다리는 이상의 세계, 그곳은 물은 깊고 산은 높다. 인간의 접근이 힘들 것 같은 상징적 세계이다. 원근법을 잘 이용했음도 알 수 있다. 먼 것은 작게 그리고 윤곽이 흐리다. 산과 강은 희미한 선으로 표현했다. 다빈치의 '색채 원근법' '삭제 원근법'이다. 이 법들은 다빈치가 최초로 발견한 업적이다.

모나리자는 다시 봐도 훌륭한 작품이다.

복지와 천혜의 나라

오스트레일리아를 복합문화 사회로 공식 인정한 것은 새로 들어오는 이민이 그들의 문화, 언어, 전통을 법률이나 기본적인 사회 가치가 상충되지 않는 범위에서 그대로 보존함을 인정하고 환영한다는 것을 의미한다. 시민권은 그곳 태생이거나 양친 중 한 명이 시민이거나 혹은 어떤 다른 경위의 특별한 배려에 의해 얻을 수 있다.

이 나라는 전체 국민의 반 이상이 도시에 살고 있으며 자기 소유의 집과 1~2대의 자동차를 가지고 있다. 정서적으로나 문화적으로는 서유럽이나 북미의 생활방식을 많이 닮고 있다. 남성은 보통 제조업, 도소매업, 서비스업 등에 종사하며 주부들이 취업할 기회도 많다. 여성은 전체 노동력의 약 40%를 차지하며 이 중 56%가 기혼 여성이다. 노동의 대부분도 주 5일 근무제이며 일 년에 한 달의 유급 휴가와 10일간의 유급 공휴일을 즐긴다. 대부분 사람들은 60~65세에 정년퇴직을 한다.

이 부분의 설명은 무심코 듣게 되지 않았다. 그것은 지금 우리나라에서 이루어지고 있는 여러 제도와 비교하게 되기 때문이었으리라.

한 가족에 남자가 3명 있으면 그중에 한 사람은 직업 면허(Trade Certificate) 또는 고등교육 필증(Tertiary Qualipicatio)을 소지하고 있다. 여성도 5명에 한 명꼴로 그것들을 가지고 있다. 이 나라는 다른 나라에서 볼 수 없는 특이한 풍습이 여러 가지가 있다. 그중에서도 무엇보다 눈에 띄는 것은 어린이, 개, 그리고 고양이의 천국이라는 점이다. 이곳에서의 정책 중 주목할 만한 것은 일상생활 구석구석에서 어린이를 가장 중요시하며, 다음은 65세 이상의 할머니, 그다음이 65세 미만의 여자다. 이어서 55세 이상 남자, 개, 고양이 순이며 마지막으로 55세 미만의 젊은 사람들이다. 이런 관계로 여자가 남자를 때릴 수는 있어도 남자가 여자를 구타할 수는 없다.

독신자 수당은 여자에게만 해당된다. 남자들 중에 눈의 초점이 흐린 사람들이 많다. 별로 권리가 없으니 힘도 없는 모양이다. 놀고 있는 사람에게는 실업자수당이 지급되고 있으며 55세 이상 정년퇴직자에게는 퇴직수당이 지급된다. 어린아이가 출생하면 출산수당에 해당되는 우윳값도 지급된다. 이렇듯 완벽할 정도로 사회보장제도가 잘 되어있어서 대부분 남자들은 경쟁심이 없고 야무진 구석이 보이지 않는다. 여기서 한국의 남자들을 잠시 떠올리며 여러 가지를 비교했다. 그렇지 않을까. 일에 눌려 사는 한국 남자들이 한편으로는 측은해 보이지만 어떻게 보면 그렇게 의욕적으로 일하도록 조성된 여건 때문에 오히려 우리나라 남자들이 유능하고 당차고 남자다워 보인다.

대부분의 직장인들은 퇴근 후에 집으로 곧장 돌아가기 때문에 술집은 장사가 잘되지 않는다. 그 대신 집에서는 TV를 보거나 컴퓨터나 핸드폰으로 시간을 보내거나 자녀들과 놀기도 하고 취미활동도 한다. 여가 선용을 위해 체육시설이 잘되어 있으며 시드니 주변에만도 골프장이 36개나 되어 골프가 대중 스포츠로 각광을 받고 있음을 알 수 있었다.

시내를 달리는 차를 보면 번호판 옆에 'L' 자와 'P' 자를 달고 다니는 차를 가끔 보게 된다. 'L' 자를 단 차는 필기시험에는 합격했으나 실기시험을 치르지 않고 운전 연수 중이므로 옆을 피하여 조심스럽게 다니라는 뜻으로 붙이고 다니도록 했으며, 이런 차는 혼자서는 절대로 운전하고 다니지 못한다. 'P' 자를 단 차는 운전면허를 취득한 지 일 년이 못된 사람들이 운전하고 다니는 차를 의미한다. 이 차도 역시 우리나라의 '초보운전'에 해당되는 차니까 가까이에서는 조심하라는 표시다. 한국에서 이민 온 사람들의 경우 운전면허는 영어를 몰라도 통역관을 대동하여 시험을 볼 수 있다. 이 나라에서도 통역은 좋은 대우를 해주고 있다. 산부인과에서 통역을 해주는 통역사는 병원에 도착해서 진통, 출산까지, 모두 통역을 하는데 통역비를 시간으로 계산하기 때문에 많은 통역비가 지급된다.

오스트레일리아 화폐 10달러에는 사람 얼굴이 있다. 그것은 영국에서 위조지폐를 만들다 잡혀서 오스트레일리아로 유배되어 온 사람의 얼굴이다. 그는 이 나라에 와서 지폐를 잘 만들어 그의 사진이 돈에 찍힌 것이다. 시드니의 대표적인 지명으로는 조지 스트리트(George Street) 피터 스트리트(Peter Street) 등이 있는데 오스트레일리아 땅에 영국의 쿠크(Cook) 선장이 시드니에 처음 도착하여 당시의 국왕 이름 '조지'를 따서 거리의 이름을 붙인 것이다. 이 나라는 원칙적으로 팁이라는 것이 없다. 그러나 예외적으로 주어야 할 경우가 있는데, 관광객을 상대로 하는 버스 운전기사나 호텔에 짐 나르는 사람, 호텔 청소원 등에게 조금씩 주면 된다.

호텔이나 식당에서는 종업원의 봉급이 산업재정 제도에 의해 정해져 있기 때문에 계산서에는 서비스 요금이 포함되어 있지 않다. 단, 휴일이나 일요일에는 서비스 요금이 가산되는 경우가 있다. 팁으로 주는 돈은 포터에게 일 달러, 식당의 종업원에게는 계산 금액의 10% 정도, 택시는 20센트, 음료 서비스에는 10~20센트 정도가 무난하다.

이곳의 관광은 한마디로 요약하면 '세상은 아름답다'에 대한 경이로운 확인이었다. 한가롭고 평화로운 들판에 여유 있게 잘 정돈된 대륙은 마음을 포근하게 했다. 태곳적 자연 상태를 고스란히 저축했다가 신으로부터 얼마간의 이자를 붙여서 더 풍성하고 흡족하게 막 전해 받은 맨 처음의 새로움 같은 것이 느껴졌다.

오염되지 않은 물, 더 이상 보탤 수 없는 극치의 경탄을 발하게 하는 산과 들, 쾌적한 기후 이런 것들은 문자 그대로 '천혜'의 모든 것들이었다. 아름다운 자연에 놓인 것은 인간마저도, 인간이 만든 얼마간의 부산물마저도 모조리 자연의 일부로 느껴지게 되는가 보다. 그런 생각을 하며 바로 몇 시간 전까지만 해도 이런 세계에 대해 전혀 모르고 살아왔던 것을 떠올렸다. 아름다운 것은 때로 극치의 행복감을 안겨다 주지만 그것은 아이러니하게도 곧바로 역이 되고 만다. 그 아름다움을 몰랐던 시절에 대한, 혹은 그것을 함께 나누고 싶은 이들에게 대한 아쉬움으로 마음이 가볍지 않았다.

좋은 것 앞에서는 언제나 함께하고 싶은, 그러나 불가능한 또는 부재의 대상들을 떠올리게 마련이므로, 그리하여 여행은 어떤 형태로든 고독감이라는 여행 보따리를 하나 더 필요로 한다. 그것은 저마다의 빛깔을 지녀서 느끼는 이의 감성을 나름대로 갖도록 한다. 나는 이민 온 동서가 시드니에 살아서 몇 번 가 보았다. 시내를 누비는 관광용 버스에서 안내원의 상세한 설명을 들으며 내 오관은 이 새로운 세계의 구석구석을 한 부분도 놓치지 않도록 긴장 상태를 유지하고 있었다. 계속 구경할 시드니 시내를 떠올리며 녹음기를 점검하고 차창 밖으로 눈길을 옮겼다.

오스트레일리아는 며칠로는 만족할 수가 없는 큰 나라이다. 많은 것을 보고 배우기에는!

뉴질랜드의 간헐천

로토루아의 와카레와레와는 세계적인 온천지이다. 로토루아는 '커다란 호수'라는 뜻으로, 호수도 많고 간헐천 등 온천이 많다. 끓어오르는 진흙 구덩이에서 튀어 오르는 간헐천, 김을 뿜어대는 계단식 온천, 유황과 색색의 규토 구덩이들, 이런 것들은 로토루아의 2대 휴양지 포후투 간헐천과 함께 관광객들의 발길을 끌어들이기에 충분하다.

뉴질랜드 북섬의 최고 관광지로 알려진 로토루아는 온천과 전통 마오리 유적지, 송어 낚시터, 경치 좋은 호수들이 널려 있는 곳이다. 로토루아 부근은 아직도 화산활동이 활발하기 때문에 고개를 돌리는 곳마다 땅에서는 황홀하고 놀라운 자연의 현상이 펼쳐진다. 언덕마다 지열 지대가 형성되어 김이 무럭무럭 솟아오르며 온천과 간헐천이 수없이 많다. 작은 도시지만 뉴질랜드에서 10번째 도시다. 화산활동으로 생긴 로토루아 호수(Rotorua Lake)도 있다. 이 호수는 9개의 호수 중 가장 크다. 이곳에는 송어를 비롯한 다양한 어류가 서식하고 있다. 낚시를 즐길 수 있고 유람선과 수상스키도 즐길 수 있는 관광지이다. 밤이 아주 늦은 시각에 로토루아에 도착했다. 여장을 풀고 호텔에 붙어있는 온천욕을 하러 갔다. 가는 길에 수영장 같은 것이 보이기에 물어보니 그곳은 수영도 하고 남녀가 함께 목욕도 즐기는 남녀 혼탕이라고 했다. 한국 사람의 관념으로는 선뜻 내키지 않는 곳이었다.

개인 탕은 칸막이가 된 실내에 둥글고 큰 가마솥 같은 탕이 있는데, 깊이가 2미터 정도 되었다. 개인의 온천욕 시간을 30분으로 제한하기에 한국에서의 온천 하던 식으로 생각하고는 시간을 너무 짧게 주는구나, 생각했는데 막상 들어가 보니 30분도 상당히 길게 느껴졌다. 보통 목욕탕의 수온보다 훨씬 높아서 물속에 그렇게 오래 있을 수가 없었다. 독탕은 수영장보다 물이 훨씬 뜨겁고 깨끗했다. 유황천이어서 효능은 신경통 류머티즘 피부병에 좋다고 한다.

거리에 나가 보니 늦은 시각이라 상점들은 다 문을 닫았다. 그런데 그곳 전시장이나 상점들은 길에서 가까운 상점일수록 점포 문은 잠겨 있으나 불을 끄지 않고 내부가 환히 들여다보이게 해 두었다. 이곳 사람들은 빈 상점에 불을 켜 놓는 것이 미관과 안전에도 좋고 상품의 광고에도 효과가 있다고 믿는 까닭에서라고 했다. 전기요금이 세계에서 가장 싸다고 했다.

로토루아 관광의 하이라이트라고 할 수 있는 이곳에는 와카레와레와 온천지와 전통 마오리 마을이 있다. 땅에서 부글부글 끓어오르는 진흙 구덩이에서 끓는 물이 하늘 높이 치솟는 로토루아 간헐천, 흰 김을 계속 뿜어대는 계단식 유황과 색색의 유황 구덩이가 있다. 달걀 썩는 냄새 비슷한 유황의 독특한 냄새가 간간이 코를 찌른다.

　한편 이곳은 오랫동안 마오리 원주민의 생활 터전으로 알려져 왔다. 지금도 이곳은 원주민들의 촌락을 크게 형성하고 있다. 곳곳에서 마오리 전통문화를 접할 수 있으며 그들의 미술품 공예품을 직접 만드는 현장도 구경할 수 있었다. 특히 항아리에 조리된 음식이라는 전통적 마오리 특유의 '항이' 잔치와 음악회도 여러 곳에서 열린다고 한다. 주변의 성곽을 두른 파(Pa) 마을과 우리나라의 민속촌처럼 완벽한 복제품으로 만들어져 유럽인이 오기 전의 마오리족을 이모저모 구경할 수 있다. 여기서 재미난 모습은 이들이 환영의 마음이나 우의를 표할 때 서로의 코를 비벼대고 혀를 길게 내미는 것이다. 이 마을 주민은 1886년 6월에 타라웨라 산이 폭발했을 때 매몰된 마을 난민들의 자손들이다. 파의 가장 안쪽에는 부족의 집회소가 있고 정오가 지나면 마오리 전통의 노래와 춤이 상영된다.

　주변의 미니 박물관을 가 보니 실지 마오리족이 모여서 민속 편물로 천을 만드는 작업을 하고 있었다. 그리고 한쪽 구석에서는 목각을 다듬는 목각공이 몇몇 앉아서 일을 하고 있었다. 그리고 완성품인 사람이나 동물 조각을 전시해 놓았는데, 그중에는 남녀의 나신도 눈에 띄었다. 이곳에서 그들의 작품을 기념으로 살 수도 있다.

　관광지에서 빼놓을 수 없는 것은 역시 쇼핑이라고 할 수 있겠다. 뉴질랜드의 백화점은 파마스 백화점과 DIC 백화점이 있는데 전국 각지에 지점이 개설되어 있다. 또 주요 도시에는 양털 가죽 전문점이 많고 선물 가게도 흔하다. 토산품으로는 양털 가죽 제품이 가장 일반적이고 다양한 마오리족의 목각 공예품도 빼놓을 수 없다. 그밖에 뉴질랜드 비취라고 불리는 그린스톤(Green Stone) 파우아 조가비 세공품, 양모 제품 등이 쇼핑의 주종을 이루고 있다.

그린스톤은 색이 짙고 묵직하여 세계 시장에서 가장 고급품으로 통용된다. 지금도 고액에 거래되고 있지만 남섬의 험한 지형에서 채취하기 때문에 백인들이 들어오기 전에는 금보다도 귀하게 여기던 보석이었다고 설명했다. 그래서 이곳에서는 그린스톤으로 만든 액세서리는 고금을 막론하고 특권계층의 상징이었다. 이곳을 한 바퀴 돌고 나니 작은 뉴질랜드를 본 느낌이었다.

포후투 간헐천(Pohutu Geyser)은 약 20분 간격으로 폭발하는데 갑자기 뜨거운 온천물이 20~32미터 높이까지 공중으로 분수처럼 터져 올라가 20분가량 뻗쳐 물기둥을 이루어 관광객의 눈길을 사로잡고 있다. 가히 숨을 멈추고 볼 만한 장관이었다. 유황 냄새가 가득하며 화산지대의 특성상 초목이 자라지 않아 그 일대의 황량함은 고고학을 다룬 영화의 거대한 세트를 방불케 한다. 폴리네시안 풀은, 목욕을 하면 놀랄 만큼 피로가 풀리는 지열 온천이 많아서 병 치료를 위한 관광객의 발길이 끊이지 않고 있다고 자랑한다.

로토루아는 전 시가지에서 거의 온천물이 뿜어 오른다. 심지어 길가나 가정집까지도 온천물이 있다. 그러나 한 군데만 개발하고 나머지를 자연 그대로 두어 관광지로 개발했다. 개발하지 못하게 한 것은 환경보존의 이유도 있지만 개발 중 폭발 등의 위험을 걱정해서라고 한다.

큰 단지 하나가 모두 온천지다. 더운물이 둥근 우물 같은 데서 많이 나와 냇물로 흘러가는데, 이 우물 같은 샘의 근원은 명주 꾸리 하나가 다 들어가도 끝이 닿지 않는다고 하니 그 깊이가 수백 수천 미터가 될 것 같다. 여기서 흘러나오는 온천물에 계란을 삶을 수 있는 것은 물론, 옥수수도 익혀 먹을 수 있단다. 이곳에다가 왕골이나 칡넝쿨 비슷한 뉴질랜드산의 풀을 삶아서 천을 짠다고 했다.

이곳 와카레와레와는 더운물이 나오는 이런 온천장이지만 원래 지명의 뜻은 '헤어진다'라는 뜻이라고 한다. 원래 로토루아는 뉴질랜드 고관들의 휴양지로 이름나 있으며 주변의 건축물도 아름다워서 엽서의 그림으로 등장하기도 한다. 포후투 간헐천과 이곳 온천을 보지 않고서는 뉴질랜드를 말할 수 없을 정도로 꼭 보아야 하는 유명한 곳이다. 로토루아의 와카레와레와 온천에서 온천욕을 하면 북섬은 거의 다 보았다고 말할 수 있다.

우리와 먼 나라지만 다시 가 보고 싶은 온천이다.

우마탁과 사랑의 절벽

우마탁은 괌의 남쪽 끝에 있는 작은 바닷가 마을 이름이다. 1926년에 만든 기념비에는 마젤란이 1521년 3월 6일 근처로 상륙하였다고 기록되어 있다. 작은 비에는 마젤란 기념비(Magellan Monument)라고 쓰여 있다. 옆에는 규모가 큰 베이지색 성당이 있는데 이것이 산 디오니시오 성당(San Dionisio Church)이다. 1680년 공사를 시작해서 다음 해에 완공했다. 이 성당은 1769년에 석조 건물로 바뀌었다. 그 후 몇 번의 지진과 태풍으로 파괴되어 다시 짓기도 했다는 안내인의 설명이다.

현재의 건물은 1939년에 지었는데 시멘트벽으로 바다 쪽을 막았고 벽에 산 디오니시오 성당(San Dionisio Church)이라고 쓰여 있다. 지붕 위에는 십자가가 있다. 밀려오는 태풍과 파도가 벽면에 쓰인 교회 이름과 십자가를 보고 잠잠해지라는 염원을 담은 뜻이라고 전해온다. 이 성당은 아테네의 첫 번째 주교 아레오파구스의 산 디오니시오 성인께 헌정되었고 그의 축일인 10월 8일에는 마을 주민들이 축제를 올린다고 한다. 배가 들어와서 정박하기에 아주 알맞게 생긴 곳으로 남쪽 앞으로는 언덕이 있어 자연스러운 방파제 구실을 한다. 언덕 위를 보면 옛날에 바다를 내다보던 망대가 있고 유적이 몇 곳에 남아있다. 철판에는 어느 나라 말인지 알 수 없는 글씨가 선명하게 적혀 있었고, 땅굴처럼 파인 곳에 또 다른 망대가 있다.

19세기 초 우마탁만(Umatac Bay) 남서 끝에 구축된 누에스트라 세뇨라 데 라 솔레다드(Nuestra Senora De La Soledad)라는 긴 이름이 새겨진 요새지가 있다. 이곳은 괌 전체에서 원형이 가장 잘 보존된 곳이라고 한다. 석조 관망대가 아직도 공원 언덕 위에 있다. 솔레다드 요새에 올라가니 나지막한 성의 흔적이 있고 초소 같은 석조 건물이 하나 있다. 대포 세 문이 태평양과 우마탁만을 향하고 있다. 스페인 해군함이나 영국 해적을 감시하는 데 가장 적합한 위치로 생각되었다.

위와 같이 역사적으로 뜻깊은 우마탁은 마을 전체가 삼태기같이 생겼다. 원래는 17세기 스페인 통치 시절에는 괌의 수도였다. 예전에는 이곳에 총독 관저도 있었단다. 섬 남쪽의 '매리도'라는 마을에는 1940년대 일본 군대의 횡포에 견디다 못해 이주해 온 사람들이 모여 살고 있어 집도 많고 가축도 많이 기른다고 안내인이 말했다.

괌은 강한 모계사회이다. 주로 원주민 여인들에 의해 차모로어로 문화, 언어, 음악, 무용, 풍습 등이 보전되어 있다. 1668년 예수교 선교사들이 와서 유럽 문명을 전하기 시작했으며 이때 옥수수 농사, 목축, 나무껍질로 옷을 짜는 법 등을 가르쳤고 그 후 가톨릭이 들어오면서 활동의 중심을 이루었다고 한다.

1972년 태풍이 강타해서 남쪽 낮은 지역은 대부분 집들이 파손되었다. 그러나 우리나라 기술자들이 지은 집은 태풍에도 파괴되지 않고 무사했다. 그래서 한국인의 건축 기술이 크게 인정받아 건축 주문이 쇄도하고 있다고 설명했다. 정부는 이 피해의 복구를 위해 융자를 해 주면서 주택을 많이 짓도록 장려했다. 그래서 몇 년 전까지도 남쪽 지방에는 한창 건축 붐이 일고 있었다고 한다. 파도가 심하지만, 산호초가 자연 방패 구실을 해 주어서 파도의 피해는 거의 받지 않고 있는 지역 같다.

괌은 미국의 자치령이므로 언어는 물론 영어를 사용한다. 하와이와 필리핀에서 이민 온 사람이 많아 억양이 강한 동양적 영어가 주로 쓰인다. 그렇지만 현지 주민들은 아직도 그들의 고유 언어인 차모로어를 사용하고 있단다. 제2차 세계대전 때 일본 점령하에 살면서 강제로 일본교육을 받았던 노인층을 포함한 일부 주민들은 일본어를 가끔 사용하는 것도 볼 수 있었다. 이러한 현상을 보고 의아하고 신기하면서도 한편으로는 역사는 무시할 수 없다는 것을 실감할 수 있었다. 사용하는 돈은 미국 본토와 같이 달러를 쓰고 있다.

서남쪽을 돌아 남에서 동쪽을 향해 이 나라한 마을을 지나가는데 큰 바위에 온갖 번쩍이는 끈이 감겨 있었다. 그것은 곰 바위(Bear Rock)라고 부르는데 이 바위는 승전을 기리는 뜻으로, 혹은 기원하는 의미로 전해왔다고 한다. 거기 붙여진 반짝이들은 지난 1991년 걸프전쟁의 '사막의 폭풍작전'때 파병한 미군 가족들이 무사히 이기고 돌아오라고 기원하는 뜻에서 붙여 놓은 것이 지금까지 남아있는 것이라고 설명했다. 그곳에서 눈을 돌리면 동쪽으로 망망대해가 펼쳐진다. 그곳의 바닷물은 하루에 색깔이 일곱 번 바뀐다고 하는데, 우리가 보는 동안에도 한 번 바뀌는 것이 느껴졌다. 그 현상은 햇빛과 풍향에 따라 변화하는 것이란다. 이곳 사람들은 이 바닷물을 '수정 바닷물'이라 부른다.

괌에는 지금 뱀이 많은데 그리 크지도 않고 독도 많지 않다고 한다. 괌에는 원래 뱀이 없었는데 옛날 필리핀에서 이주해 온 사람들의 짐 속에 뱀이 끼어들어서 현재와 같이 많이 번식된 것이라고 설명했다. 우마탁 북쪽 해안에 큰 검정 바위가 있다. 이 바위는 우마탁 만의 북쪽 경계를 이루고 있다. 이 바위가 유명한 포하바위(Fouha Rock)인데 우마탁인들이 매년 축제를 여는 곳이다. 바위는 46미터 높이로 바다 위에 솟아 있다. 차모로인들의 전설에 의하면 이곳에서 여인 푸나(Fuuna)가 오빠 푸탄(Putan)과 함께 이 세상을 창조하고 쉬었던 곳이라고 한다. 황당한 말을 듣고 10분쯤 가니 작은 마을이 보였다.

시실 남쪽 지방의 주택은 볼품도 없고 경치도 그저 그런 것으로 느껴졌다. 잠시 바다 근처로 가 보았다. 뺑 돌려 바위가 있고 파도가 칠 때마다 물이 넘쳐흘러 자연스럽게 조성된 야외수영장이 있었다. 들어온 물이 일정한 양이 차면 반대편으로 나가는 수로가 만들어져 있어 저절로 수위가 조절되었다. 이곳이 유명한 이나라한(Inarahan) 만에 있는 이나라한 천연 풀이다. 수영장의 크기는 한국의 올림픽 공원 내에 있는 실내 수영장 정도 된다. 깊이는 2미터쯤 되며 다이빙을 할 수 있는 높은 바위도 있고, 바비큐용 화덕이 준비되어 있어 주말에는 많은 사람들이 찾아오며 국가 소유로 되어있어 누구든지 무료로 이용할 수 있단다.

중부 해변과 투몬 만의 절경이 한눈에 보이는 높은 절벽이 있다. 절벽 위에는 유명한 사랑의 전설이 있다. 1500년대 스페인이 괌을 통치하던 때의 이야기다. 괌은 스페인 통치 전에는 추장이 통치했다. 추장은 예쁜 딸이 있었는데 동네 원주민 청년과 결혼을 약속한 사이였다. 스페인의 통치자가 추장의 딸을 보는 순간 너무나 예뻐서 단숨에 반해 버렸다. 절대 권력자인 통치자는 추장에게 당신의 딸을 아내로 삼겠다며 정식 청혼을 했다. 난감한 추장은 자기 딸은 동네 청년과 결혼을 약속한 사이라고 양해를 구했다.

그러나 통치자는 절대 권력을 이용해서 추장의 딸을 아내로 삼기로 허락을 받았다. 이 소식을 들은 추장의 딸은 야밤을 이용하여 결혼을 약속한 청년과 도망쳤다. 그러자 선장 통치자는 군대를 동원하여 이들을 잡아 오라고 명령했다. 도망치던 총각, 처녀는 절벽 앞까지 도망 왔으나 더 도망칠 곳도 없었다. 앞에는 절벽, 뒤에는 병사들의 추격. 절벽 앞에서 이들 남녀는 긴 머리를 서로 묶어 매듭을 짓고 절벽 위에서 123미터 절벽 낭떠러지에 몸을 날려 바닷물에 떨어져 함께 죽음을 택했다.

그들이 몸을 던진 그 자리에 한 그루의 나무가 자라 해마다 꽃이 핀다고 한다. 이 꽃나무는 남녀가 뛰어내린 뒤쪽 3미터 지점의 양지 쪽인데, 꽃잎이 4장만 달린 반쪽짜리 흰 꽃이 핀다고 한다. 내가 7월에 갔는데 흰색의 꽃이 힘없이 피어 있는 것을 보았다. 이 절벽이 청춘 남녀의 이루어질 수 없는 사랑으로 함께 뛰어내려 자살했다는 슬픈 사연이 있는 곳이다. 후인들이 이곳에 사랑의 종을 만들어 놓고 관광객을 오게 했다. 누구나 이 사랑의 종을 쳐서 '땡땡' 소리가 나면 사랑이 이루어진다는 전설이 생겼다. 지금도 많은 사람들이 줄을 서서 종 칠 차례를 기다리고 있단다.

세계에서 가장 낮은 해저로 알려진 마리아나 해구까지 연결된 람람산도 명물이다. 해발 407미터의 이 산은 괌에서 가장 높은 산이다. 해발 높이는 낮지만, 해저부터 보면 세계에서 가장 높은 산이 될 것이다. 30분이면 정상에 올라가 넓은 해안의 절경을 볼 수 있다. 스페인 시대에는 봉화로 돛단배를 유도했던 산으로 알려져 있다. 산속에는 미군이 진격했을 때 최후까지 저항했던 일본군 병사 요코이가 숨어 살던 동굴이 있다. 그는 이 정글 동굴에서 1972년까지 30여 년간 야생동물처럼 지냈다. 아가나 박물관에는 요코이가 생존 시 사용했던 무기와 장비가 전시되어 있다. 산에는 나무가 별로 없는 곳이 많은데 다른 곳에서 보는 원시림과는 상당히 다르다. 크게 보면 괌은 이 산 하나가 한라산같이 높이 솟은 큰 덩어리로 보면 된다.

우마탁 만과 람람산, 사랑의 절벽은 괌 전체에서 천혜의 조건을 갖춘 가장 훌륭한 관광지며 미국이 아끼는 군 요새(要塞)의 항구이기도 하다.

세계에서 가장 큰 물통

　인도 무굴제국 시대 황제들 삶의 단면을 보았다. 아그라성은 무굴 3대 악바르 황제가 건축한 것으로 야무나강 변에 있다. 강 전경이 절경이며 무굴제국 권력의 상징이기도 한 건물이라고 안내인이 설명했다. 후에 유배당한 샤자한 황제가 이곳 8층에서 타지마할의 한을 품고 내려다보던 장소이다. 5대 황제 샤자한이 1666년 74세로 죽을 때까지 구금되었던 성이다. 일명 포로의 탑이라고 부르기도 한다. 붉은색을 띤 이성은 2.5km의 성벽으로 둘러싸여 있고 안에는 자항기르 궁전 카스 마할 같은 궁전이 있다. 1566년 악바르 황제가 축조해 샤자한 황제 때 마무리했다는 기록이 있다.
　수도가 파테푸르시크리에서 라호르로 옮겼다가 다시 아그라로 옮길 때 쌓은 성이다. 지리적 여건이 좋고 물의 공급이 원활해 수도로 적합했을 것으로 보였다. 아그라성은 샤자한이 아들 아우랑제브에게 권력을 빼앗기고 아그라성의 팔각형 탑과 같은 형식의 구조물인 무삼만 버즈에 갇혀 살던 공간이다. 날씨가 좋은 날은 부인이 잠든 타지마할을 바라보며 죽을 때까지 감금당했던 장소로도 유명하다. 황제 아들은 아버지가 죽은 후 어머니 곁에 안장했다. 권력의 슬픈 역사를 보았다.

샤자한은 말년에 아들 아우랑제브가 이곳 아그라성의 물 공급까지 중단시켜 빗물을 받아 모아서 살았다는 이야기도 전해지고 있다. 그 예로 성 곳곳에 빗물을 받아 모으기 위한 장치가 잘 되어 있는 것을 볼 수 있었다. 타지마할 서쪽 문에서 릭샤(자전거)로 5분 거리에 있다. 아그라 성은 악바르, 자항기르, 샤자한, 아우랑제브까지 4대 황제가 통치한 성이다. 왕궁에는 황제 방에 금, 다이아몬드 등 보석이 박혔던 자리가 공간으로 남아 있다. 영국이 지배한 때에 모두 빼내서 영국으로 가져갔다고 안내자가 말했다. 보석들은 현재 영국 박물관에 보관되어 있다고 한다.

1610년 4대 왕 자한기르가 쓰던 목욕탕이 있다. 안에 있던 것을 관광객을 위해 문밖으로 내놓았다고 한다. 건축물 전면에서 보면 아래쪽에 무슬림교 문양이 있고 위쪽은 무굴제국의 문양이 나란히 있다. 3대 황제 악바르는 이슬람, 무굴, 그리스도교, 힌두교 등 각각 다른 교를 믿는 부인과 살아서 건축에 모든 문양을 다 넣었다는 설명이다. 성안에는 힌두교 기도 장소와 법당이 있다. 왕비가 회의하는 회의실도 호화롭게 꾸며져 있다. 왕비가 쓰던 부엌도 있다. 6대 왕까지 4대의 황제가 여러 부인을 거느리고 살면서 많은 시설을 해 놓은 것이라고 한다.

3대, 4대, 5대 황제 침실을 모두 대리석으로 꾸며 놓았다. 대리석으로 만든 딸의 방과 4대, 5대 왕이 자기 부인을 먼저 보내고 만든 방이 있다. 아그라는 더운 지방이기에 시원한 대리석으로 방을 만들었고 거실에는 분수도 있다. 한번 만져 보았다. 궁녀도 350명 있었고 궁녀 방 앞뜰에는 일주일에 한 번씩 미니시장이 서기도 했다는 기록이 있다고 설명했다.

재판할 때 왕이 앉았던 자리도 보았다. 일반법원은 1층에 있다고 한다. 법원 앞마당에 영국인 표시 무덤이 있다. 영국 외교관이 코끼리에서 떨어져 죽었는데 궁궐 마당에 안장했다. 인도를 지배하던 영국의 힘을 알게 하는 대목이다. 궁궐 마당에 님나무가 많다. 치약 원료로 쓰는 유명한 님나무가 궁궐 안에 있는 것이다. 성은 돌로 축조되어 있는데 무굴 왕조의 대표적 건축물이다. 성벽에는 델리 문과 아마르신 문이 있다. 성문의 울타리는 못이 박혀 있고 위에는 인도풍의 작품들이 있다.

암베르성(Amer Fort)은 시내에서 15분 거리에 있는 성이다. 무굴 제국 악바르 3대 황제의 참모 출신으로 권력을 쥔 카츠츠와하 왕조의 만싱이 1592년에 짓기 시작했다. 그의 후대인 자이싱이 완성한 성으로 대단히 화려하고 웅장하게 지은 것이다. 무굴 제국의 자한기르 4대 황제가 이 성을 침입해 상당 부분이 파괴되었다는 설명이 있다. 그런데도 이 성에는 당시 장식과 벽화가 많이 남아있다고 한다.

인도 북부의 삼각지대는 델리, 자이푸르, 아그라를 말하는데 이곳을 여행하는 여행객은 암베르성을 가장 많이 기억한다고 한다. 지금은 관광객이 많이 와서 산 아래에 코끼리 수송 영업이 성행하고 있는데 성까지 걸어 올라가도 15분 정도 걸린다. 코끼리를 타는 것은, 관광의 일종인데 편도 요금이 비싼데도 아침 시간에 수백 명이 줄을 서서 차례를 기다리고 있었다.

내가 걸어 올라가는데 옆에 잡상인과 걸인들이 붙어 '기브 미 원 달러' 하며 달려들어 계속 시달림을 받기도 했다.

시티 펠리스(City Palace)는 자이푸르(Jaipur) 시내에 있는 궁전으로 자이싱이 살던 궁인데 지금도 한쪽에는 후손들이 살고 큰 건물들은 박물관으로 개방하고 있다. 내부에는 볼거리가 많은데 특히 관람객이 많이 모이는 곳은 1800년대 사바이 마도싱 왕이 입었었다는 반바지가 있는 곳이다. 이 왕의 키는 2m, 허리는 1.2m, 중량이 250kg이나 되는 거구였는데 그가 입던 반바지가 너무나 크고 우습다.

또 다른 우화가 있다. 영국의 식민지 시대 때 인도 왕인 그가 영국을 방문하기 전 영국인들이 소고기를 먹는다는 말을 들었다. 소를 신성시하는 힌두 국가의 왕인지라 항의 표시로 '나는 영국의 물을 안 먹겠다'라고 선언했다. 그리고 부하를 시켜 갠지스강에서 물을 가져오게 해서 먹는 물과 목욕물을 구분해 배로 실어오게 했다. 그 물은 은으로 만든 큰 물통에 담아서 운반했다는데 현재 이 물통이 박물관에 전시되어 만져 볼 수도 있다. 이 물통은 지금까지도 세계에서 가장 큰 물통으로 기네스북에 올라 있다고 한다. 나도 반바지도 보고 큰 물통도 만져 보았다. 어마어마하게 크다.

『수필문학』 2023. 12월호

그랜드 캐니언

라스베이거스 관광을 마치고 호텔에서 15분 거리에 있는 공항으로 갔다. 순간 깜짝 놀랐다. 비행기가 9인승 경비행기였기 때문이다. 앉은 자리가 바로 조종사 옆자리다. 이렇게 작은 비행기는 처음이다. 한참 가던 비행기는 위아래로 오르락내리락하며 계곡 밑으로 곤두박질하기도 했다. 너무나 무서웠다. 조종사는 미소 지으며 나를 쳐다보면서 아래를 손짓하며 보란다. 콜로라도강 물 근처까지 계속 내리꽂는 것 같다. 아주 가까운 곳의 협곡을 보면서 멋있는 구경을 했지만, 손바닥에는 땀이 흠뻑 고여 있었다. 30여 년 전의 경험이라 지금은 많이 달라졌는지 모르겠다.

'그랜드 캐니언'이란 이름은 말 그대로 거대한 계곡이란 뜻이다. 1869년 인류학자인 존 웨슬리 파월이 탐험에 성공하여 발견한 곳이며, 콜로라도강이 콜로라도 고원을 가로질러 흐르는 곳에 형성된 협곡이다. 길이는 리틀 콜로라도강과의 합류점으로부터 미드호수까지 350킬로미터이고 넓이는 6~30킬로미터, 이는 약 1,600미터인 거대한 계곡으로 계곡의 벽에는 많은 계단형의 언덕이 층층으로 이루어져 있으며 계곡 아래에는 콜로라도강의 붉은 강물이 굽이쳐 흐르고 있다.

또한 그랜드 캐니언 상 하류에도 협곡이 이어져 있다. 원래 콜로라도강이 흐르던 곳에 콜로라도 고원의 일부가 융기하여 깊이 1,600미터의 협곡이 생긴 것인데 계곡의 벽에는 시생대 이후에 7억 년 동안 생긴 많은 지층이 그대로 나타나 있다고 안내인이 전체적인 설명을 했다.

지층의 빛깔은 여러 종류지만 전체적으로 적색이나 주황색이 주류를 이루어 화려한 아름답게 보였다. 협곡을 경계로 북쪽은 카이바브 고원이고 남쪽은 코코니노 고원이라 하는데 매우 평탄하다. 반건조 지역이어서 계곡의 벽에는 수목이 간간이 나 있었지만, 고원에는 수목이 꽤 무성하다. 그랜드 캐니언의 단구에는 하바수파이 인디언 보호구역이 있고 소규모의 농경이 이루어지고 있다. 고원에는 인디언인 나바호, 카이바브, 후아르파이 등의 보호구역이 있다.

그랜드 캐니언의 중심부는 1919년에 그랜드 캐니언 국립공원으로 지정되어 세계적인 관광지가 되었다. 카이바브 고원과 코코노니 공원을 잇는 길은 계곡 밑으로 이어지는 작은길 하나뿐이고 만약 자동차를 이용하려 한다면 가장 가까운 도로도 350킬로미터나 된다. 국립공원의 바로 하류에는 그랜드 캐니언 기념 공원과 미드호 국립 레크리에이션 지역이 있다. 라스베이거스에서 보면 그랜드 캐니언까지의 거리가 440킬로미터로 서울과 부산 간의 거리보다 조금 멀며 승용차로는 5시간 걸린다.

국립공원으로 지정된 이후 입장료를 받고 있는데 1인당 50센트이며 차를 가지고 가면, 정문 통과에 주차비를 받고 있다. 1년 간 그랜드 캐니언을 찾는 관광객은 수백만 명이며 일본 사람이 가장 많다고 한다. 이렇게 많은 관광객이 찾는 이유는 그랜드 캐니언이 갖는 지형적인 특성 때문일 것이다.

그랜드 캐니언은 지금부터 5~600만 년 전에 형성되어 438킬로의 길이로 북쪽과 남쪽의 두 곳으로 나뉘어 있고 전망대는 3곳에 있다. 북쪽은 10월 중순부터 5월 말까지 겨울이며 대부분 폭설로 인해 교통이 두절 되지만 남쪽은 1년 내내 관광을 즐길 수 있다. 누군가가 말한 것처럼 한 사람도 눈에 보이지 않을뿐더러 그 누구도 다녀가지 않은 것 같은 느낌을 주는 그랜드 캐니언이다. 방대한 천연자원은 전망대에서 물까지 24킬로나 되며 수직으로 재어도 1,600미터나 되는 깊은 곳이다. 어떠한 형용사로도 설명하기가 불가능한 그랜드 캐니언에 대해서 네덜란드의 유명한 시인인 한 무신론자는 이곳을 구경하고 유신론자가 되었다는 말이 있을 정도로 경이감이 감도는 곳이다.

그랜드 캐니언이 없었더라면 충분히 그 진가를 인정받았을 '천둥의 강'에는 바위의 벽에서부터 솟아오르는 듯한 물줄기가 일품이다. 또 카이바브 국립 산림은 그 높은 고지와 습도로 인해 형형색색의 자태를 품고 있으며 아름다운 북쪽의 경치는 높이 솟은 샌프란시스코의 봉우리들은 그랜드 캐니언의 뒷배경으로 더욱 수려하다. '천사의 창문'으로 알려진 바위 구멍 사이로 내려다보는 콜로라도강은 또 다른 충격을 주기에 충분하고 이 모든 자연의 경관들은 그랜드 캐니언만이 가지는 유일한 배경인 카이바브 국립 산림에 의해 극치의 아름다움을 보여준다.

현대에 와서는 관광지로의 가치를 지니고 있는 하바수파이 인디언 주거지는 붉고 흰 절벽들로 둘러싸인 세계의 웅장한 폭포에서 흘러나오는 투명하고 맑고 작은 강이 흐르는 푸른 초원지대에 자리 잡고 있다. 콜로라도 강가의 그랜드 캐니언의 외곽지역과 동굴의 돌무더기들은 16세기에 스페인 사람들이 이곳을 발견하기 전부터 인디언 원주민들이 살고 있었다는 것을 말없이 설명하고 있는듯하다.

이곳 인디언 지역에는 처음에는 14개 부족들이 살고 있었다고 하는데 지금은 5개 부족만이 혈통을 이어가고 있다고 한다. 대부분 호전적인 기질을 가지고 있는 인디언들에 비해, 바하수파이족은 백인들과는 우호적인 친분을 맺고 있는 인디언으로 다른 부족들로부터 그들의 그랜드 캐니언 지역을 지키면서 넓은 고지대에서 살고 있다고 한다.

새로이 확장된 보호지역에서 하바수파이 인디언들은 그랜드 캐니언 농장에서 재배되는 농작물과 외부에서 공급되는 식량으로 생활하고 있었지만, 근처 지역에서 사냥도 한다고 한다. 다운타운에는 전에는 철도가 있었다고 하는데 1968년 폐쇄했다고 설명했다. 이유는 전에는 기차로 물을 운반했지만, 지금은 송수관을 설치해 식수를 얻을 수 있기 때문이다. 인디언 보호지역을 넘어서면 그랜드 캐니언은 좁아지고 배우 깊어지기 시작한다. 카이바브 산림 지역에 소나무 숲과 고산 초원은 끝없이 펼쳐진 듯하고 이 고원 지대에는 특히 향나무가 많은데 1500년 이상 된 향나무의 종류가 25종이나 되어 향나무 숲은 장관을 이룬다.

그랜드 캐니언의 북부에 있는 이 고원은 나머지 애리조나 지역들과는 단절된 지역이다. 애리조나란 말이 인디언 말로 건재하다는 뜻이라 하는데 어떤 의미로는 그랜드 캐니언이 건재하다는 암시처럼 느껴졌다. 처음에 몰몬 정착민들이 나바호 인디언들의 습격을 막기 위해 세웠다는 원저성은 1871년 최초의 애리조나 전신국이 세워졌던 곳으로 1923년 국립기념관으로 지정되어 개척자들이 당시 사용했던 물품이 전시되어 있고 해마다 여름이면 현재 살고 있는 인디언들의 수 공예품이 전시되고 있다는 설명이다. 이곳을 지나면 광활한 불모지를 가로지르는 비포장도로가 나오는데 어떤 도로들은 도착지가 없는 곳도 있고 어떤 도로는 한 발만 잘 못 디뎌도 3천 피트 아래 낭떠러지 강물로 떨어지는 그랜드 캐니언의 벼랑까지 가서 끝나기도 한단다.

노루 사슴 토끼 등 천연을 배경으로 뛰노는 산짐승들은 인간을 두려워하지 않는 듯 순수한 눈빛으로 바라본다. 산 짐승들조차 대륙적인 기질을 갖고 있기 때문인지 작은 반도의 오밀조밀한 아름다움에 익은 내 눈에는 광활한 고원과 거대한 협곡, 그리고 도도히 굽이쳐 흐르는 대하가 사뭇 낯설게 느껴지기만 했다. 한가운데 서서 어쩐지 자신이 왜소해진 느낌을 떨쳐 버릴 수가 없었다.

전에는 한줄기의 강에 불과했을 것이, 고원의 일부가 융기하여 장장 350킬로미터나 되는 협곡을 뻗쳐 놓았다니 그랜드 캐니언은 가히 하나님이 만든 걸작품이라 할 수 있다.

시내 쪽으로 내려오니 전기회사 식당 방갈로 등이 많다. 방학이나 휴가를 이용하여 미국 전역에 걸쳐 많은 사람이 이곳을 찾는다고 한다. 지대가 높고 시원하니까, 피서온 사람들도 대부분 오래 머무는 사람들이라는 것도 알았다. 그랜드 캐니언에는 모두 3개의 전망대가 있는데 사이 거리가 멀어서 셔틀버스를 운행하여 관광객의 편의를 제공한다고 설명했다. 대륙적 풍광에 사뭇 엄숙하기도 했던 일행은 아쉬운 마음으로 라스베이거스로 돌아왔다.

 아무리 생각해도 1박의 코스로는 너무 부족하다는 생각이 들었다.

『문학생활』 2024. 봄호

이과수 폭포와 도시

 브라질에 있는 남미 최대도시로 상파울루는 성 바울의 변음이다. 상파울루주의 수도이며 남미의 중심지이다. 새로 생긴 도시답게 고층 빌딩들과 여러 노선의 지하철이 도시를 관통하고 있다. 인구는 서울 인구의 약 두 배로 브라질 전체 인구의 약 10%가 집중되어 있다. 국민 총생산의 50%를 차지하며 수천여 개의 은행과 천 개가 넘는 제2 금융기관이 경제의 중심지로 기능을 다 하고 있다고 안내자가 설명했다.
 역사는 브라질의 역사와 비슷한 시기인 천오백 년대에 형성되었다. 이때 가톨릭교회가 생겼으나 원주민 인디오와의 마찰로 정착이 어려웠다. 1700년대에 고이아스 지역에서 금광이 발견되면서 인구가 급증하고 얼마 안 되어 시로 승격되었다. 18세기 말경 금의 생산이 줄어들면서 설탕 수수를 경작하기 시작하였다.
 1823년 브라질이 포르투갈에서 독립하면서 상파울루시는 주의 수도가 되었다. 1800년대 후반에 커피를 경작하기 시작하였다. 커피 경작에 적합한 토양이라 급격한 경제성장을 하게 되었다.

1869년에는 내륙과 항구를 연결하는 철도가 생겨 커피 등의 수출을 활발하게 하였고 이 때문에 인구가 급증하였다. 인구의 증가로 교통도 발달했다. 이때 전차도 생겼다. 커피의 생산이 증가하면서 노동력이 부족하게 되었다. 이때 유럽에서 많은 이민을 받게 되었다. 20세기에 더욱 발전하면서 기차, 전차 등이 도입되고 도로도 확장되고 대중이 즐길 수 있는 공원과 고층 빌딩들이 계속 늘어났다.

1930년대 시작된 세계 대공황이 브라질 경제에도 치명타를 주었다. 커피산업을 비롯한 여러 산업이 큰 타격을 받게 되었다. 그러나 1930년대 후반에는 대학이 생기고 높은 빌딩도 들어섰다. 이때 자동차산업도 시작되었다. 대공황이 진정되면서 상업의 중심지로 변모해 갔다. 백화점도 생기고 대형 슈퍼도 생겼다. 또 다른 큰 변화는 지하철이 생긴 것이다. 계속 발전한 상파울루주는 노령 인구보다 젊은 사람이 많은 젊은 도시이다. 문제점으로는 빈부의 격차가 심하고 이로 인한 치안이 불안하다는 점이다. 상파울루는 여러 민족이 공존하는 혼합공간이고 각각의 문화가 혼재한 도시로 다문화사회로 발전하고 있다. 시내를 걷다 보면 다양한 사람들을 만나게 된다. 최고의 삶과 최저의 삶이 공존하는 사회로 보였다.

상파울루에는 한인 상공회의소가 있어 한인 사회의 많은 도움을 주고 있다. 현재 의류 봉제의 상당 부분을 한국 교포가 석권하고 있으며, 거대한 의류 섬유 시장을 형성하고 있다고 자랑했다. 이민 상당수가 의류 산업에 종사하며 상인연합회에서 시장의 활성화 방안을 협의하고, 봉헤찌로 사무소에서 법률 상담, 무역

상담 등의 교포 상인을 위해 전문지식을 가지고 해결 방안을 제시하기도 한다.

리우데자네이루는 세계 3대 미항으로 구아나바라만을 비롯하여 낭만으로 가득한 이파네마 해안 그리고 브라질 최고의 해안으로 꼽은 코파카바나 해안을 가지고 있는 아름다운 항구도시이다. 코르코바도 언덕에 있는 예수그리스도 동상이 유명하다. 보석 박물관도 눈길을 끈다. 지명은 1502년 1월 구아나바라만을 발견한 포르투갈의 탐험가가 강으로 생각한 것에서 유래되었다는 설이 있다. 포르투갈어로 히우데자네이루는 '1월의 강'이라는 뜻이란다. 그 후 영어식 발음으로 '히우'가 '리우'로 변하여 '리우데자네이루'가 되었다고 한다.

해변에 자리한 기름진 땅에서 생산된 농산물과 미나스제라이스 주에서 산출된 금과 다이아몬드의 수출항으로 17세기 말부터 리우 항은 그 중요성이 더해갔다. 1763년에 살바도르에서 총독부가 천도하여 이곳으로 왔다. 1822년 포르투갈에서 독립한 브라질이 1960년 브라질리아로 수도를 옮기기 전까지 수도였다. 나도 초등학교 시절 브라질의 수도는 리우데자네이루로 배우고 암기했던 기억이 문득 떠오른다.

현재는 브라질 제2 도시로 성장하고 있다. 60년대 후반 수도가 옮겨짐으로써 많은 항구의 시설이 문을 닫고 어려움을 겪었으나 그 후 관광사업 등 다 각도로 노력하여 오늘에 이르고 있다고 설명했다. 지금은 브라질을 상징할 만큼 유명해진 리우의 카니발이 매년 2월 하순에 개최된다. 이 축제는 원래 유럽에서 열렸던 가톨릭 역에 따른 사육제였는데 그것이 변하여 지금과 같은 대규모의 카니발로 자리매김한 것이다. 19세기경 포르투갈인에 의해 생겨난 이 축제는 아프리카의 타악기 리듬과 춤, 원주민의 문화 등을 접목시켜서 인종을 초월한 브라질의 독자적인 축제로 정착하였다. 최고의 카니발 팀인 에스콜라 삼바는 총인원이 5천 명이나 된다고 자랑한다. 이 중에서도 A급 그룹인 16개 팀이 '삼보드로모'라는 이름으로 중앙역 근처의 특설 대회장에서 8만 명 수용의 관객을 상대로 화려한 무대를 선보인다. 이곳은 2월에 한 번 쇼가 끝나면 1년 내내 빈 공간으로 쓸쓸하다. 유명한 축제 장소지만 나도 8월에 가서 텅 빈 거리를 한 바퀴 돌아보았다.

코르코바도 언덕은 해발고도 710미터의 높은 언덕이다. 이 산꼭대기에 1931년 브라질의 독립 100주년을 기념하기 위해 만들어진 예수그리스도 상이 서 있는데 볼만하다. 브라질의 천재 조각가 다 실버 유스타의 작품이라고 한다. 높이가 30미터이고, 좌우로 벌린 두 팔의 너비가 28미터, 무게는 1,145톤이나 된단다. 동상의 내부에는 리우 시내 경관을 한눈에 볼 수 있고 코파카바나 해안과 이파네마 해안의 수려한 곡선까지 감상할 수 있는 전망대가 있다. 내가 갔을 때는 문을 닫아 못 올라갔다. 도시와 만의 아름다움에 감탄이 저절로 나왔다.

이곳에 올라가려면 스위스제 케이블식 등산 열차를 이용해야 한다. 코즈메베르 역에서 약 20분이 소요된다. 전차에서 내려 많은 계단을 오르고 에스컬레이터를 타면 된다. 이곳에서 또 다른 케이블카를 타고 10여 분 더 올라가면 리우시 전체를 볼 수 있다. 지금은 변했는지 모르겠다.

이과수 국립공원 내에 있는 이과수 폭포는 브라질, 아르헨티나,

파라과이 3국 국경에 걸쳐 있는 세계 제일의 폭포이다. 아열대 밀림에 둘러싸인 이과수강이 브라질과 아르헨티나 국경 중심부를 흐르며 거대한 계곡으로 물을 흘러내린다. 275개의 크고 작은 폭포가 직경 3킬로미터, 높이 80미터에서 낙하하고 있는 이과수는 빅토리아 폭포보다 넓고, 나이아가라 폭포보다 높은 곳에서 떨어지고 있다. 이과수에서 가장 유명한 폭포는 '악마의 숨통'이라 불리는 곳으로 100미터 밑으로 떨어지는 웅장하고 세찬 물살이 자연의 위대함을 새삼 느끼게 하는 인상적인 장관을 연출한다.

이과수 폭포는 1억 2천만 년 전에도 있었다고 알려져 있으며 옛날부터 원주민들 사이에서는 성지로 추앙받았다고 한다. 서양에 알려진 것은 16세기 중반으로 아르발누에스경이 여행 중에 이 폭포를 우연히 만나게 되었다고 한다. 현재는 이과수 폭포 일대 브라질 측 17만ha, 아르헨티나 측 22만5천ha가 국립공원으로 지정되어 있다고 한다. 현재 동식물의 보고로서 보호구역으로 지정되어 있다.

특히 이곳은 새들의 공원으로 불릴 만큼 다양한 조류가 살고 있는데, 그 종류가 수백 종이라 한다. 이 폭포는 두 나라 국경에 걸쳐 있어서 두 나라에서 서로 상대국의 폭포를 보게 된다. 브라질에서는 아르헨티나에 있는 폭포 270여 개를 볼 수 있고, 아르헨티나에서는 이과수 폭포에서 가장 큰 브라질 땅에 있는 악마의 목구멍 5개 폭포를 볼 수 있다. 관광객을 위해 천 미터 거리의 다리를 놓아 제일 큰 폭포 바로 옆에서 볼 수 있게 만들었다. 산테미 같은 폭포 바로 옆에 서 있으니 엄청난 폭포 소리와 물살에 온몸이 그대로 빨려 들어가는 것 같았다. 공포와 위험에 겁을 먹고 떨었으나 정신을 바짝 차리고 구경을 했다.

아르헨티나에서 20분간 기차를 타고 내려 천 미터 거리의 여러 개 다리를 건너야 폭포까지 갈 수 있다. 브라질 쪽 폭포에서는 스릴 넘치는 보트 투어도 있다. 차로 정글을 삼천 미터 가서 보트를 타고 파도와 급류를 거슬러 올라가는 보트 관광이다. 온몸이 다 젖도록 위험한 운행을 하며 폭포 밑까지 접근하여 폭포수를 직접 맞기도 한다. 나도 비옷을 2달러에 사서 온몸을 감싸고 들어갔는데 나올 때는 온몸이 흠뻑 젖어서 나왔다. 8월인데도 얼마나 추위에 떨었는지 소름이 끼칠 정도였다.

한번 가 보라고 권하고 싶은 나라이다. 너무 멀기는 하지만….

『짚신문학』 2024.

5.
시(詩)

청계천

청계천 숲과 개울
물오리 물속서 자맥질하고, 참새, 비둘기, 박새 물가 거닌다
송사리, 숭어, 날피리 합동으로 춤을 춘다
팔뚝만 한 잉어 숭어가 물살을 가르며 먹이를 찾고
큰 돌 위에 두루미는
부리로 몸을 몇 번 다듬고 외발로 오수를 즐긴다

다리 밑 그늘에 크고 작은 이름 모를 고기들
먹이 던지는 사람 앞에 떼 지어 줄을 선다
큰 고기는 물 가운데를
마음 놓고 휘젓고 다니는데
작은 고기들은 날쌔게 도망치는 헤엄 연습 중
생명 위협하는 천적을 피하려고 하지만
큰 고기의 밥도 되고, 두루미의 먹이도 된다

폭우로 불어난 물에 수위가 높아졌다.
물에 쏠린 싱싱한 버드나무는 한강을 향하고

긴장한 고기들은 더 싱싱해 보이고
심한 물살을 가르며 신난 듯 춤을 춘다

만족이 없는 고단한 인생보다
물속에 헤엄치는 고기들은 낭만적일까?
청계천에 사는 큰새와 큰 고기들
아기자기 어우러지는 초여름의 풍경이다
시내에서 만나는 한 폭의 수채화요, 한편의 정겨운 시다

여름이 절정이면 말매미들의 합창 소리가
청계천변을 한번 들었다 놓겠지?

자연의 풍경

3월 중순 계곡의 물소리는
얼음장 속의 물소리다
겨울이 봄에게 쫓겨 가는 소리다
차게 느껴지는 소리다

4월 중순에 벚꽃이
온 세상을 분홍으로 물들인다
개나리가 일등으로 폈다고 자랑이다
진달래도 할미꽃도 얼굴을 내민다
할미꽃을 보면 허리 굽으셨던 할머니 생각이 난다.
할아버지 꽃은 없나 보다

5월에는 붉은 장미와 여러 색깔의 꽃과 나무 풀들이
골프장 18개 홀들과 계곡을 초록 이불로 덮어 버린다

5월 산속 뻐꾸기 울음소리는
농부들의 모심기를 재촉하는 소리가 분명하다

꽃이 한번 피고 지면
한 해가 또 지나간다
지난해보다 느낌이 다르다
자연의 신비 속에
나도 자연을 따라간다. 어쩔 수 없이

2016. 5. 26.

한 폭의 수채화

도성의 한가운데
한여름 시원한 풍경
청계천 개울과 주변의 아름다움

영도교 아래 물 위에
자맥질하는 오리 가족
뒤따라 참새 들새 박새 물가를 거닐다
송사리 피라미 버들매치들
손에 손잡고 어깨춤 춘다

큰 강에 나가야 할
붕어 잉어 떼가 물살을 가르며
먹이를 쫓고 나지막한 돌섬에는 두루미 한 마리
부리로 온몸 몇 차례 더듬고
외발로 서서 오수를 즐긴다

영도교 그늘 아래 모인 작은 물고기들
관광객이 던지는 먹이 찾아

이리 쏠리고 저리 몰려
세상사는 법 터득하고
큰 고기들 사이 생존의 법 익혀
훗날 청계천의 상감되려나

도참설을 뒷받침한
한양의 도성이지만
흩어진 빗물들 서로 부둥켜

옥토 만든 오랜 역사
그 누구의 뜻이던가

북한산 낙산 목멱산 인왕산
깊은 숲속 숨었던 물줄기
샘물로 솟아 한곳으로 모여
청계천을 이루니
마지막 무학교 밑으로 흘러흘러
큰 강 한강을 쉼 없이 흐르게 하는
풍요와 번영을 지향하는
옛 어른들이 그려 놓은
한 폭의 수채화가 아닐까

2017. 8.

팔자

청계천 숲 근처 개울
송사리 숭어 잉어 등이 합동으로 춤을 춘다
근처 큰 돌 위에 한 다리 들고 서 있는 황새
부리로 몸을 비빈 후
느긋한 낮잠을 청한다

다리 밑 그늘에 크고 작은 고기들
떼 지어 모인다
수고 없이 먹을 수 있는
과자 선물 알고 왔겠지
큰 고기는 유유히 물 가운데를
마음 놓고 휘젓고 노는데
작은 고기들은 날쌔게 도망치는 헤엄 연습 한창이다
생명 위협하는 천적을 피하려고
큰 고기의 밥도 되고 황새의 식량도 되니까

내일 걱정 안 하고 사는 황새
낮잠 자도 위험 걱정 적은 황새
들에 나는 새가 내일 걱정 안 하듯이
큰 고기 황새는 먹고살 걱정 없으니
사람보다 살기가 더 좋아 보인다
다음 생애가 있다면
황새로 태어났으면 어떨까?

순환의 미학

어느덧
3월의 중순이라지만
아직 계곡의 물소리
짜릿하게 들리니
계절에 쫓기는 소릴 테지

4월 초중순
천지를 화사롭게 치장하는 벚꽃들
일손 바쁜 아낙네
꽃 잔치 유혹하고

일등으로 핀 개나리
노랑꽃잎 휘저으며
막 피어나는 진달래
게으르다 질책하고
할미꽃 허리 굽어 피고 지니
옛 고향 할머니 생각이라네

5월의 장미
활짝 웃음 지니
연둣빛 잎새들 초록으로 갈아입고
뻐꾸기 울음소리에
농부들 손길 바쁘지만
한 차례 꽃 피고 지고 나면
우리 인생도
나이테를 더해 간다네

세월

골프,
사십여 년을 같이한 세월
처음 100타를 쳐도 한없이 즐거웠다
두 자리 수 90에서 80타로
숫자가 적을수록 즐거움은 배가 되고
70대로 내려오니 누구라도 자신만만하다

내 인생에 나에게 자신감을 얻게 한 골프
세월과 함께 두 자리에서 세 자리로 갈 것이다
세월과 체력의 비례를 어쩌랴!
60대에 홀인원,
70대에 에이지 슈트(Age Shoot)
에이지 슈트는 홀인원보다 더 어렵다는
50대까지는 못 하니까

이제 알바트로스만 남아있다
남은 목표 한 가지 꿈일 뿐이다

필드서 하는 인생 공부

내겐 훌륭한 스승일러라

다시 100타로 돌아가도 하고 있을 욕심

수저 들 힘만 있어도 한다는데

언제일까? 세월을 받아들이고 고이 내려놓을 날이

2023. 7. 5.

6월에

마당에 대추꽃이 활짝 피니 벌들이 바쁘고
앞 밭의 고추도 대추꽃 보고 질세라 꽃을 피우네
내 꽃도 너만큼 크다고.
옆에 있던 토마토도 한발 앞서 열매가 자랐다고
밤알 크기만 하다며 으스댄다.
복숭아는 내 꽃이 제일 아름답다고
열매도 너만 하다고 자랑한다.

감나무도 복숭아 크기로 열려 대열에 합류하겠단다.
한고랑 앞에 있는 상추는 나는 다 늙어서 마지막 봉사하려고
어렵게 새순을 만들고 있다고 고개 숙인다.
호박은 넝쿨 지어가며 얼마 있으면
너희들보다 열 배 이상 클 것이라
자랑하며 넓은 잎을 벌려 보인다.
오이도 꽃을 피우고 열매도 조금 지나면
토마토보다 더 크다고 뻐긴다.

버찌도 까맣게 익어 먹으면 입안을 시커멓게 만든다.
독특한 맛이 있다. 서로 내가 더 맛있다고 주장한다.
대추 알이 콧구멍에 가볍게 들어갈 정도면
모내기가 늦지 않다는 선조들의 지혜가 생각난다.
마냥모 내기는 아직 여유가 있다는 의미이리라.
6월 초에는 식물들이 다투어 뽐내며
자기 길을 가고 또 간다. 아! 유월이다.

우리집 옥상 풍경

마당 한 귀퉁이 대추 꽃 한창
나비와 벌떼들 바삐 날다
텃밭 고춧잎 모양 갖추고
흰 꽃잎 나비인 양 한들거리며
옆자리 토마토 줄기엔
밤알 크기라고 으스대지만
모두가 고만고만 키 재기라
한 고랑 앞쪽 늘 푸른 상추는
마지막 봉사 위한 새순을 빚고
호박 오이 큰 잎 펼칠 자리를 살핀다
대추알 콧구멍에 들락일 때
아직 모내기 늦지 않다는
조상들의 여유 있는 지혜,
이 모두 우리집
옥상(屋) 풍경이라

『생활문학』 2016. 가을호 시 등단작

팔순 축하 편지
- 아들의 글

프랑스 남부에서 시작하여 피레네산맥을 넘어 스페인 북서부 산티아고까지 이어지는 800km의 순례길에 대해 많이들 들어 보셨지요? 수세기 동안 순례자들을 모으는 길이지요. 최근에 그 길을 완주하고 돌아온 한 지인이 이렇게 말하는 것을 들었습니다. "내가 지금 제대로 잘 가고 있는 건가… 싶을 때쯤 나타나 주는 (나무 푯말이나 돌담에 그려진) 소박한 화살표가 얼마나 반가웠는지 모른다."

저도 이제 큰아이가 대학에 갈 정도의 나이가 되었지만, 아직도 인생의 화살표가 간절합니다. 인생의 골목골목마다 어디로 향할지를 고민할 때, 아버지가 살아오신 삶이 화살표가 되고, 나침반이 되고, 등대가 됩니다.

저는 아버지께 직접 읽어 드리는 편지라기보다는, 아들로서 아버지 삶을 곁에서 지켜보며 배우고 싶은 점을 몇 가지 key word로 정리해서 적어 봤습니다.

1. 분야를 가리지 않는 해박한 식견과 시대를 읽는 안목

아버지의 고향 개성에서 아버지의 할아버님, 저의 증조부께서 서당 훈장님이셨답니다. 신동 소리를 들으시며 천자문과 사서삼경으로 시작된 '공부'라는 키워드는 아버지 평생을 관통하는 주제 중 하나입니다.

아버지의 '공부'에 대한 열정은 2005년 경제학 석사학위 취득, 2012년 경영학 박사학위 취득으로 이어졌습니다. 아버지는 한국전쟁의 소용돌이만 없었다면 분명 학자의 길을 가셨을 것입니다. 저에게 공부라는 유전자를 물려주신 것을 보면 알 수 있습니다.

아버지는 국내 7개 대학교의 대학원에서 15개의 최고경영자과정, 고위자 과정을 이수하셨습니다. 전공분야도 경영, 경제, 산업, 행정, 법과, 언론, 공대, 컴퓨터과학기술, 벤처, 교육, 생활과학에 이르기까지 다양합니다. 매달 명사들의 조찬 강연도 빠지지 않고 챙기시는 것으로 압니다.

아버지의, 분야를 가리지 않는 해박한 지식과 식견은 세상을 이해하려는 겸손한 학구열의 결과입니다.

더 나아가, 아버지는 시대를 읽는 안목을 가지셨습니다.

아버지의 저서들 중 1988년 『동남아로 가는 길』, 1989년 『윤백중의 미국기행』, 1992년 『세상 끝에 숨겨진 나라』(호주/뉴질랜드)는 여행자유화 시대를 맞았던 당시, 선구자적인 제1세대 '인문학적 여행기'입니다. 동남아, 미국, 호주, 뉴질랜드는 지금도 가장 인기 있는 여행지들입니다.

1990년대 골드만삭스가 브릭스(BRICS) 즉, 브라질(Brazil) 러시아(Russia) 인도(India) 중국(China), 남아공(South Africa)을 지목했고, 2002년에

이들이 상호 무역 조약 맺으며 세계 경제의 성장을 주도했습니다. 때를 맞추어 출판한 저서들, 즉 2001년 『중국을 알면 미래가 보인다』, 2003년 『러시아가 움직이고 있다』, 2006년 『인구 10억 인도를 잡아라』, 2008년 『브라질 읽기』는 브릭스(BRICS)의 경제, 정치, 사회, 자연을 소개한 저서들입니다.

박사학위 연구를 바탕으로 2012년 출판한 『한국의 고용구조』는, 2018년 한국 사회에서 여전히 가장 뜨거운 이슈인 고용의 문제를 탐구한 저서입니다.

아버지와 대화할 때마다 '세상에 대해 열린 태도'에 감탄하곤 합니다. 해박한 지식과 시대를 읽는 안목이 아버지를 '세상에 대해 열린 태도'를 갖게 만드는 것 같습니다.

2. 근면, 성실, 신용의 아이콘

아버지는 40년 가까이 새벽 5시에 출근하셨습니다. 저희가 살던 아파트의 어느 분이 아버지가 출근하시는 시각에 시계를 맞추었다는 일화가 전설처럼 내려옵니다. 어둠에 잠긴 새벽에 가정을 일구시기 위해 늘 같은 시각에 직장으로 향하시던 모습. 이 일화는 제가 아버지를 생각할 때 가장 먼저 떠오르는 이미지입니다.

근면하고 성실하신 삶의 태도가 사업의 영역에서는 높은 신용으로 나타났습니다. 사업과 관련해서 한 번도 신용을 어긴 적이 없으시다고 합니다.

성균관대, 서울대, 고려대, 연세대 등에서 총동문회 임원, 파평 윤씨 대종회 부회장 직을 감당하시는 것도 아버지의 신뢰감이 낳은 결과라고 생각합니다.

아버지의 근면함과 타고난 운동신경이 만났을 때, 아버지의 골프 실력이 탄생했습니다. 대회 우승과 준우승도 하시곤 했습니다. 최근에는 에이지 슈트(age shoot) 즉 18홀 경기에서 자신의 나이 숫자보다 더 적은 스코어를 여러 번 기록하시기도 했습니다.

타이거 우즈가 이렇게 말했다고 하죠? "나보다 잘 하는 선수는 많을지 모르지만, 나보다 연습을 많이 하는 선수는 그리 많지 않을 것이다." 2002년 월드컵 축구 한국 저녁 경기를 응원하시다가, 정해진 시각이 되자 퍼팅 연습을 위해 방으로 들어가시던 아버지는 분명 근면과 성실의 힘을 아시는 분이십니다.

어릴 적 아버지 서재 책상 위에 놓여있던 '한 달 스케줄 표'는 근면하고 성실한 것이 큰 자산이라는 것을 알게 해 주었습니다. 지금도 아버지의 책상 위에는 빽빽한 한 달 스케줄 표가 여전히 놓여있습니다. 휴대폰으로 일정을 정리하는 시대이지만, 저는 아직도 수첩에 일정을 정리합니다. 아버지를 닮기 위해 그런 것 같습니다.

3. 자식을 믿어주시는 부성애, 자상하신 아버지

제가 대학 입학 직전에 운전면허를 따서 처음으로 운전을 했던 날이 기억납니다. 그날 아마 외할아버지, 외할머니 댁(당산동 삼성아파트)을 갔던 것으로 기억합니다. 제가 운전을 하게 되니 아버지가 뒷자리에 타셨죠. 첫 운전이니 얼마나 긴장이 되었겠습니까. 등에는 땀이 나고, 긴장한 것을 들키기라도 할까 봐 애써 태연한 척하며 운전하다가, 문득 룸미러로 아버지를 보았습니다. 그런데 아버지는 오히려 태연하게 눈을 감고 잠을 청하고 계셨습니다.

아버지가 나를 믿으시는구나… 했을 때 첫 운전을 잘 마칠 수 있었습니다.

군대 훈련소에서 받은 아버지 편지도 기억납니다. 지금 훈련소에 갇혀 매 맞으며 훈련받고 있는 나의 현실과는 괴리된, 공허한 헛된 위로가 아니라, "네가 지금 겪는 일은 힘들기 때문에 의미가 있는 것이다. 잘할 줄로 믿는다…"라고 하신 말씀을 읽으며 얼마나 눈물을 흘렸는지 모릅니다.

생각해 보면 부모님은 저를 참 무던히 믿어주셨습니다. 예를 들어 고등학교, 대학교, 대학원 시절 저의 인생 진로를 선택하는 분기점들에서 최소 6번 정도, 부모님이 선호하시는 방향과 다르게 선택을 했었습니다. 제 이름을 지을 때 큰 법관이 될 거라고 했답니다. 당연히 문과를 택할 줄 아셨는데, 이과를 택했습니다. 대학·대학원 가서 세부진로를 정하는 시기마다 신문을 스크랩해 보여주시며 미래 유망분야를 추천하셨지만, 저는 제가 가고 싶은 길을 택했습니다. 그러나 부모님은 저를 믿어주셨고 지지해 주셨습니다.

자식들에게 자상하시고, 자식의 의사를 믿고 존중하는 것은 제가 가장 배우고 싶은 아버지의 모습입니다.

마무리하겠습니다.

오늘은 아버지의 팔순 생신입니다.

인민학교 5학년 졸업반 11살 때, 한국전쟁이 발발하여 생사의 갈림길을 넘나들었고, 월남하여 가난과 편견의 벽을 넘어, 이렇게 성공한 인생을 사신 것 자체가 기적이라는 생각이 듭니다.

아버지의 수필 중 「꿈」이라는 작품의 일부입니다.

통, 하고 150밀리 장거리포 발사음이 들린다. (중략) 밤중에 내린 곳은 포승면 내기리 면사무소 마당이다. (중략) 칼바람 부는 정월, 한겨울 매서운 날씨가 우리들의 어두운 미래를 보여주는 것 같았다. (중략) 밥 굶기를 밥 먹듯 하는, 기한도 없는 피난민 생활을 상상하니 참으로 앞이 캄캄했다.

현대사의 온갖 질곡을 온몸으로 살아내신 아버지. 사회라는 비바람을 견디어내신 아버지. 태양처럼 뜨거운 열정, 사랑, 보살핌으로 인해 오늘 저희가 있었다는 사실에 새삼 감사하게 됩니다. 그래서 더 아버지의 존재가 크게만 느껴집니다.

아버지, 아버지의 멋진 풍금 솜씨와 노래 실력처럼 멋지게 백수까지 건강하시기를 기원합니다.

2018년 12월 25일
아들 석진 올림

작가연보

1939년 11월 28일(음) 출생 (출생지: 경기도 연천군 왕징면)
1941년 1월 20일(주민등록상)

교육 약력
서울문리사범대학(현 명지대학교 전신) 국어학과 졸업(중등 2급 정교사 자격 취득)
성균관대학교 국어국문학과 졸업, 문학 학사
고려대학교 경영대학원 연구과정 수료(38회)
고려대학교 경영대학원 최고경영자과정 이수(18기)
연세대학교 산업대학원 고위자과정 수료(1기)
연세대학교 행정대학원 고위정책과정 수료(12기)
서울대학교 공과대학 최고산업전략 과정 이수(4기)
서울대학교 법과대학 법학연구소 사법발전연구과정 이수(6기)
고려대학교 국제대학원 최고국제관리과정 이수(4기)
연세대학교 법과대학 특허법무대학원 수료(1기)
고려대학교 교육대학원 최고위교육문화과정 수료(2기)
고려대학교 언론대학원 최고위과정 수료(8기)
고려대학교 컴퓨터과학기술대학원 최고위 정보통신 과정 수료(6기)
연세대학교 경제대학원 경제학과 졸업, 경제학 석사
한국외국어대학교 인도&미얀마 최고경영자과정 수료(2기)
호서대학교 벤처전문대학원 졸업, 경영학 박사
서울대학교 생활과학대학 웰에이징 / 시니어산업 최고위과정 이수(3기)
한양대학교 사회교육원 〈수맥과 팔 체질〉과정 수료(26기) 총장 이영무

경력

초등학교 2급 정교사 교원자격증 취득(1965년 문교부 장관) 가 제4462호
중등학교 2급 정교사 교원자격증 취득(1961년 문교부 장관) 본제 12583호
영평초등학교 교사(1966. 3. 25.)(전)
삼화사 대표(1975. 7. 7.)(전)
동대문 라이온스클럽 회장(1989. 7. 1.)(전)
㈜삼화비닐판매 대표이사(1999. 7. 1.)(전)
연세대학교 경제대학원 동창회 부회장(전)
호서대학교 총동문회 고문(전)
삼화PNS(주) 대표이사(1999년~2012년) 회장(2012년~2020년)(전)
고려대학교 경영전문대학원 교우회 지도위원
성균관대학교 총동창회 자문위원
성균관대학교 경영인포럼 자문위원
고려대학교 교우회 상임이사
서울대학교 총동창회 30대 이사
연세대학교 총동문회 자문위원
파평윤씨 대종회 부회장
한국문인협회 회원
국제PEN한국본부 이사
백두산문인협회 고문(전)
한국문학생활회 자문위원
사)한국문인협회 성동지부 이사
짚신문학회 상임 부회장

한국수필문학가협회 이사
삼화빌딩 대표(1981. 1. 1.~)
㈜삼화 P&S 고문(2021. 7. 1.~)

세례: 대한예수교장로회 영암교회(2008년)
등단: 백두산문학 수필 부문(2009년)
　　　한국생활문학 시 부문(2016년)
　　　백두산문학 소설 부문 신인문학상 수상(2022년)

골프 수상

뉴서울CC 사장 배 회원 친선골프대회 우승(1992. 9. 20.)
수원컨트리클럽 대표이사 배 회원 친선골프대회 준우승(1999. 9. 2.)
뉴서울CC 예술코스 13번 홀 우그린 홀인원 (2007. 6. 10.) 대표이사 전봉우
수원컨트리클럽 회장 배 회원 친선골프대회 LONGEST(시니어) (2009. 6. 14.)
에이지 슛 증서 75타 뉴서울 컨트리클럽(2016. 4. 24.) (사)대한골프협회장 허광수
에이지 슛 증서 75타 88컨트리클럽(2016. 6. 20.) (사)대한골프협회장 허광수
싸이클버디 기념 증명서(2018. 6. 20) 뉴서울 예술코스 12, 13, 14홀 대표이사 김종안
성대 아시아 연합 동문회, 발리 총장 배 골프대회 1등(2019. 11. 2.) 총장 신동렬
EAGLE 88컨트리클럽 동 코스 3번홀(2020.10. 19.(81세)) 성대 경영인 골프회

저서

1988년 『동남아로 가는 길』
1989년 『윤백중의 미국기행』
1992년 『세상 끝에 숨겨진 나라』
2001년 『중국을 알면 미래가 보인다』
2003년 『러시아가 움직이고 있다』
2005년 석사학위 논문 『한국의 고용구조 변동과 정책과제』
2006년 『인구 10억 인도를 잡아라』
2008년 『브라질 읽기』
2012년 『한국의 고용구조』
2012년 박사학위 논문
  『대학생의 기업가정신과 창업동기가 창업의지에 미치는 영향 요인』
2014년 『사랑의 힘』(수필집)
2015년 『위기를 기회로』(에세이집)
2019년 『신선한 자연향기』(수필집)
2022년 『일생 최대의 행복』(기행에세이)
2025년 『감사와 은혜의 삶』(수필선집)

윤백중 수필선집

감사와 은혜의 삶

2025년 1월 10일 초판 인쇄
2025년 1월 15일 초판 발행

지은이 / 윤백중

발행인 / 강병욱
발행처 / 도서출판 교음사
편 집 / 수필문학사 출판부

03147 서울 종로구 삼일대로 457 수운회관 1308호
Tel (02) 737-7081, 739-7879(Fax)
e-mail : gyoeum@daum.net
등록 / 제2007-000052호

* 잘못된 책은 바꿔 드립니다. 값 18,000원

ISBN 978-89-7814-080-5 03810